国家出版基金项目
NATIONAL PUBLICATION FOUNDATION

"十三五"国家重点图书出版规划项目

东北振兴研究丛书
DONG BEI ZHEN XING YAN JIU
CONG SHU

东北振兴战略总论

周建平　程　育　李天娇　著

辽宁人民出版社

© 周建平　程育　李天娇　2020

图书在版编目（CIP）数据

东北振兴战略总论 / 周建平，程育，李天娇著 . —沈阳：辽宁人民出版社，2020.12
（东北振兴研究丛书）
ISBN 978-7-205-10018-6

Ⅰ.①东… Ⅱ.①周… ②程… ③李… Ⅲ.①区域经济发展—研究—东北地区 Ⅳ.①F127.3

中国版本图书馆 CIP 数据核字（2020）第 233851 号

出版发行：辽宁人民出版社
　　　地址：沈阳市和平区十一纬路 25 号　邮编：110003
　　　电话：024-23284321（邮　购）　024-23284324（发行部）
　　　传真：024-23284191（发行部）　024-23284304（办公室）
　　　http://www.lnpph.com.cn

印　　刷：	辽宁新华印务有限公司
幅面尺寸：	170mm×240mm
印　　张：	15.75
字　　数：	248 千字
出版时间：	2020 年 12 月第 1 版
印刷时间：	2020 年 12 月第 1 次印刷
责任编辑：	陈　兴　郭　健
封面设计：	丁末末
版式设计：	留白文化
责任校对：	刘再升
书　　号：	ISBN 978-7-205-10018-6
定　　价：	86.00 元

《东北振兴研究丛书》 中国(海南)改革发展研究院　策划指导
中国东北振兴研究院

编委会

顾问

夏德仁　宋晓梧

主任

赵　继　迟福林

委员

赵　继　迟福林　刘世锦　范恒山

周建平　赵晋平　张占斌　常修泽

曹远征　李　凯　孙德兰　许　欣

杨　睿　刘海军

总　序

东北是我国最早建立的以能源原材料和重工业为特色的老工业基地，拥有一批关系国民经济命脉和国家安全的战略性产业和骨干企业，在70多年发展历程中，为新中国工业体系的建立打下了基础，为我国改革开放和现代化建设做出了历史性贡献。

新中国成立初期，鉴于当时的国际环境，中国经济发展投资集中在内地，沿海地区不多。当时苏联援助中国156个项目，其中三分之一落在东北，东北的工业体系初见雏形，也产生了很多大家熟悉的工业企业："一汽""一重""鞍钢""沈飞""大船"等。在中国实行"三线建设"时期，东北为中国工业化发展做出了很大贡献，很多东北企业支援全国，如湖北十堰二汽就是在长春一汽的援助下建立起来的，各地许多钢铁企业是鞍钢援建的。

改革开放初期，经济发展从侧重内地转向开放沿海地区，东南沿海地区通过政策倾斜，在吸引外资、引进人才等方面获益，并由此大大推动了市场化改革的步伐，从而获得飞速发展。东北地区则因地理区位的局限，资源开采枯竭，尤其是计划经济"遗产丰厚"，如国有企业负担重等体制机制制约，转型和改革步履维艰，发展相对迟缓，到20世纪90年代中后期，与东南沿海地区的差距已经拉大。在这样的背景下，国家先是提出西部大开发战略，后来又提出了振兴东北、中部崛起等战略,希望通过一系列的措施促进全国四大板块(东部、西部、中部、东北)协调均衡发展。

"九五"计划中就提出,积极支持和促进东北等地的老工业基地改造和结构调整。2003年,中共中央、国务院正式印发《关于实施东北地区等老工业基地振兴战略的若干意见》。从2003年到2012年,东北地区的国内生产总值保持较高增速,连续多年领先全国,被媒体称为东北经济的"黄金十年"。现在回顾这10年,东北取得的成绩在一定程度上得益于体制机制的改革。比如,这个时期国企改革确实取得了一些进展。从东北三省国有企业对国内生产总值贡献占比看,2003年左右这一数据高达百分之八九十,甚至在大庆等部分城市基本是国有企业一统天下。经过10年的改革发展,这一数据平均下降20%,辽宁的有些地区下降了30%—40%,民营企业获得了一定的发展。此外,在资源型城市可持续发展、对外对内开放和社会保障体系建设等方面也都取得了显著进展,有的改革探索还对全国的改革起了推动或先导作用。

但从深层次探究,东北"黄金十年"正好赶上了中国工业化高速增长时期,这一阶段重化工业快速发展,需要大量的能源、原材料、装备制造业,这与东北的产业结构正好相契合,东北经济从而获得了较快的增长。同时更应当认识到,因为这一阶段过度看重国内生产总值增速,在相当程度上掩盖了东北地区许多重大改革不到位、不深入的问题。如东北地区政府与市场的关系远未理顺,各级政府急于上项目争投资,资源配置的市场化程度在全国相对更低,从而导致重复建设严重,民营经济滞后,民生改善迟缓。

随着中国经济总体跨过重化工业发展阶段,从追求高速度转向注重高质量,东北地区发展遇到了新的困难和挑战,经济下行压力增大,经济增长新动力不足和旧动力减弱的结构性矛盾突出,体制性机制性痼疾凸显,解决问题的难度也有所增大,出现了一些媒体所渲染的"断崖式下跌"现象。深入实施新一轮东北地区等老工业基地振兴战略，对于东北经济社会持续健康发展和全国区域协调发展，既十分重要又十分紧迫。

中共十八大以来，以习近平同志为核心的党中央高瞻远瞩、审时度势，指导实施新一轮东北振兴战略。中共十九大提出，深化改革加快东北等老工业基地振兴。新一轮振兴，对东北地区的发展有了新的定位，不再强调地区生产总值或人均地区生产总值增长指标，而是突出东北地区作为重要的能源原材料基地、军事工业基地和商品粮生产基地，对于维护国家国防安全、粮食安全、生态安全、能源安全、产业安全的战略地位具有重要作用。

如何理解和贯彻中共中央、国务院对振兴东北的新定位？在中国（海南）改革发展研究院、中国东北振兴研究院的大力支持下，在专家学者的共同努力下，经过三年多的时间，《东北振兴研究丛书》即将出版。这是一套系统地研究东北老工业基地振兴发展的丛书，丛书汇集专家学者智慧，内容涉及东北振兴战略相关政策、东北振兴与混合所有制改革及产业结构调整以及对外开放、东北振兴新动力等各方面的问题，是一套有高度、有深度的东北振兴研究领域的指导性用书，对东北地区广大干部群众和从事东北振兴的相关行政工作人员、研究人员，学习领会和贯彻执行中共中央、国务院新一轮振兴东北的发展理念、发展战略、发展方式，具有重要参考价值。

中共十九届五中全会展望了2035年远景目标，明确提出"十四五"发展的指导方针、主要目标和重点任务，特别是提出推动东北振兴取得新突破，为东北地区科学谋划"十四五"时期发展指明了方向。新时代东北振兴，是全面振兴、全方位振兴。各领域按照中共中央、国务院振兴东北地区的决策部署，充分利用各种有利条件，深化改革，破解矛盾，扬长避短，发挥优势，从统筹推进"五位一体"总体布局、协调推进"四个全面"战略布局的角度去把握,要进一步理顺政府与市场的关系,发挥市场配置资源的决定性作用,更好地发挥政府在宏观调控、公共服务、市场监管方面的作用。同时,积极推进要素的市场化配置机制体制改革,让劳动力、资本、土地、技术、数据以及管理等要素更加活跃起来,让一切创造财富的源泉充分涌流。东北地区有条件、有机会重塑环境、重振雄风,实现新的突破,为中华民族的伟大复兴做出应有的贡献。

原国务院振兴东北地区等老工业基地领导小组办公室副主任

中国东北振兴研究院顾问　宋晓梧

2020 年 12 月

前 言

东北地区包括东北三省（辽宁省、吉林省、黑龙江省）和内蒙古自治区东部五盟市（呼伦贝尔市、兴安盟、通辽市、赤峰市和锡林郭勒盟，简称蒙东地区），总面积145万平方公里，总人口约1.2亿人。

新中国成立后，东北的发展经历了1949—1978年老工业基地形成、1978—2002年老工业基地调整改造和2003年以来东北振兴等阶段。中共十八大以来，以习近平同志为核心的党中央高瞻远瞩、审时度势，指导实施新一轮东北振兴战略，取得了举世瞩目的巨大成就。中共十九大提出，深化改革加快东北等老工业基地振兴。2018年9月，习近平总书记赴东北三省考察并在沈阳主持召开深入推进东北振兴座谈会，指出东北地区是我国重要的工业和农业基地，维护国家国防安全、粮食安全、生态安全、能源安全、产业安全的战略地位十分重要，关乎国家发展大局。新时代东北振兴，是全面振兴、全方位振兴，要从统筹推进"五位一体"总体布局、协调推进"四个全面"战略布局的角度去把握，瞄准方向、保持定力、扬长避短、发挥优势，一以贯之、久久为功，撸起袖子加油干，重塑环境，重振雄风，形成对国家重大战略的坚强支撑。东北振兴进入了全面振兴、全方位振兴的新阶段。

本书的选题立意、篇章结构及写作是在周建平主持下，由周建平、于非、程育、许欣等共同讨论确定的。全书分为5章23节。第一章重点介绍东北地区发展历程和东北振兴战略的提出。第二章重点介绍2003年至2013年东北振兴战略的实施。第三章重点介绍中共十八大以来新一轮东北振兴战略的启动实施。第四章重点介绍中共十九大以来东北地区全面振兴、全方位振兴的新征程。第五章重点介绍发达国家促进传统工业地区转型的经验。附录重点介绍中共中央、国务院召开的东北振兴重要会议情况和东北振兴重要政策文件情况等。在本书写作过程中，程育、李天娇等同志负责本书的资料收集和撰写，张超、曹原、孙男、易圣洁、李元胜、欧思佳等同志参与了本书有关数据和图表的校对，许欣负责全书的统稿工作，周建平负责全书的修改定稿。

本书的三位作者都有从事东北振兴战略实施的行政工作经验，本书可以说是作者多年从事东北振兴工作的提炼总结和深度思考，如能为研究东北振兴的理论工作者和从事东北振兴的行政工作者提供一点参考，我们就感到十分满足了。读者如对本书提出批评或修改意见，我们表示衷心感谢。

在本书写作过程中，参考了国家发展改革委振兴司近年来委托研究的重点课题，参考了国家统计局编纂的历年统计年鉴，以及辽宁省、吉林省、黑龙江省、内蒙古自治区等东北三省一区近年来开展的规划研究和课题研究，在此一并表示感谢。

周建平

2020 年 5 月

目 录

总 序　宋晓梧

前　言　1

第一章　东北地区发展历程和东北振兴战略的提出　1
  第一节　新中国成立后东北地区的工业化历程 / 2
  第二节　改革开放以后东北地区的经济发展 / 6
  第三节　21世纪初期东北振兴战略的提出 / 7

第二章　2003—2013年东北振兴战略的实施　11
  第一节　2003—2013年东北振兴战略的主要配套政策 / 12
  第二节　东北振兴战略实施以来的阶段性成效 / 16
  第三节　2003—2013年东北地区主要经济指标变动及分析 / 21
  第四节　2013年以来东北振兴面临的新挑战 / 24

第三章　中共十八大以来新一轮东北振兴战略的启动实施　33
  第一节　新一轮东北振兴战略的提出 / 34
  第二节　新一轮东北振兴的重要政策 / 37
  第三节　新一轮东北振兴的发展目标 / 48
  第四节　新一轮东北振兴的总体思路 / 52

第五节 新一轮东北振兴的要求 / 58
第六节 新一轮东北振兴战略政策落实进展及效果 / 62

第四章 中共十九大以来东北地区全面振兴全方位振兴的新征程　75
第一节 新时代东北地区全面振兴全方位振兴的背景 / 76
第二节 新时代东北地区全面振兴全方位振兴的总体要求 / 90
第三节 新时代东北地区全面振兴全方位振兴的战略定位 / 97
第四节 新时代东北地区全面振兴全方位振兴的重点任务 / 131

第五章 发达国家促进传统工业地区转型的经验　159
第一节 美国支持工业城市转型的经验 / 161
第二节 欧盟支持工业衰退地区发展的经验 / 163
第三节 德国促进工业城市转型的经验 / 165
第四节 法国支持工业城市转型的经验 / 168
第五节 日本促进工业城市转型的经验 / 173
第六节 俄罗斯促进产业结构单一城市转型的经验 / 176

附　录
附录1 中共十八大以来中共中央、国务院召开的东北振兴重要会议情况 / 180
附录2 中共十八大以来出台的东北振兴重要政策文件 / 190
附录3 2019年东北地区主要经济指标 / 230

参考文献　231

后　记　237

第一章

东北振兴战略总论

东北地区发展历程和东北振兴战略的提出

第一节　新中国成立后东北地区的工业化历程

新中国成立初期，国家集中力量在东北地区布局建设了一批重工业和资源开采加工企业，积聚了一批关系国民经济命脉的战略产业和骨干企业。

"一五"时期，国家启动了以苏联援建的156项重大项目（见表1-1）为核心、以900多个限额以上大中型项目为重点的经济建设，1953—1959年，共安排大中型建设项目（投资在1000万元以上）921个，包括苏联援建的156项重大项目（实际施工150项）[1]。其中冶金工业企业20个，化学工业企业7个，机械工业企业24个，能源工业企业52个，轻工业和医药加工企业3个，军事工业企业44个，这些企业中，东北三省合计占58项（见表1-2），占实际施工150家企业的38%，这些企业共分布在全国43个城市，其中16个在东北三省，占37%。921项大中型项目中，中西部和东北地区合计占68%，并且围绕这58个重点项目又建设了上千个配套项目，由此奠定了东北地区作为新中国重工业基地的地位[2]。"二五"时期，国家投资的重点仍然在东北地区。到1957年，东北地区已能设计一些比较大型的技术复杂的工程，如年产150万吨钢的钢铁联合企业，年产240万吨煤的煤矿。

经过两个五年计划的建设，东北老工业基地已初步建成国家重要的机械装备和能源原材料工业基地，对全国社会主义建设发挥着重要的支撑作

---

1. 1955年第一个五年计划颁布时确定的156项重点工程中，由于赣南电站改为成都电站，航空部陕西422厂分成两项，因此实为154项。在154项中，有第二汽车制造厂、第二拖拉机厂因厂址未定，山西潞安一号立井、山西大同白土窑立井因地质问题未建，实际上正式施工的项目为150个。
2. 刘俊林：《论毛泽东关于中国工业化道路的探索》，《中山大学研究生学刊》，2000年第3期。

用。据统计，1952—1975年，在东北工业构成中，机械工业保持第一位，石油工业由第十位升至第二位，冶金工业由第四位升至第三位，化学工业由第六位升至第四位，电力工业由第九位升至第六位。改革开放之前30年，东北工业总产值占全国工业总产值的比重大体保持在17%以上，最高年份1960年达26%，即全国工业产出的1/4来自东北地区。

表1-1 "一五"时期156项重大建设项目涉及的城市

所在省份	156项重点建设项目布局城市
黑龙江省	哈尔滨市、鹤岗市、鸡西市、双鸭山、齐齐哈尔市、佳木斯
吉林省	长春市、吉林市、辽源市
辽宁省	沈阳市、大连市、鞍山市、抚顺市、本溪市、阜新市、葫芦岛
陕西省	西安市、宝鸡市、铜川市
甘肃省	兰州市、白银市
河北省	石家庄市、承德市、邯郸市
云南省	个旧市
内蒙古自治区	包头市
四川省	成都市
北京市	北京
河南省	郑州市、洛阳市、焦作市、平顶山
湖北省	武汉市
湖南省	株洲市、湘潭市
山西省	太原市、大同市、侯马市
安徽省	淮南市
重庆市	重庆市
新疆维吾尔自治区	乌鲁木齐市
江西省	南昌市、赣州市

资料来源：《中华人民共和国发展国民经济的第一个五年计划》。

表 1-2 "一五"时期 156 项重大项目中布局在东北地区的项目

项目名称		建设性质	建设地点	建设期限
一、煤炭（16 项）	鹤岗东山 1 号立井	续建	鹤岗	1950—1955
	鹤岗兴安台 10 号立井	续建	鹤岗	1952—1956
	辽源中央立井	续建	辽源	1950—1955
	阜新平安立井	续建	阜新	1952—1957
	阜新新邱 1 号立井	新建	阜新	1954—1958
	阜新海州露天矿	续建	阜新	1950—1957
	兴安台洗煤厂	新建	鹤岗	1957—1959
	城子河洗煤厂	新建	鸡西	1957—1959
	城子河 9 号立井	新建	鸡西	1955—1959
	兴安台 2 号立井	新建	鹤岗	1956—1961
	抚顺西露天矿	改建	抚顺	1953—1959
	抚顺龙凤矿	改建	抚顺	1953—1958
	抚顺老虎台矿	改建	抚顺	1953—1957
	抚顺胜利矿	改建	抚顺	1953—1957
	双鸭山洗煤厂	新建	双鸭山	1954—1958
	抚顺东露天矿	新建	抚顺	1956—1961
二、石油（1 项）	抚顺第二制油厂	改建	抚顺	1956—1959
三、电力（7 项）	阜新热电站	扩建	阜新	1951—1958
	抚顺电站	扩建	抚顺	1952—1957
	丰满水电站	扩建	丰满	1951—1959
	大连热电站	扩建	大连	1954—1958
	富拉尔基热电站	新建	齐齐哈尔	1952—1955
	吉林热电站	扩建	吉林	1956—1958
	佳木斯纸厂热电站	新建	佳木斯	1955—1957
四、钢铁（4 项）	鞍山钢铁公司	改建	鞍山	1952—1960
	本溪钢铁公司	改建	本溪	1953—1957

续表

	项目名称	建设性质	建设地点	建设期限
	富拉尔基特钢厂	新建	齐齐哈尔	1953—1958
	吉林铁合金公司	新建	吉林	1953—1956
五、有色（4项）	抚顺铝厂	改建	抚顺	1952—1957
	哈尔滨铝厂	新建	哈尔滨	1952—1958
	吉林电缆厂	新建	吉林	1953—1955
	杨家杖子钼矿	新建	葫芦岛	1956—1958
六、化工（3项）	吉林染料厂	新建	吉林	1955—1958
	吉林氨肥厂	新建	吉林	1954—1957
	吉林电石厂	新建	吉林	1955—1957
七、机械（13项）	哈尔滨锅炉厂	新建	哈尔滨	1954—1960
	长春第一汽车厂	新建	长春	1953—1956
	沈阳第一机床厂	新建	沈阳	1953—1955
	哈尔滨量具刃具厂	新建	哈尔滨	1953—1954
	沈阳风动工具厂	改建	沈阳	1952—1954
	沈阳电缆厂	改建	沈阳	1952—1954
	哈尔滨仪表厂	新建	哈尔滨	1953—1956
	哈尔滨汽轮机厂	新建	哈尔滨	1954—1960
	沈阳第二机床厂	改建	沈阳	1955—1958
	哈尔滨电机厂汽轮发电机车间	新建	哈尔滨	1954—1960
	富拉尔基重机厂	新建	齐齐哈尔	1954—1960
	哈尔滨碳刷厂	新建	哈尔滨	1956—1958
	哈尔滨滚珠轴承厂	新建	哈尔滨	1957—1959
八、轻工（1项）	佳木斯造纸厂	新建	佳木斯	1953—1957
九、军工（9项）	具体项目略			

资料来源：董志凯、吴江著《新中国工业的奠基石：156项建设研究》。

第二节　改革开放以后东北地区的经济发展

中共十一届三中全会做出将全党的工作重点转移到以经济建设为中心的社会主义现代化建设上来的重大决策，提出了"两个大局"战略思想，沿海地区发展速度大大加快。1978—1995年，东部沿海地区吸引外资占全国吸引外资总额84.7%，基本建设投资超过全国的一半。与此同时，东北地区与东部地区发展差距逐步扩大。1978—2000年，东部、中部、西部和东北地区的生产总值年均增长速度分别为12.01%、9.99%、9.74%和8.58%，东北地区增速最慢，与东部地区相差近3.5个百分点。除东北地区外，全国其他地区的老工业基地受管理体制和经济结构影响，也同步出现增速放缓现象。

为解决这一问题，"七五"时期，国家有关部门开始着手开展以东北地区为重点的大型老工业基地的调整改造工作。1984年，国家经贸委设立了老工业基地调整改造基金，并确定上海、天津、武汉、重庆、沈阳、哈尔滨6个老工业城市为老工业基地重点改造城市。"八五"期间，国家对这6个老工业基地重点改造城市提供专项贷款202亿元（当年价），并出台了重点工业企业减免税利、补贴亏损、贷款贴息等方面的政策。1987年，国家有关部门又批准将4个老工业城市（沈阳、大连、重庆、武汉）列为经济体制改革城市试点，实行利润包干、承包经营责任制等"政策调整型"改革。这些改革政策和配套资金的支持，取得了不同程度的成效，部分老工业基地经过改造，焕发出蓬勃生机。

专栏1-1 "七五"计划关于老工业基地调整改造的部署

　　加快现有企业技术改造步伐,重点改造上海、天津、沈阳、大连等老工业城市和老工业基地。积极利用各种外资、侨资,引进先进适用技术和必要的关键设备。加快三线建设的调整和改造。对于布局合理、产品方向明确、经济效益好的企业,进一步充实完善,提高技术水平,改进经营管理。对于建设基本成功,但因受能源、交通、信息等条件的制约,能力没有充分发挥的企业,加强技术改造,补充完善生产能力。对于少数厂址存在问题、产品没有明确方向、无法维持下去的企业,通过关、停、并、转、迁等办法,进行必要的调整。

　　可以看出,这一时期的老工业基地调整改造还不是一个区域战略,它的任务主要体现在国有企业布局调整和企业技术改造上,政策聚焦在企业布局调整、产品结构调整、企业技术改造、稳定职工队伍等方面,区域上虽然对东北地区沈阳、大连、哈尔滨等城市予以倾斜支持,但同时也兼顾东中西部的典型老工业基地。

第三节　21世纪初期东北振兴战略的提出

　　改革开放以来,东北老工业基地的建设继续向前推进,但是由于体制性、机制性、结构性矛盾,东北地区与沿海发达地区的差距不断扩大。为解决这一问题,中共中央、国务院于21世纪初期启动实施了东北地区等老工业基地振兴战略。20世纪90年代后期至21世纪初期,随着我国东部沿海工业的迅速崛起以及东北地区部分城市资源逐渐枯竭,东北地区工业在全国的地位不断下降,传统支柱产业在全国的竞争力减弱,科技创新能力明显不足,部分骨干企业生产经营面临困难,东北地区经济增速放缓的问题也十分突出。2001—2002年,全国工业增加值增长了11%,而辽宁、吉林、黑龙江三省的工业增长率分别仅为6%、12%和-5%。

为有针对性地解决这一问题，"九五"时期，在继续以大型老工业城市为重点推进调整改造的同时，东北老工业基地的振兴发展问题愈来愈受到党中央、国务院的高度重视。1995年8月，国务院召开会议，专门研究辽宁老工业基地改造调整问题，决定将辽宁作为"九五"时期老工业基地改造调整试点。同时，国家对黑龙江、吉林等东北地区老工业城市的投入也不断加大。"九五"计划第一次提出"积极支持和促进东北等地的老工业基地改造和结构调整"。

专栏1-2 "九五"计划关于老工业基地调整改造的部署

积极支持和促进东北等地的老工业基地改造和结构调整。充分发挥其基础雄厚、人才聚集的优势，结合国有经济布局调整，优化产业结构、企业组织结构和地区布局，形成新的优势产业和企业，有条件的地区要成为新的装备制造基地。积极稳妥地关闭资源枯竭的矿山，因地制宜地促进以资源开采为主的城市和大矿区发展接续产业和替代产业，研究探索矿山开发的新模式。

资料来源：《中华人民共和国国民经济和社会发展"九五"计划和2010年远景目标纲要》。

2002年11月，中共十六大报告首次明确提出，支持东北地区等老工业基地加快调整和改造，支持以资源开采为主的城市和地区发展接续产业。2003年10月，中共中央、国务院印发《中共中央 国务院关于实施东北地区等老工业基地振兴战略的若干意见》，正式启动实施东北地区等老工业基地振兴战略，明确提出支持东北地区等老工业基地加快调整改造，是中共中央从全面建设小康社会全局着眼做出的又一重大战略决策，各地区各部门要像当年建设沿海经济特区、开发浦东新区和实施西部大开发战略那样，齐心协力，扎实推进，确保这一战略的顺利实施。这标志着我国的老工业基地振兴政策从过去的企业和产业调整改造正式成为以东北地区为重点的区域战略。

专栏1-3 《中共中央 国务院关于实施东北地区等老工业基地振兴战略的若干意见》概要

2003年10月，中共中央、国务院印发《中共中央 国务院关于实施东北地区等老工业基地振兴战略的若干意见》，指出，支持东北地区等老工业基地加快调整改造，是党的十六大提出的一项重要任务，是党中央从全面建设小康社会全局着眼做出的又一大重大战略决策，各部门各地方要像当年建设沿海经济特区、开发浦东新区和实施西部大开发战略那样，齐心协力，扎实推进，确保这一战略的顺利实施。

1. 加快东北地区等老工业基地振兴具有重大战略意义
2. 振兴东北地区等老工业基地的指导思想和原则
3. 加快体制创新和机制创新
4. 全面推进工业结构优化升级
5. 大力发展现代农业
6. 积极发展第三产业
7. 推进资源型城市经济转型
8. 加强基础设施建设
9. 进一步扩大对外对内开放
10. 加快发展科技教育文化事业
11. 制定完善相关政策措施
12. 加强组织领导

2003年以后，东北振兴战略不断取得积极进展。经济发展进入新常态后，在周期性和结构性因素的影响下，东北地区经济下行压力持续增大，部分行业和企业生产经营困难，民生问题日益突出。中共十八大以来，习近平总书记多次到东北地区调研，召开专题会议，就东北振兴工作发表系列重要讲话，做出系列重要批示指示，做出了新的重大部署。新一轮东北振兴战略就是要解决东北地区对经济发展新常态的不适应问题，解决东北地区面临的深层次体制性、机制性、结构性问题，促进东北老工业基地提升发展活力、内生动力和整体竞争力，为长远发展奠定良好的基础。2016年2月，中共中央、国务院印发《中共中央 国务院关于全面振兴东北地区等老工业基地的若干意见》，明确提出当前和今后一个时期是推进老工业基地全面振兴的关键时期，指出全面振兴东北地区等老工业基地"事关我国区域发展总体战略的实现，事关我国新型工业化、信息化、城镇化、农业现代化的协调发展，事关我国周边和东北亚地区的安全稳定，意义重大，影响深远"，要求"适应把握引领经济发展新常态，贯彻落实发展新理念，加快实现东北地区等老工业基地全面振兴"。这标志着新一轮东北振兴战略正式启动实施。

2017年10月召开的中共十九大深刻分析了国际国内形势发展变化，做出了中国特色社会主义进入了新时代、我国社会主要矛盾发生变化等重大政治论断，确立了习近平新时代中国特色社会主义思想的历史地位，提出了新时代坚持和发展中国特色社会主义的基本方略，明确了决胜全面建成小康社会、开启全面建设社会主义现代化国家新征程的目标，对新时代推进中国特色社会主义伟大事业和党的建设新的伟大工程做出了全面部署。中共十九大明确提出，深化改革加快东北等老工业基地振兴，同时在深化供给侧结构性改革、加快培育发展新动能、支持传统产业优化升级、培育若干世界先进制造业集群、加强创新体系建设、实施乡村振兴战略、推进新型城镇化、深化国有企业改革、扩大对外开放等领域也提出了与东北振兴紧密相关的新要求，新一轮东北振兴战略的实施进入了新阶段。

第二章

东北振兴战略总论

2003—2013年
东北振兴战略的实施

第一节 2003—2013年东北振兴战略的主要配套政策

2003年10月,中共中央、国务院印发《中共中央 国务院关于实施东北地区等老工业基地振兴战略的若干意见》,指出"要将老工业基地调整改造、发展成为技术先进、结构合理、功能完善、特色明显、机制灵活、竞争力强的新型产业基地,使之逐步成为中国经济新的重要增长区域"。2003年12月,国务院决定成立振兴东北地区等老工业基地领导小组。2004年,国务院振兴东北地区等老工业基地领导小组办公室(简称振兴东北办)正式成立,全面负责东北地区等老工业基地调整改造和振兴工作。据不完全统计,这期间,在国务院振兴东北办的积极推动下,国家先后制定实施了一系列支持东北振兴的政策(见表2-1),涉及基础设施、国债投资、财税、金融、国有企业改革、社会保障、科技人才、沉陷区治理等方面。

表2-1 国家出台的支持东北老工业基地振兴的政策文件和规划的基本情况
(2003年至2012年,不完全统计)

推动振兴的纲领性、综合性文件	中共中央 国务院关于实施东北地区等老工业基地振兴战略的若干意见(2003年)
	国务院办公厅关于促进东北老工业基地进一步扩大对外开放的实施意见(2005年)
	国务院关于加快振兴装备制造业的若干意见(2006年)
	国务院关于促进资源型城市可持续发展的若干意见(2007年)
	国务院关于《东北地区振兴规划》的批复(2007年)
	国务院关于进一步实施东北地区等老工业基地振兴战略的若干意见(2009年)
	国务院关于《东北振兴"十二五"规划》的批复(2012年)
	国务院关于《全国老工业基地调整改造规划》的批复(2013年)

续表

关于深化体制机制改革	解决老工业基地历史遗留问题	分离企业办社会职能	国务院办公厅关于中央企业分离办社会职能试点工作有关问题的通知（2004年）
			国务院办公厅关于第二批中央企业分离办社会职能工作有关问题的通知（2005年）
			国务院关于同意东北地区厂办大集体改革试点工作指导意见的批复（2005年）
		国有企业政策性关闭破产	国资委关于印发加快东北地区中央企业调整改造指导意见的通知（2004年）
		减轻企业负担	国家税务总局关于加强东北地区扩大增值税抵扣范围增值税管理有关问题的通知（2004年）
			财政部 国家税务总局关于印发《东北地区扩大增值税抵扣范围若干问题的规定》的通知（2004年）
			财政部 国家税务总局关于进一步落实东北地区扩大增值税抵扣范围政策的紧急通知（2004年）
			财政部 国家税务总局关于落实振兴东北老工业基地企业所得税优惠政策的通知（2004年）
			财政部 国家税务总局关于调整东北老工业基地部分矿山 油田企业资源税税额的通知（2004年）
			财政部 国家税务总局关于豁免东北老工业基地企业历史欠税有关问题的通知（2006年）
关于产业结构调整升级			科技部关于印发《振兴东北老工业基地科技行动方案》的通知（2004年）
			国家发展改革委 国务院振兴东北办关于印发《发展高技术产业促进东北地区等老工业基地振兴的指导意见》的通知（2005年）
			国土资源部 国务院振兴东北办关于印发《关于东北地区老工业基地土地和矿产资源若干政策措施》的通知（2005年）
			国家旅游局 国家发展改革委关于印发《东北地区旅游业发展规划》的通知（2010年）
			国务院办公厅转发发展改革委 农业部关于加快转变东北地区农业发展方式建设现代农业指导意见的通知（2010年）
			国家发展改革委关于印发《东北地区物流业发展规划》的通知（2011年）

续表

关于保障和改善民生	国务院关于同意辽宁省完善城镇社会保障体系试点实施方案的批复（2001年）
	中共中央办公厅　国务院办公厅关于印发《贯彻落实中央关于振兴东北地区等老工业基地战略　进一步加强东北地区人才队伍建设的实施意见》的通知（2004年）
	建设部关于贯彻落实《中共中央　国务院关于实施东北地区等老工业基地振兴战略的若干意见》的意见（2004年）
	《建设部关于推进东北地区棚户区改造工作的指导意见》（2005年）
	国家发展改革委　教育部　财政部　人力资源社会保障部关于印发促进东北地区职业教育改革创新指导意见的通知（2011年）

这些政策归结起来，可以分为以下几个方面：

一是为支持解决历史遗留问题。实施豁免历史欠税、减免银行欠款欠息、剥离不良资产、核销呆坏账等政策，减轻债务负担；实施增值税转型、所得税优惠、降低资源税税额标准等政策，减轻税负负担。发布《东北地区厂办大集体改革试点工作指导意见》，率先开展厂办大集体改革试点。加大对东北国有企业政策性关闭破产的支持力度，分离企业办社会职能，把企业办的公检法、中小学、医院等移交政府主管部门；实施国有企业政策性关闭破产，使扭亏无望企业平稳退出市场；推进国有企业公司制股份制改革，建立现代企业制度，鼓励非公经济参与国企改制重组；支持沈阳经济区新型工业化综合配套改革试验，支持辽宁沿海经济带建成东北地区对外开放重要平台。

二是解决结构优化问题。设立东北地区等老工业基地调整改造和重点行业结构调整专项，对企业调整改造给予国债资金支持；建立振兴东北老工业基地高技术产业发展专项，对高技术产业化项目给予支持。对东北地区工业结构改造项目进行贴息，扩大老工业基地增值税抵扣范围，对装备制造、石油化工、冶金、船舶、汽车、农产品加工等行业允许新购进机器设备所含增值税税金予以抵扣。后来又延伸到军品和高新技术产品生产企业；豁免东北老工业基地企业在1997年12月31日前形成的历史欠税；对符合税制改革方向的税收改革措施在东北地区先行先试。2004年率先在黑龙江、吉林两省实行全部减免农业税政策，继而对东北三省实行农村税费改革转移支付、粮食直接补贴、良种补贴。

三是解决资源环境与可持续发展问题。对资源开采衰竭期的矿山企业以及低丰度油田开发，在不超过30%的幅度内降低资源税适用税额标准。推进资源型城市经济转型，在东北地区率先开展资源枯竭城市转型试点政策并安排中央预算内专项转移支付，全面实施东北地区采煤沉陷区治理改造工程，实行土地使用和矿产资源开发利用优惠政策，支持推进节能减排和环境整治。

四是解决改善民生问题。完善社会保障体系，率先开展城镇社会保障体系试点，促进国企下岗职工向失业并轨，确保"零就业家庭"至少一人就业；率先在东北地区实施棚户区改造工程，支持东北地区社会事业加快发展。将社会保障试点由辽宁推广到黑龙江和吉林，并对三省社保中"并轨"和"做实"给予财政补助；就业和再就业政策向东北倾斜，重点解决资源枯竭型城市、独立矿区以及军工、煤炭、冶金、森工等行业下岗失业人员的再就业工作。中央预算内投资对东北地区城市供热、供水等管网设施改造、基础设施建设、水利建设、农村公路建设提供资金。

东北三省及内蒙古自治区全面贯彻落实中央实施老工业基地振兴的战略部署，紧密结合本地区实际，先后出台了本地区老工业基地振兴规划和工作意见，实施了一系列地方配套政策，进一步延伸和拓展了中央振兴政策的功能，为老工业基地振兴营造了良好的政策环境。

第二节　东北振兴战略实施以来的阶段性成效

10多年来，在各方面的共同努力下，东北振兴取得了重要的阶段性成果。从总体指标看，东北三省地区生产总值由2003年的不足1.3万亿元增至2015年的5.8万亿元以上，年均增长11%左右，人均地区生产总值从2000美元增至8000美元以上，经济综合实力明显增强。从改革开放看，增值税转型、农业税减免等在东北地区先行先试，沿海沿边全方位开放格局初步形成，与周边国家和地区合作深入推进。从产业发展看，自主创新能力明显提升，部分重大装备研制走在全国前列，骨干企业的技术装备水平、生产制造能力、产品质量和创新能力显著提高，又创造了很多"中国第一"，辽宁的高档数控机床、新型船舶，吉林的轨道客车、商用卫星，黑龙江的燃气轮机、工业机器人等居全国领先水平，有的达到世界先进水平，粮食综合生产能力显著提高。从民生保障看，社会保障体系逐步健全，资源枯竭城市经济转型得到有力的政策支持，棚户区、城区老工业区、独立工矿区、采煤沉陷区改造全面实施。实践证明，中共中央、国务院关于实施东北地区等老工业基地振兴战略的重大决策是完全正确的，东北老工业基地实现全面振兴的前景是十分广阔的。

一是综合经济实力不断增强。东北三省地区生产总值由2003年的不足1.3万亿元增至2015年的5.8万亿元以上，年均增长11%左右，特别是2003—2012年间，三省地区生产总值从12700亿元增加到50400亿元，年均增长12.7%，高于全国平均水平2个百分点。公共财政预算收入年均增长22.6%，比前10年年均增速加快14.8个百分点。全社会固定资产投资年均增长高达28.8%，高于全国平均水平4.9个百分点。社会消费品零售总额年均增长 15.6%；外贸进出口总额年均增长 17.8%；实际利用外商直接投资年均增长 15.6%，高于全国平均水平 5.5 个百分点。

二是体制机制改革初见成效。以国企改革为突破口，以产权制度改革为核心，实施增值税转型、国有企业政策性破产、豁免企业历史欠账、中央企业分离办社会职能、厂办大集体改革等一系列政策，使一些国企减轻了包袱，缓解了遗留问题。已有 90% 以上的国有工业企业完成产权制度改革。跨地区、跨行业、跨所有制的兼并重组成为东北地区国企改革的一大特色，百余家大型骨干企业实现战略性重组，大连造船和大连新船两大船舶生产厂合并，中钢集团公司重组原吉林碳素股份有限公司，中煤能源集团公司接收哈尔滨气化厂、哈尔滨煤炭工业公司等企业，一批大型企业通过联合重组，实现由大向强的转变。通过政策性破产、核销呆坏账、分离企业办社会、剥离不良资产、豁免历史欠税、处置不良贷款等政策使国企卸下了沉重的历史包袱。10 年间，东北三省累计政策性破产企业 320 户，安置职工 83.3 万人，占全国 1/5 左右。250 多家企业共分离企业办社会 1700 多家，涉及职工 17 万人。通过整合重组、企业上市、政策性关闭破产等形式，剥离不良资产 3110 亿元。90% 以上国有企业完成改制，股权结构多元化格局初步形成，企业活力明显增强。非公有制经济快速发展。政府职能加快转变，行政审批权限逐步下放，综合配套改革顺利起步。同时非公有制经济加快发展，成为东北地区经济发展的重要支撑，2013 年东北三省规模以上非公有制企业工业销售产值占比 69.45%，比 2003 年提高了 37.31 个百分点。

三是优势产业竞争力逐步重塑。国家加大对东北老工业基地重大技术装备自主化的支持力度，10 年来，百万千瓦核电、火电机组、特高压输变电设备，大型水轮机组，大型风电机组，百万吨乙烯装置，大型盾构机，高速动车组列车，先进船舶和海上钻井平台，高档数控加工中心和重型数控机床等一大批重大技术装备在老工业基地研制成功，在重大技术装备和国防科技工业等领域继续发挥着支柱作用。2003—2013 年，辽吉黑三省装备制造业工业销售产值增加幅度较大，其中金属制品、通用设备制造业、专用设备制造业、交通运输设备制造业和电气机械及器材制造业工业销售产值增加较快，2013年是2003年8.11倍，占全部工业销售产值27.8%，分别占全国同行业销售产值7.36%、11.93%、10.05%、13.94%和4.49%；仪器仪表及文化、办公用机械制造业、通信设备制造业、计算机及其电子设备制造业工业销售产值是2003年的3.12倍。从产品产量看，金属切割机床产量增加显著，2013年约为2003年的2倍，辽宁约为2倍，吉林约为5倍，三省产量占全国15.21%；汽车产量增加也较快，约为2003年的3倍，占全国12.8%，汽车产业集群化发展态势明显，其轿车产量约为2003年的4倍，辽宁约为17倍；发电机组产量为2003年的3倍多，占全国15.29%。一批龙头企业在全国同行业中具有较强的竞争力，有些甚至在国际上也具有一定影响力，大连造船厂国内规模最大，产品最全，最具国际竞争力；沈阳机床、大连机床两大集团公司双双进入世界机床行业十强之列；哈尔滨电站设备集团、长春轨道客车有限公司、长春第一汽车制造厂、中国第一重型机械集团公司（齐齐哈尔）、哈飞汽车、齐齐哈尔轨道交通公司、大连重工·起重集团、沈阳鼓风机集团等也都享有盛名。

专栏2-1 东北地区装备制造业基地的发展

东北地区是全国重要的装备制造业基地之一。经过10年振兴战略的实施，百万千瓦核电、超超临界火电、±800千伏直流和100万伏交流特高压输变电成套设备，70万千瓦大型水轮机组，30万千瓦抽水蓄能机组，5兆瓦大型风电机组，百万吨级乙烯装置，大型盾构机，时速350公里高速列车，航空航天军工领域急需的高档五轴联动加工中心和重型数控机床等在东北地区实现自主化，沈阳、大连、哈尔滨、齐齐哈尔等具有国际竞争力的先进装备制造业基地正在形成。其中沈阳和大连的装备制造业产值排名靠前。

沈阳聚集着沈阳机床、北方重工、新沈鼓集团、三一重装、北方交通重工、特变电工沈变集团等众多国家级重型装备公司，产品覆盖矿山设备、电站设备、冶炼设备、轧钢设备、石化设备、水泥设备、起重设备、数控机床、锻压设备、人造板成套设备、散料输送设备、环保设备、工程机械、传动机械、农业机械、金属切削机床、大型输变电设备等，广泛应用于矿山、石化、冶金、电力、国防、科研等领域，素有"东方鲁尔"之称。2008年11月，经装备制造杂志社和装备工业发展研究中心联合评选，沈阳市铁西区入选我国重要的装备制造业聚集区，并居第一位。

大连拥有大连机床集团、华锐风电公司、大连造船集团、大连船用曲轴厂等全国知名的行业龙头企业,在高档数控机床及相关产品、风力发电设备、海洋工程装备、大型船用曲轴、盾构机、核电产品、高端铸锻件等重大技术装备,高端机车和城市快轨车辆,高端轴承产品,高端制冷产品等方面具有较好的技术基础。

齐齐哈尔拥有一重集团、齐重集团、齐二集团等行业龙头企业,在数控机床、轨道交通装备、核电装备等方面具有优势。

哈尔滨市拥有哈量集团、哈电集团、哈飞集团等行业骨干企业,在工具量具、发电设备、飞机制造等领域有很强的技术优势。

长春市拥有长客集团等行业龙头企业,在轨道交通装备、农机装备等领域具有很强的技术优势。

2012年,东北三省发电设备产量占全国1/3,数控机床产值占1/3,内燃机产量占1/5,炼油能力1亿吨,接近全国1/5,乙烯产量250万吨,占全国1/6。钢产量占全国1/10以上,汽车产量占全国1/7左右。造船总能力接近2000万吨,接近全国1/5。在国家装备制造业和重要工业产品中发挥着重要的支柱作用。

资料来源:根据公开资料整理。

四是科技创新能力不断增强。东北老工业基地的城镇化率较高,三省人均受教育年限多于全国水平,仅次于京津沪三地。2013年初中以上文化程度的人口占总人口比重42.79%,比全国平均值高出近4.78个百分点。从在校生看,每10万人中普通本专科学生数高于全国平均水平,说明其高等教育在全国比较领先,有普通高校253所,占全国10.16%,为人力资本转化奠定了良好的基础。科研院所技术开发中心也较多,其中研究与开发机构451个,占我国同类机构12.35%。以中心城市为依托,一批国家重点理工科大学(哈尔滨工业大学、吉林大学等)、重点研究所实验室集中分布,辽宁在金属、机械、石油、化工、农林土壤、新型材料等方面具有优势,吉林在基础化学、量子化学、运输机械、光电子技术等方面的研究领先,黑龙江则在石化、有色金属、农林、生物工程等技术应用方面有较好基础。高校、科研机构、国企中拥有一支具有较高水平、丰富经验的人才队伍,是东北地区的宝贵资源。国有经济企事业单位专业技术人员共210.8万人,占全国6.97%,其中教学人员、卫生技术人员、工程技术人员居多。总之,人力资本存量相对充足,科教基础条件在全国表现出特有的实力,成为人才培养、技术创新、经济转型的重要支撑。2003—2013年,三省相继出台鼓励创新发展的政策140余项,大力促进高新技术产业发展、改善人才发展环境和区域创新环境。现已建成40余个高技术产业和科技创新发展基地,包括辽宁本溪生物医药特色产业基地、吉林光电子产业基地、黑龙江国家级火炬计划特色产业基地和国家大学科技园。

五是棚户区改造等重大民生工程全面实施。2005年,棚户区改造工程率先在抚顺、阜新两个资源枯竭城市启动。近年来,发端于东北的棚户区改造全面推进,各级政府已累计投入1700多亿元,改造各类棚户区面积超过2.9亿平方米,共计460万户1460万困难群众因此受益。教育、医疗、文化等社会事业加快发展,基本公共服务保障能力进一步增强。社会矛盾大大缓解,东北老工业基地已经从10年前不稳定因素集聚、群体性事件频发、社会治安形势严峻的地区转变为和谐稳定的新东北。

六是资源枯竭城市突出问题有效缓解。2001年,国务院将阜新确定为全国第一个资源枯竭型城市经济转型试点市。2005年,国家确定了东北地区5个资源型城市经济转型试点城市,分别是阜新、伊春、辽源、白山、盘锦,国家加大力度支持资源枯竭城市发展接续替代产业,加快重大民生工程建设,修复生态环境。近年来,东北地区资源枯竭城市转型的经验逐步推向全国。

七是生态环境和基础设施不断改善。东北地区累计造林1亿多亩,森林蓄积量达25.7亿立方米,生态屏障作用进一步增强。松花江、辽河等重点流域水质明显好转,全部消灭劣V类水体。单位地区生产总值能耗和主要污染物排放稳步下降,完成国家下达节能减排指标。基础设施条件明显改善,高速公路建成通车里程超过1万公里,铁路营业里程1.53万公里,新增2080公里;运营机场超过20个,港口吞吐能力达10.9亿吨。第一条高速铁路(哈大客运专线)建成投运,第一座核电站(红沿河核电站)首台机组并网发电。辽宁大伙房水库输水工程、吉林引嫩入白、黑龙江尼尔基水利枢纽等重大水利工程进展顺利。

此外,在东北地区先行试点的基础上,国家还积极支持全国老工业城市和城区老工业区加快调整改造,支持全国资源型城市和独立工矿区加快转型发展。

第三节 2003—2013年东北地区主要经济指标变动及分析

东北振兴战略实施10年来,东北地区经济增长速度较快,经济总量不断扩大,2013年东北三省地区生产总值较2003年翻了两番,基本与我国平均增速同步,比20世纪90年代相对全国的差距逐渐缩小。其中,吉林和辽宁速度快于黑龙江3—4个百分点。人均地区生产总值也翻了两番多。

表2-2 四大区域板块2003—2013年地区生产总值变动情况(单位:亿元,%)

		全国	东北地区	东部地区	中部地区	西部地区
2013年	绝对量	568845	54442	322259	127306	126003
	占全国比重		8.64	51.15	20.21	20.00
	增长率	7.7	8.4	9.1	9.7	10.7
2012年	绝对量	518942	50477	295892	116278	113905
	占全国比重		8.76	51.32	20.17	19.76
	增长率	7.7	10.2	9.3	10.9	12.4
2011年	绝对量	473104	45378	271355	104474	100235
	占全国比重		8.70	52.04	20.04	19.22
	增长率	9.3	12.6	10.5	12.8	14.0
2010年	绝对量	401513	37493	232031	86109	81408
	占全国比重		8.58	53.09	19.70	18.63
	增长率	10.4	13.7	12.4	13.9	14.2

续表

		全国	东北地区	东部地区	中部地区	西部地区
2009年	绝对量	340903	31078	196674	70578	66973
	占全国比重		8.51	53.84	19.32	18.33
	增长率	9.2	12.7	10.9	11.8	13.5
2008年	绝对量	314045	28196	177580	63188	58257
	占全国比重		8.62	54.27	19.31	17.80
	增长率	9.6	13.4	11.1	12.2	12.4
2007年	绝对量	265810	23373	152346	52041	47864
	占全国比重		8.48	55.27	18.88	17.37
	增长率	14.2	14.1	14.4	14.3	14.6
2006年	绝对量	216314	19715	128593	43218	39527
	占全国比重		8.53	55.66	18.70	17.11
	增长率	12.7	13.5	14.2	13.1	13.2
2005年	绝对量	184937	17141	109925	37230	33493
	占全国比重		8.67	55.58	18.82	16.93
	增长率	11.3	12.0	13.5	12.7	13.1
2004年	绝对量	159878	14545	92823	31616	28603
	占全国比重		8.68	55.39	18.87	17.07
	增长率	10.1	12.3	14.4	13.0	12.9
2003年	绝对量	135823	12722	76965	25871	23696
	占全国比重		9.14	55.27	18.58	17.02
	增长率	10.0	10.8	13.4	10.8	11.5

数据来源：根据《中国统计年鉴》计算。

从固定资产形成看，投资对经济的拉动作用明显，实施东北振兴战略以来，全社会固定资产投资保持较快增长态势。2014年，全社会固定资产投资46095.5亿元，是2003年的10.94倍，年均增长速度24.30%，远超过地区生产总值的增长速度；占全国比重由 2003 年的 7.58% 升为 2014 年的 8.99%，属于投资相对集中的区域。特别是 2005—2012 年东北三省固定资本形成额由 7870.8 亿元提高至 32108.7 亿元，年均增速为 22.24%，较全国平均水平高 2.24 个百分点，比东部地区高 5.53 个百分点。

表 2-3　四大区域板块 2003—2013 年固定资产投资增速（单位：亿元，%）

		全国	东北地区	东部地区	中部地区	西部地区
2013 年	绝对量	446294	46540	179098	105740	109261
	占全国比重		10.56	40.64	24.00	24.80
	增长率	19.1	13.4	17.9	22.1	22.8
2012 年	绝对量	374695	41043	151922	86615	89009
	占全国比重		11.14	41.22	23.50	24.15
	增长率	20.3	25.7	16.6	22.3	23.4
2011 年	绝对量	311485	32643	130263	70824	72104
	占全国比重		10.67	42.59	23.16	23.58
	增长率	23.8	6.2	12.4	12.6	16.5
2010 年	绝对量	251684	30726	115854	62891	61892
	占全国比重		11.32	42.69	23.18	22.81
	增长率	12.1	29.5	21.3	26.2	24.6
2009 年	绝对量	224599	23733	95548	49852	49686
	占全国比重		10.85	43.67	22.78	22.71
	增长率	30.0	26.8	22.9	35.9	38.2
2008 年	绝对量	172828	18714	77735	36695	35949
	占全国比重		11.07	45.97	21.70	21.26
	增长率	25.9	34.4	19.8	32.3	27.2
2007 年	绝对量	137324	13920	64876	27746	28251
	占全国比重		10.33	48.13	20.58	20.96
	增长率	24.8	32.3	18.7	32.8	28.4

续表

		全国	东北地区	东部地区	中部地区	西部地区
2006年	绝对量	109998	10520	54637	20897	21997
	占全国比重		9.74	50.57	19.34	20.36
	增长率	23.9	37.0	19.7	29.4	24.7
2005年	绝对量	88774	7679	45626	16146	17645
	占全国比重		8.82	52.39	18.54	20.26
	增长率	26.0	37.6	21.9	28.9	28.3
2004年	绝对量	70477	5580	37432	12529	13754
	占全国比重		8.05	54.02	18.08	19.85
	增长率	26.8	32.5	24.5	32.1	26.8
2003年	绝对量	55567	4212	30064	9486	10844
	占全国比重		7.71	55.06	17.37	19.86
	增长率	27.7	20.8	33.2	27.2	27.3

数据来源：根据《中国统计年鉴》计算。

第四节 2013年以来东北振兴面临的新挑战

由于长期形成的深层次体制性、机制性、结构性矛盾，加上周期性因素和国际国内需求变化的影响，2014年以来，东北地区经济下行压力加大。2015年，辽、吉、黑三省地区生产总值增速分别为3.0%、6.5%、5.7%。2016年，三省增速分别为-2.5%、6.9%、6.1%，工业、财政、固定资产投资、进出口等主要指标增速也均低于全国平均水平。

究其原因，一方面是我国经济发展进入新常态，"三期叠加"所造成的共性影响，另一方面还是东北地区自身特有的体制性、机制性和结构性问题，主要是：体制机制方面，思想观念不够解放，市场化程度不高，国有企业活力仍然不足，民营经济发展不充分，科技与经济发展融合不够，增长过度依靠投资拉动；产业结构方面，主导产业大多还是传统产业，偏资源型、传统型、重化工型的产业结构和产品结构不适应市场变化，新兴产业发展偏慢，服务业发展滞后，经济发展的惯性和路径依赖太强；社会民生方面，职工收入偏低，就业压力增大，养老保险缺口扩大，棚户区、城区老工业区、独立工矿区改造和采煤沉陷区治理亟待深入。在国际经济复苏疲软、国内经济运行承压、国内外市场需求不足等多重外部因素影响下，东北老工业基地内生问题凸显，体制性、机制性、结构性问题相互交织，改革与发展问题相互碰撞，长期与短期问题相互叠加，客观与主观问题相互影响，使得东北地区经济发展中问题的复杂程度和解决难度不断加剧。这里面有外部因素，也有内部因素，但应该看到，内因是关键，东北地区的资源禀赋、产业基础、科教基础、人才支撑、生态环境等，都有明显的优势，但东北地区的短处也是明显的，特别是体制机制不活、产业结构比较单一、创新能力较弱、民生问题突出等问题，值得引起高度重视。

体制机制方面，思想观念不够解放，市场化程度不高，国有企业活力仍然不足，民营经济发展不充分，科技与经济发展融合不够，增长过度依靠投资拉动，经济发展的惯性和路径依赖太强；产业结构方面，主导产业大多还是传统产业，偏资源型、传统型、重化工型的产业结构和产品结构不适应市场变化，新兴产业发展偏慢，服务业发展滞后；社会民生方面，居民收入偏低，就业压力增大，养老保险缺口扩大，棚户区、城区老工业区、独立工矿区改造亟待深入。可以说，虽然这10年东北振兴取得了很大进展，但总体上仍是阶段性的。这一轮东北振兴使东北地区以重工业为主导的国有企业竞争力大为提升，产品供不应求，促进了东北地区经济增长。近年来，随着我国经济发展进入新常态以及对外开放水平进一步提升，传统产业的市场需求发生深刻变化，东北地区钢铁、煤炭、油气、化工、建材等行业面临较大过剩压力，同时，发达国家和国内沿海发达地区装备制造等产业的竞争力不断增强，东北地区的偏资源型、偏传统型、偏重化工型的产业结构日益不适应市场的需要，再加上国企活力仍然不足，负担仍然较重、冗员仍然较多，民营经济发展滞后，产业结构不够合理，产业链条比较短等因素相互叠加，使得经济增长旧动力减弱和新动力不足的结构性矛盾凸显出来。结构性问题又反过来暴露了东北地区行政管理体制不活、国有企业活力不足等深层次体制性机制性问题，导致体制性、结构性问题互相交织，长期性、短期性问题互相叠加，历史性、现实性问题相互碰撞，使得东北地区当前发展的矛盾更加复杂。可以说，结构问题暴露了体制机制问题，体制机制问题又反过来制约了结构不能向高端迈进，这些体制机制和结构问题影响了市场，市场需求不足影响了经济增速，经济增速放缓逐步传导民生，形成了一个相互影响和传导的链条。这些问题的核心是市场如何充分发挥决定性作用，政府如何既能充分放开又能有效引导的问题，是如何通过深化改革，促进经济结构、产业结构全面转型升级的问题，归根结底要靠深化改革来解决。

一、重点领域和关键环节改革还不到位

一是政府管理体制有待深入改革。政府还停留于管理思维中，习惯使用行政干预的手段，调控经济的主导性较强，对企业的服务意识不强。政府对国有企业的关注和干预过多，政企界限模糊。政府为了维持现有的利润及利益，规避风险，对具有优势的产业只进行局部调整，根本的体制问题不解决，难以使之释放应有的能量。有些行业过度竞争，则出现地方保护和垄断势力强行干预市场，导致区域间上下游企业各自为战，有碍产业集群的形成和发展，不仅大大提高了企业间的协调及重组成本，企业之间的合力无法形成，规模经济效应难以实现，而且分隔了市场，降低了资源配置的效率。

二是供给侧结构性改革和新旧动能转换任务艰巨。钢铁、煤炭去产能分流安置人员难度大、渠道窄。长期占主导地位的资源能源、原材料、装备制造等产业不能适应市场需求变化，生产经营困难。新兴产业体量小、比重低，短期内难以弥补传统行业下滑造成的缺口。粮食库存量达到历史

最高点。

三是国有企业改革有待进一步深化。在企业改制、建立现代企业法人治理结构、推进股份制改革等方面的改革还不到位,在分离企业办社会、离退休人员安置等方面遗留了大量问题,造成了东北国有企业包袱依然沉重,机制不活。国企改革的滞后,相应挤压了民营经济的发展空间。东北民营企业中生活性企业多,生产性企业少;粗加工企业多,科技创新型企业少;从事低端产品生产的多,从事高端产品生产的少;中小型企业多,行业龙头领军企业少。2015年全国工商联民营企业排名五百强,东北入选的只有10家。厂办大集体改革进展缓慢。地方总体处于观望状态,进展不大,仅有部分城市开展了试点工作,主要原因是地方政府认为改革资金缺口大,社会保险问题难以解决,地方负担太重,且容易引发不稳定因素和新的攀比。

四是经济社会领域风险不断积聚。政府性债务余额高,养老保险基金缺口不断扩大,养老保险缺口风险不断积聚。黑龙江、辽宁、吉林先后出现养老保险刚性收支缺口。

二、产业结构问题仍然较为突出

一是工业领域重工业比重偏高。2013年,辽、吉、黑三省重工业增加值占工业比重仍在65%以上,能源资源、原材料、装备制造等产业占主导地位,而这些产业具有很强的周期性,大概每10年就会出现一个发展轮回,现在这些"原字号"产业大多处于产业发展周期的低谷期。2013年,辽宁省冶金、石化、农产品加工三大产业增加值占全省54%,吉林省一汽集团一家企业占全省工业增加值19%,黑龙江省能源、石化、装备制造三大产业增加值占全省72%,而电子及通信设备制造业占比不到1%,金融业占比不到4%。

二是新兴产业和服务业发展明显滞后。这10年,东北地区产业投资主要集中到传统产业改造提升和扩大规模上,新兴产业和服务业发展滞后。2013年,东北三省服务业增加值占生产总值38.7%,比全国平均水平低7.4

个百分点,且近年来有与全国平均水平差距拉大的趋势。在服务业内部,餐饮、住宿、交通运输等传统服务业比重偏高,生产性服务业发展缓慢,金融服务业保障实体经济发展功能欠缺。电子信息等一些战略性新兴产业发育不足,规模较小。国有林区、垦区产业结构单一,接续替代产业发展严重滞后。

三是产业链不全。从产业组织看,专业化分工程度较低,东北地区的优势产业呈现"大而全、小而全"的格局,大企业大而不强,对地区经济的发展带动作用不大;小企业小而不专,协作能力薄弱。导致厂房、设备利用率低,维护和生产成本高;产业同构和无序竞争现象严重,造成边际效益递减的趋势,浪费了大量资源,降低了产业竞争优势。产业间的关联度低,缺乏区域内分工协作,在整机制造、组装、部件制造和检测方面没有形成健全的产业链条,未形成优势产业集群。资源密集型产业多处于产业链上游,而零部件、元器件等中游配套产业跟不上,下游产业不发达,上下游产业链断裂。产品以初级产品居多,深加工、精加工产品较少,产品附加值低,通用、中低档装备产品生产能力过剩,最终产品比东部沿海地区少很多,造成大量价值流失。

三、创新能力不强

一是创新驱动发展的理念有待进一步深化。东北经济发展仍然主要依赖要素投入,靠投资拉动地方发展。东北生产的产品大多数集中在产业链的中上游,面向生产者的产品多,面向消费者的产品少。科教投入不足,东北地区这些年来对教育和科教的投入增加速度偏慢,从财政对教育和科技的投入看,2014年占全国各省区市合计之比下降到7.57%,特别是吉林和黑龙江的科技财政投入明显不足,与名列前茅的省份有较大差距;研究与试验发展(R&D)经费投入由143.45亿元增加到730.4亿元,但占全国各省区市合计之比却由9.32%下降到6.17%,2014年R&D经费支出占地区生产总值比重1.34%,低于全国平均水平。东北地区教育经费来源单一,主要依赖国家财政性投入,由于经费有限,其他办学资金来源弱化,不能满足地区教育发展的需求。科教投入相对不足对东北地区人力资本的形成、质量的提升、对地区科技创新能力等都将产生一定限制，影响科教事业持续健康发展，将逐步拉大与经济发达地区的差距。

二是科技成果转化能力弱。东北地区布局了大量的科研院所和高等院校，科教实力很强，大型国有企业中也拥有一大批科研人才队伍，在这10年振兴中为经济发展提质增效发挥了重要作用。但是，这些科研队伍大多服务于政府和大型国有企业，成果转化率偏低。人才政策不落实或落后于东南沿海地区，导致人才流失严重，"墙内开花墙外香"。东北三省高技术产业规模占比、企业数量占比、主营业务收入占比、利润总额占比等数据均低于全国平均水平，不少产品技术水平属于中低端，附加值还不高，产品仿制的多、原创开发的少，一些关键零部件还受制于人主要依赖进口，导致产业和产品发展引领能力较弱。

三是部分地区人才外流。东北地区人力资本存量增加速度趋缓，2014年三省普通本专科在校学生占全国比重较2003年下降近2个百分点，以往的相对优势有所弱化。接受高等教育的学生未来将是提高人力资本存量和质量的中坚力量，是科技进步与创新的后备军，而此时东北地区教育发展不尽充分，人力资本实力不断下降。改革开放以来，东南沿海地区经济快速发展，人才引进机制灵活，反之，东北老工业基地经济不景气，研发条件、收入水平较差，人才政策不落实，没有建立差别化激励机制，缺乏公平的用人环境，使大批专业技术人才、大学毕业生等纷纷南迁，人才外流现象严重，这也是东北地区人力资本存量减少、人力资本质量降低的重要原因之一。国有企事业单位专业技术人员没有增加而是减少，由2003年的258.27万人减少到2014年的210.8万人。人才结构也存在问题，专业人才多集中于传统领域，而IT行业、生物工程、新材料、新能源、先进装备制造业等新兴产业领域的人才远不能满足需求，多沉淀于政府和大型国有企事业单位，而真正适应市场经济与产业结构调整大势的新型开拓性人才不足，高素质、高技能人才相当短缺，急需企业家、国际化人才、拔尖的技术人才、熟练的技术工人等。人才流失已经影响到东北地区的教育质量、科技研发、成果转化等，影响到经济增长水平，并将继续对未来区域发展产生不利影响，人力资本问题的解决刻不容缓。

四、城镇化质量不高

一是城市基础设施建设滞后。老工业基地的"老"，一方面体现在产业的"老"，另一方面体现在城市的"老"。由于建市时间早，城市公共基础设施历史欠账多，改造和更新面临较大困难。很多城市基础设施建于"一五""二五"时期甚至更早，有些城市排水管线和供热设施还是日伪时期修建，不少城市城区供水管网已使用50年以上，腐蚀严重，供水漏失率超过50%。东北地处高寒地区，采暖设施老化，"跑冒滴漏"严重，既浪费能源，也成为重大民生问题。在反映城市市政基础设施水平的14项指标中，除人口密度外，东北三省用水普及率、燃气普及率、建成区供水排水管道密度、人均道路面积、城市污水处理率等13项指标全部低于全国平均水平。

表2-4 2014年东北城市市政设施与全国及其他地区对比

	人均道路面积（平方米）	排水管道密度（公里/平方公里）	人均日用水量（升）	人均公园绿地面积（平方米）	建成区绿地覆盖率（%）	万人拥有公共汽车（辆）
全国城市合计	12.37	10.46	111.89	10.85	41.44	10.01
辽宁	12.21	7.57	80.18	11.60	42.07	9.87
吉林	12.79	7.64	61.50	11.03	32.66	9.45
黑龙江	11.68	5.37	68.27	10.14	37.95	9.4
三省城市合计	12.16	6.84	72.37	11.00	38.68	9.57

二是棚户区改造剩余任务依然艰巨。东北的棚改起步最早，但目前任务依然艰巨，2013—2017年全国1000万户棚改计划中，东北有298万套，占全国近30%。与当初相比，现在剩下的大都是难啃的"硬骨头"，土地置换收益低、市场化运作困难，特别是林区、垦区棚户区，改造难度

更大。一些已实施的棚户区改造项目则存在公共基础设施滞后、贫困人口集中居住、就业机会少等问题,未来可能出现新的刚性封闭空间,带来新隐患。

三是资源枯竭城市和独立工矿区转型发展仍然面临一些突出问题。资源枯竭城市接续替代产业发展仍处于起步阶段,缺乏骨干项目支撑,要素集聚能力较弱。矿山地质灾害隐患多,生态环境治理任务繁重。基础设施建设滞后,支撑保障能力不足。独立工矿区大多数依矿山、沟谷分散建设,城镇功能布局严重受限,公共服务能力严重不足,自然灾害、地质灾害易发多发。

四是城市内部二元结构突出。东北地区城镇化水平一直较高,2014年三省城镇化率60.83%,高于全国平均水平6.06个百分点,但许多城镇是随着资源开发而兴起的,矿区、林区、垦区、油田等城镇人口中包含了大量农垦林业系统人口。由于城镇化与工业化没有良性互动和协同发展,产城割裂,大部分职工集中居住在厂区,城市的综合服务功能和基本公共服务体系缺乏,出现明显的城市内部二元结构。一些城市新城区与旧城区、中心区与边缘区在基本公共服务、基础设施等方面存在巨大差异,老旧工业区成为城市"锈斑",制约城市布局优化。许多厂区与居民区的间距已突破安全生产标准,安全隐患极大。产业层次低,企业改革转型难度大。绝大多数是传统企业,装备水平普遍落后,"两高一低"产品较多,一些企业处于停产半停产状态,土地闲置问题突出。许多市政设施仍由企业运营,道路破损,与区外道路衔接不畅,水电气暖管网老化严重,"三废"排放严重超标。区内居民大多数是企业职工及家属,退休和失业人员多,收入水平低,居住条件差,民生问题突出,社会矛盾集中,成为城市内部"二元结构"的典型区域。

五、区域发展分化较大

分省份看,辽宁省增速仍然偏低,经济形势依然严峻。吉林省和内蒙古自治区经济增速已高于全国平均水平,但内生动力和可持续发展能力还有待提升。黑龙江省经济增速接近全国平均水平。分城市看，中心城市经济有望率先企稳回升，与部分资源枯竭、传统产业比重大和结构单一城市发展形成了较为鲜明的对比。东北四个中心城市经济总量占东北三省近一半，辽中南10个城市加上长春、哈尔滨共12个主要城市区域所占经济比重可达66.25%，而东北东部、辽西、吉林西部、黑龙江北部、蒙东等地，在发展速度与发展质量等方面与哈大轴带都存在较大差距，且逐步加大。

同时，东北地区"政府强、市场弱"问题突出，大家遇到问题"找市长的多，找市场的少"，大政府、小社会的现象仍然存在。市场竞争意识比较淡薄，民营经济基础相对薄弱，在解决一些企业面临的问题的时候习惯于发文件、检查管制，使用经济、市场、法律和政策手段管理经济方面相对不足。投资营商环境仍待改善，融资难、融资贵问题仍然较为普遍，电力等要素价格长期偏高，企业生产经营成本偏高。

第三章

东北振兴战略总论

中共十八大以来新一轮东北振兴战略的启动实施

第一节　新一轮东北振兴战略的提出

2016年2月,中共中央、国务院印发《中共中央 国务院关于全面振兴东北地区等老工业基地的若干意见》,标志着新一轮东北振兴战略正式启动实施,也标志着东北振兴进入了全面振兴的新阶段。习近平总书记多次到东北地区调研,召开专题会议,就东北振兴工作发表系列重要讲话,做出系列重要批示指示,对新时期东北振兴工作提出了一系列新的战略判断,做出了新的重大部署,要求持续用力,抓好新一轮东北地区等老工业基地振兴战略的实施。

新一轮东北振兴战略是从根本上解决东北面临的深层次矛盾和问题,奠定东北长远发展基础的客观要求。习近平总书记深刻指出,东北振兴现在面临的问题仍然是体制机制问题和结构性问题,但问题的内涵和10年前启动东北振兴战略时已有很大不同。新一轮东北振兴战略就是要解决东北地区对经济发展新常态的不适应问题,解决东北地区面临的深层次体制性、机制性、结构性问题,促进东北老工业基地提升发展活力、内生动力和整体竞争力,为长远发展奠定良好的基础。

新一轮东北振兴战略是缓解东北当下经济下行压力,促进东北在经济发展新常态下经济平稳健康发展的迫切需要。近两年来,在周期性和结构性因素的影响下,东北地区经济下行压力持续增大,部分行业和企业生产经营困难,民生问题日益突出。这些困难和问题如果不尽快加以解决,不仅将会影响到东北的就业和民生,而且会危及东北振兴事业的根基。在这种情况下,启动实施新一轮东北振兴战略,解决对经济发展新常态的不适应问题,尽快扭转经济增速下滑势头,对于东北经济社会持续健康发展和全国区域协调发展，十分重要而且十分紧迫。

新一轮东北振兴战略是促进东北在全国区域发展中担当更重要的使命的必然选择。东北地区能源资源、环境承载、产业基础、科教人才等支撑能力较强，虽然近期发展出现了一些困难，但东北制造业基础好，装备制造业、原材料产业和国防科工产业在全国具有特殊的战略地位。推进新一轮东北振兴，有利于推进经济结构战略性调整、提高我国产业国际竞争力，有利于促进区域协调发展、打造新的经济支撑带，有利于优化调整国有资产布局、更好发挥国有经济主导作用，有利于完善我国对外开放战略布局、适应引领东北亚地区开放合作新形势，有利于维护国家粮食安全、打造北方生态安全屏障。加快东北全面振兴，对优化我国区域发展格局，在全国区域发展中发挥示范带动作用意义重大。

在新的历史时期推进东北地区实现全面振兴，无论从东北地区自身来看，还是从全国发展大局来看，都具有十分重要的意义。

一是有利于推进我国经济结构战略性调整、提高我国产业国际竞争力。东北地区在装备制造、原材料、国防军工等领域拥有一批关系国民经济命脉和国家安全的战略性产业，代表了相关领域制造业的最高水平。目前，东北地区发电设备产量占全国1/3，数控机床产值占1/3，高速动车组产量占1/3。推进新一轮东北振兴，能为我国产业迈向中高端水平提供重要基础和动力，为加快建设制造强国发挥引擎作用。

二是有利于促进区域协调发展、打造新的经济支撑带。东北地区人口有1.1亿多，面积占全国1/7，沿边沿海优势明显，区位条件优越，发展空间和潜力巨大，沿哈大轴线已初步形成了大中小城市集聚发展的城市群。推进新一轮东北振兴，有助于培育全国新的重要增长极和经济支撑带，为全国经济发展拓展新的空间。

三是有利于优化调整国有资产布局、更好发挥国有经济主导作用。东北地区国有资产存量大，发展基础较好，且多分布于重要行业，长春一汽集团、齐齐哈尔一重集团，沈阳机床集团（新中国第一个机床制造厂）、沈阳飞机工业公司（第一个飞机制造基地）、鞍山钢铁集团（第一个大型钢铁工业基地)、大庆油田(第一个大型石油开采基地)等,这些带"一字头"大型工业企业,至今在国民经济发展中仍发挥着重要作用。推进新一轮东北振兴,全面深化国资国企改革,做大做强国有企业,有助于增强国有企业内在活力、市场竞争力、发展引领力,使国有企业真正成为东北振兴的重要支撑力量,同时为全国深化国资国企改革做出探索。

四是有利于完善我国对外开放总体布局。东北地区地处东北亚区域的中心地带,与俄、蒙、朝交界,与日、韩隔海相望,大连港、营口港、锦州港是我国北方重要港口,丹东、珲春、绥芬河、满洲里、二连浩特是我国沿边开放的重要口岸,推进新一轮东北振兴,把东北地区建成我国面向东北亚开放的重要枢纽和推进"一带一路"建设的重要支撑,将会进一步优化我国对外开放总体布局,促进我国开放南北均衡发展、沿海沿边齐头并进,同时也有助于发挥我国在深化东北亚区域合作中的建设引领作用。

五是有利于维护国家粮食安全、打造北方生态安全屏障。东北地区是全国粮食生产的"稳压器",也是国家农业现代化的战略基地,近年来,辽、吉、黑三省粮食产量占全国20%左右,商品粮占40%左右,粮食外调量占全国60%左右,同时东北地区生态地位重要,大小兴安岭、长白山等森林,呼伦贝尔等草原、三江平原等湿地,以及黑龙江、松花江、乌苏里江、鸭绿江、辽河等江河和兴凯湖、呼伦湖等湖泊对于维系北方生态安全至关重要,推进新一轮东北振兴,将会进一步巩固提升东北地区作为我国"大粮仓"和生态安全屏障的战略地位。

第二节 新一轮东北振兴的重要政策

按照中共中央、国务院关于新一轮东北振兴的战略部署,近几年来,国家出台了一系列重大政策文件支持东北地区振兴发展。

一是2016年2月出台《中共中央 国务院关于全面振兴东北地区等老工业基地的若干意见》(中发〔2016〕7号)。中发7号文件是继2003年《中共中央 国务院关于实施东北地区等老工业基地振兴战略的若干意见》出台实施后,中共中央、国务院在新的历史条件和时代背景下对东北地区等老工业基地振兴战略的丰富、深化和发展,是新一轮东北振兴战略的顶层设计。7号文件围绕"四个着力"的重点任务,明确了未来10年老工业基地振兴的总体目标、战略定位、主要任务和配套措施,对东北地区明确了"五基地、一支撑带"的发展定位(成为全国重要的经济支撑带,具有国际竞争力的先进装备制造业基地和重大技术装备战略基地,国家新型原材料基地、现代农业生产基地和重要技术创新与研发基地)。

二是2014年8月出台《国务院关于近期支持东北振兴若干重大政策举措的意见》(国发〔2014〕28号)。28号文件按照立足当前、着眼长远、分类施策的原则,提出了一批近期可操作可实施的政策举措,提出了76项东北振兴近期重点任务和139个配套重点项目。

三是2016年11月出台《国务院关于深入推进实施新一轮东北振兴战略加快推动东北地区经济企稳向好若干重要举措的意见》(国发〔2016〕62号)。62号文件定位为中共中央、国务院关于新一轮东北振兴的决策部署的细化、实化和具体化,是中发7号文件在支持东北振兴政策举措的具体化,也是28号文件的承继。

四是出台了一批配套政策文件。国家有关部门相继印发了《东北振兴"十三五"规划》《推进东北地区等老工业基地振兴三年滚动实施方案》等专门支持东北振兴的具体政策举措。围绕支持东北地区民营经济发展、创新驱动东北老工业基地振兴发展、沈阳全面创新改革试验、支持老工业城市和资源型城市产业转型升级、建设产业转型升级示范区、东北地区玉米收储新机制、开展东北地区与东部地区对口合作、推动老工业基地职业教育"双元制"改革、加快城区老工业区和独立工矿区改造、推进采煤沉陷区治理等方面出台了一批配套政策措施,启动建设大连金普新区、长春新区、哈尔滨新区和中德(沈阳)高端装备制造产业园等重大开发开放平台。

在中发〔2016〕7号文件和国发〔2016〕62号文件中,中共中央、国务院提出了一系列配套政策举措,为新一轮东北振兴战略的实施提供了重要的支撑。这些政策举措总体尚可以概括为"四个重大",即重大政策、重大工程、重大开发开放平台和重大工作机制。

一、推出一批重大政策

在财政政策方面,主要有:1.中央财政要进一步加大对东北一般性转移支付和社保、教育、就业、保性住房等领域财政支持力度。2.中央财政提高对东北地区民生托底和省内困难地区运转保障水平。3.在加快养老保险制度改革的同时,制定实施过渡性措施,确保当期支付不出现问题。4.加快推进东北三省地方政府债务置换。5.对东北地区主导产业衰退严重的城市,比照实施资源枯竭城市财力转移支付政策。6.完善粮食主产区利益补偿机制,按粮食商品量等因素对地方给予新增奖励。7.资源税分配向资源产地基层政府倾斜。

在金融政策方面,主要有:1.鼓励政策性金融、开发性金融、商业性金融机构探索支持东北振兴的有效模式,研究引导金融机构参与资源枯竭、产业衰退地区和独立工矿区转型的政策。2.推动产业资本与金融资本融合发展,允许重点装备制造企业发起设立金融租赁和融资租赁公司。3.引导银行业金融机构加大对东北地区信贷支持力度,对有效益、有市场、有竞争力的企业，应满足其合理信贷需求，避免"一刀切"式的抽贷、停贷。对暂时遇到困难的优质大中型骨干企业，要协调相关金融机构积极纾解资金紧张等问题。鼓励各地建立应急转贷、风险补偿等机制。推进不良贷款处置。4.在东北地区设立民营银行。5.对符合条件的东北地区企业申请首次公开发行股票并上市给予优先支持。6.推进实施市场化、法治化债转股方案并对东北地区企业予以重点考虑。7.支持企业和金融机构赴境外融资，支持东北地区探索发行企业债新品种，扩大债券融资规模。

在国有企业改革政策方面，主要有：1.出台深化东北地区国有企业改革专项工作方案。2.推动驻东北地区的中央企业开展国有资本投资运营公司试点。3.选择部分中央企业开展综合改革试点。4.支持部分中央企业开展混合所有制改革试点，引导中央企业加大与地方合作力度。5.在东北三省各选择10—20家地方国有企业开展首批混合所有制改革试点。6.有序转让部分地方国有企业股权，所得收入用于支付必需的改革成本、弥补社保基金缺口。7.中央财政继续按照奖补结合的原则，提高对东北地区国有企业厂办大集体改革的补助比例，对地方国有企业、中央下放地方国有企业、中央企业兴办的厂办大集体企业净资产不足以支付职工经济补偿金的部分，中央财政分别补助80%、100%和50%。8.因厂办大集体改革导致地方政府养老保险基金存在缺口的，在统筹研究东北地区养老基金缺口时一并考虑。

在产业投资土地政策方面，主要有：1.制定东北地区产业发展指导目录。2.设立东北振兴产业投资基金。3.国家重大生产力布局特别是战略性新兴产业布局重点向东北地区倾斜。4.进一步加大中央预算内投资对资源枯竭、产业衰退地区和城区老工业区、独立工矿区、采煤沉陷区、国有林区等困难地区支持力度。5.推出老工业基地调整改造重大工程包。6.实施差别化用地政策，保障重大项目建设用地。7.支持城区老工业区和独立工矿区开展城镇低效用地再开发和工矿废弃地复垦利用。

二、实施一批重大工程

在重大基础设施工程方面，主要有：1. 实施东北地区低标准铁路扩能改造工程，改善路网结构，提升老旧铁路速度和运力。2. 规划建设快速铁路网，尽早建成京沈高铁及其联络线，研究建设东北地区东部和西部快速铁路通道。其中，京沈高铁即将通车，东北东部快速铁路（佳木斯至通化至沈阳）、西部快速铁路（齐齐哈尔至通辽至京沈）、东北沿边铁路已经列入中长期铁路网规划修编，近期将分段建设。3. 规划建设东北地区沿边铁路。4. 加快推进国家高速公路和国省干线公路建设。5. 研究新建、扩建一批干支线机场。在国家民航中长期规划布局中，规划东北地区新增阜新、铁岭、辽源、珲春、绥化、绥芬河等24个机场。6. 扎鲁特至青州特高压电力外送通道。7. 重大水利设施建设工程。8. 高标准农田建设和黑土地保护工程。9. 粮食仓储设施建设工程。

在重大产业转型升级工程方面，主要有：1. 重大装备自主化和走出去工程。2. 恒力炼化一体化、中石油长兴岛炼化、中石油辽阳石化结构调整、中国兵器辽宁华锦石化改扩建等重大石化项目建设工程。3. 高端装备制造、新材料、生物医药等新兴产业培育工程。4. 资源型城市产业转型攻坚行动计划。5. 组织实施东北振兴重大创新工程。6. 国家实验室、大科学装置、国家机器人创新中心等重大创新基础设施建设工程。

在城市更新改造工程方面，主要有：1. 城市旧城改造和新区提升工程。2. 城区老工业区搬迁改造工程。3. 独立工矿区改造搬迁工程。4. 棚户区改造工程。5. 采煤沉陷区治理工程。6. 特色小镇建设工程。

在生态环境治理工程方面，主要有：1. 大小兴安岭和长白山等天然林保护工程。2. 呼伦贝尔、锡林郭勒等重点草原保护和退牧还草工程。3. 三江平原、松辽平原等重点湿地保护工程。4. 支持兴凯湖、呼伦湖等开展流域生态和环境综合治理工程。5. 东北虎豹国家公园建设工程。6. 辽河、松花江等重点流域治理工程。

三、打造一批重大开发开放平台

在自由贸易试验区建设方面,主要是做好中国(辽宁)自由贸易试验区建设相关工作,加快探索贸易投资便利化措施,加快在东北地区推广自由贸易试验区的成功经验和做法。

在国家级新区建设方面,主要是要创新完善大连金普新区、哈尔滨新区、长春新区管理体制机制,充分发挥在东北振兴的引领带动作用。

在全面创新改革试验区和自主创新示范区等建设方面,主要是要深入推进沈阳全面创新改革试验,探索更多促进科技成果转化的有效做法。加快沈大国家自主创新示范区建设,支持吉林长春、黑龙江哈大齐工业走廊培育创建国家自主创新示范区。加快建设沈阳浑南等国家双创示范基地。

在综合配套改革试验区建设方面,主要是继续做好沈阳经济区新型工业化综合配套改革试验、黑龙江省"两大平原"现代农业综合配套改革试验和吉林省农村金融综合改革试验。

重点开放试验区和中外合作园区方面,主要是推进中德(沈阳)高端装备制造产业园、中英(大连)先进制造示范园区,珲春国际合作示范区,以及满洲里、二连浩特、绥芬河(东宁)等重点开发开放试验区等建设,同时规划建设中俄、中蒙、中日产业投资贸易合作平台以及中以、中新合作园区。

在综合保税区和海关特殊监管区域方面,主要是推进大连综合保税港、沈阳综合保税区、长春兴隆综合保税区、哈尔滨综合保税区、绥芬河综合保税区、满洲里综合保税区以及保税物流中心等海关特殊监管区域建设。

在产业转型升级示范区建设方面,主要是推进沈阳—鞍山—抚顺和长春—吉林—松原等产业转型升级示范区建设。

四、完善一批重大工作机制

在工作机制方面,最重要的国务院振兴东北地区等老工业基地领导小组，其主要职责是研究审议重大政策和重点规划，协调解决重大问题，督促推进重大事项。国家发展和改革委员会具体承担领导小组办公室工作，主要职责是要加强综合协调和调查研究，牵头推进重点任务落实。

除此之外，在推进新一轮东北振兴进程中，还有以下重要工作机制：

东北与东部发达省市合作机制：主要是组织辽宁、吉林、黑龙江三省与江苏、浙江、广东三省，沈阳、大连、长春、哈尔滨四市与北京、上海、天津、深圳四市建立对口合作机制，开展互派干部挂职交流和定向培训，通过市场化合作方式积极吸引项目和投资在东北地区落地。

东北振兴重大项目建设调度工作机制：主要是分年度会商有关地方、部门、中央企业确定东北振兴重大项目，按期调度项目进展，及时协调解决项目实施过程中存在的问题。

东北振兴智库支撑机制：主要包括，与中国宏观经济研究院、中国科学院、中国社会科学院、国务院发展研究中心以及有关高校建立的长期研究合作，依托东北大学和中国（海南）改革发展研究院组建中国东北振兴研究院等。

东北振兴新闻宣传工作机制：主要包括与中宣部、中央网信办建立的新闻宣传和网络舆情工作机制，与新华社建立的东北振兴新闻宣传机制，与有关地方建立的定期信息通报工作机制和与新华网等建立的网络宣传机制等。

"四个重大"搭起了新一轮东北振兴政策的四梁八柱。当前关键是要调动两个积极性，切实抓好各项政策举措的落实，建立东北振兴的支撑体系，形成新一轮东北振兴的好势头，打赢全面振兴这场硬仗。

一是要加快建立优化有利于企业发展的体制机制支撑体系。从国际经验看，支持老工业基地加快调整改造，政策援助是必要的，稳定的资金来源和渠道也是必需的，给老工业基地一定的项目也是可行的，特别是在前期，这样的输血尤其显得重要。但是世界老工业基地的复兴，并不是靠输血来完成的，主要通过制度的完善、体制的创新等一系列手段，以市场经济的要求来配置微观基础，使其提高自身的造血能力。我国的东北老工业基地也是一样，仅靠政策援助、资金援助、项目援助，只能使其渡过难关，要想实现东北的真正振兴，必须致力于发展地区经济，创造一个有效的宏观经济环境，包括交通、通信、教育等基础设施，也包括金融、保险服务行业。今后老工业基地的调整与改造，应以制度创新、机制创新和技术创新为突破口，把着重点放在完善体制机制上。

政府职能转变是东北老工业基地改造和振兴中的关键一环。要切实解决政企不分，政府对经济事务直接干预过多、过深，而公共服务又严重不足的状况，把政府经济工作的着力点转到创造与市场经济相适应的体制、政策和法律环境上来，全面提高政府效率，形成市场机制更好发挥作用的条件，给投资者、创业者以稳定预期。要从减少或消除行政性准入限制、所有制歧视和地方保护等方面采取积极的措施，建立良好有效的政策环境，鼓励和引导民间资本、境外资本积极参与资源型城市和老工业基地接续产业的发展和主导产业的转型，弱化政府"改造主体"的角色，建立政府政策引导下多元市场主体参与的新型改造机制和体制。同时，重点深化投资体制和公共资源交易制度改革，从制度上更好地保障市场在资源配置中的基础性作用。加快户籍制度改革，从城郊农民和城市农民工入手，配套推进户籍、土地、公共服务制度联动改革，推动城镇化发展，发挥城镇化在发展中的推动作用。

要加快制定以"企业投资项目承诺制"为核心的"零审批"园区试点方案，挑选几个园区或区域制定承诺制审批实施办法，在推进"放管服"改革和完善投资营商环境建设方面见到实效，提升国内外投资者信心。

二是要加快营造浓厚的创新创业支撑体系。要充分发挥东北地区高等院校和企业技术开发中心的作用，加大技术创新，并着力做好技术的转化工作，大力开发先进适用型技术，推动高新技术的发展和对传统产业的改造。在制度创新方面，针对老工业基地的特点，完善社会保障制度、金融制度、国有企业的产权制度，要统筹经济和社会的协调发展，充分调动一切可以调动的力量，以经济发展和提高就业为标准，加快东北老工业基地的振兴。实施好东北地区培育和发展新兴产业三年行动计划，大力发展基于"互联网+"的新产业新业态,推进东北地区信息产业发展。要推进创新创业平台建设,新设一批重大创新创业平台。加快沈阳浑南区国家双创示范基地建设,推进哈尔滨、长春等城市双创平台建设。加快沈大国家自主创新示范区建设,推动吉林长春、黑龙江哈大齐工业走廊培育创建国家自主创新示范区。东北有很多很好的旅游资源,冰天雪地也是金山银山,要把这些旅游资源真正转换成旅游经济优势,特别是要提前考虑京沈高铁开通后,京津冀和南方客源市场将进一步扩大的情况,把特色旅游发展好。

三是要加快构建交通、能源、水利等基础设施支撑体系。加快建设东北地区快速铁路网和高速公路网。加快建设京沈高铁、哈佳、沈丹、丹大、吉图珲、哈齐、哈牡等快速铁路,推进城市群内城际轨道交通建设,全面完成东北地区东部铁路通道建设;大力实施既有线扩能和电气化改造;统筹规划建设中俄国际铁路(北线)和中蒙俄国际铁路大通道,加快建设同江铁路大桥、黑河大桥,形成连接亚欧的东北亚交通走廊。加快国家高速公路断头路、瓶颈路段改造。加强城际间快速交通网络和国边防公路建设。提升国省干线技术等级和服务水平。推进渤海海峡跨海通道的前期工作。加大辽宁沿海港口资源整合力度,加快建设大连东北亚国际航运中心,创新发展模式,形成布局合理、功能完善、优势互补、分工协作、综合竞争能力较强的现代港口集群。推进港口码头和航道防波堤设施建设,鼓励民间投资参与港口建设,引导支持港口企业和腹地大企业集团资源共享、良性互动。加强粮食专用码头和储运设施建设,提高"北粮南运"能力。扩建和新建一批干支线机场,形成干支结合、布局合理的机场网络。优化机型配置和航线布局,适当加密航线航班,提高快捷服务水平。对旅游热点地区,在旅游旺季增开临时航线航班。推动通用机场建设,促进通用航空产业发展。

提升能源开发利用水平。推进煤炭资源整合,发展大型煤炭企业集团。加强松辽盆地、渤海湾盆地、海拉尔盆地、二连盆地及外围油气资源勘探开发,增强资源保障能力。有序推进蒙东地区和吉林两个千万千瓦级风电基地建设,加快辽宁、黑龙江风能资源较丰富、电网接入条件好地区的风电开发。根据国家有关规划要求，在确保安全的基础上稳妥发展核电，开工建成红沿河核电站二期工程，适时启动辽宁徐大堡核电项目建设。加快开发利用煤层气，有序发展煤制天然气和煤基多联产项目。

加快推进重大水利工程建设。科学规划建设调水工程，合理开发利用水资源，实现区域内水资源优化配置。推进辽西北供水二期、吉林中部引松供水、哈达山水利枢纽（一期）、引嫩入白、尼尔基引嫩扩建一期、引绰济辽以及黑龙江、松花江、乌苏里江"三江连通"等重大水利工程建设。尽快开工黑龙江阁山、奋斗和吉林松原灌区、辽宁猴山水库等重点工程。在水土资源条件具备的地区发展现代灌溉设施。

国家"十三五"规划纲要的 165 项重大工程有一大批是在东北地区，《推进东北地区等老工业基地振兴三年滚动实施方案》提出了拟于 2016—2018 年开工建设的对东北振兴有全局性重要影响的、能够有效补短板和培育新动能的重大项目，共 127 项，大部分是基础设施项目。《东北振兴"十三五"规划》中也提出了一大批重大基础设施项目和工程，这些项目已纳入国家相关规划，正在加快推进。

四是要加强城镇基础设施和信息化基础支撑体系。完善城市功能分区和建设。未来 10 年东北等老工业基地的产业升级改造、老工业区整体搬迁改造将会进入攻坚阶段。原有产能落后、技术水平低下的产业产能将会大力推进技术升级改造或者产业结构调整；原位于市区或者近郊的老工业区将会部分整体搬迁至城市新区或者开发区。作为未来升级改造后的工业开发区或者产业集聚区，在经济上将会成为东北等老工业基地产业结构调整和工业振兴的重要载体。而新城区或者开发区的建设及空间布局规划中则应高度重视产业、配套社会服务功能、环境保护等多方面的协调、融合。力求借助产业转移、新区建设的重大机遇推动区域内城镇化质量的同步提升，以充分吸纳就业、产业协调发展、城市功能完善、环保措施得当等为原则，大力建设新型工业化小城镇或城区。

加快建设宽带、融合、安全、泛在的下一代信息基础设施，推动信息化技术在经济社会各领域的广泛应用，实现信息化与工业化、城镇化深度融合发展，全面提升东北地区的信息化水平。引导建设宽带无线城市，实施城市光纤入户和农村宽带进村，加快偏远地区的宽带网络建设，全面提高宽带普及率和带宽水平。大力推进第三代移动通信网络建设，不断扩大覆盖范围，优化网络性能。加快智慧城市建设。推进电子政务建设，整合提升政府公共服务和社会管理能力。依托信息网络技术，开展远程医疗和教育培训。加快社会信用体系建设。推进社保卡应用，逐步实现各类社会保障关系异地接续和结算信息化。强化地理、人口、金融、税收、统计等基础信息资源开发利用，建立区域间信息资源的共享机制。加强应急通信系统建设，提升技术和装备水平，提高对突发事件和重大活动的通信保障能力。依托大连港、营口港和长春、哈尔滨物流枢纽，研究建设东北地区的物流公共信息平台。

五是要加快建立生态文明支撑体系。开创东北生态文明特色体系，需要在林业建设、草原保护与沙地治理、黑土与湿地保护、流域治理与水资源保护、水生物资源养护与管理、污染治理与节能减排论证等方面齐头并进，形成生态资源、生态屏障、生态产业、生态文明的保护与开发。以增强生态功能、提高生态效益为基本目标，实行森林分类经营，全面推进"天保工程二期"建设，大幅调减森林采伐量，强化森林经营和保护监管，加快森林资源培育，加强森林防火和病虫害防治。大力开展植树造林，继续实施荒山绿化，巩固和扩大退耕还林成果，加强"三北"防护林、沿海防护林和农田林网建设。

加强蒙东地区、西辽河流域和松嫩平原西部地区草原退化、沙化、碱化治理，以呼伦贝尔、锡林郭勒、科尔沁三大草原生态区建设和保护为重点，建设草原保护与治理示范区。以科尔沁沙地、呼伦贝尔沙地、浑善达克沙地、嫩江沙地、乌珠穆沁沙地为重点，加强风沙干旱区治理，建设沙地复合生态系统。以保护黑土资源、防止水土流失、提高耕地质量、改善生态环境为重点，实施黑土区水土保持工程。全面禁止湿地开垦，逐步恢复湿地生态系统功能，加大湿地生态系统整体保护。

以解决危害群众健康和影响可持续发展的突出环境问题为重点，强化污染物综合整治。推广应用先进节能技术、设备和产品，严格执行能耗限额和产品能效标识，积极推进合同能源管理。促进既有居住建筑供热计量和节能改造，实施"节能暖房"工程。大力发展循环经济、低碳经济、绿色经济，做好循环、低碳经济试点示范工作，在农业、工业、建筑、商贸服务等重点领域推进清洁生产机制，健全资源回收利用体系，推广绿色消费模式。加强林业建设，增加森林碳汇，积极应对气候变化。

六是要完善社会民生支撑体系。建立健全覆盖全区的基本公共服务体系，加快推进基本公共服务均等化，提高民生保障水平，实现学有所教、劳有所得、病有所医、老有所养、住有所居，使东北地区振兴成果更好惠及东北各族人民。把扩大就业放在经济社会发展的优先位置。坚持实施就业优先战略和更加积极的就业政策。将高校毕业生、农村转移劳动力、城镇就业困难人员、水库移民等作为工作重点。大力发展吸纳就业能力强的劳动密集型产业、服务业和小型微型企业；促进以创业带动就业，落实小额担保贷款、财政贴息、税费减免、资金补贴、场地安排等各项就业创业扶持政策；加强职业培训，提高劳动者就业能力；大力开发公益性岗位，为就业困难人员和"零就业家庭"提供就业援助；推进农业富余劳动力就地就近转移就业、返乡创业和有序进城务工；有组织地开展对外劳务合作；着力解决资源枯竭城市、林区、棚户区就业困难人员的就业问题。健全统一规范灵活的人力资源市场和创业服务体系，完善城乡公共就业服务体系，为劳动者提供有针对性的就业服务。

提高城乡居民收入水平。努力实现居民收入增长和经济发展同步、劳动报酬增长和劳动生产率提高同步。完善职工工资正常增长机制、支付保障机制，积极稳妥扩大工资集体协商覆盖范围，逐步提高最低工资标准。完善公务员工资制度，深化事业单位工作人员收入分配制度改革。多渠道增加农民收入。建立和完善收入分配统筹协调机制，努力扭转城乡、区域、行业和社会成员之间收入差距扩大趋势。创造条件增加城乡居民财产性收入。

加大棚户区改造力度。全面推进林区、垦区和国有工矿区等各类棚户区改造，不断改善群众生活条件。发挥政府组织引导作用，加大税费、土地供应政策支持力度，不断完善安置补偿政策，采取财政补助、银行贷款、企业支持、群众自筹、市场开发等多渠道筹措资金。

促进社会事业全面进步。在积极发展公共教育的同时，大力发展职业教育，完善职业教育管理体制和机制，深化校企合作，探索集团化办学的多种实现形式。提高公共医疗卫生水平，完善重大疾病防控等专业卫生服务体系，加强农村三级医疗卫生服务网络和以社区卫生服务为基础的新型城市医疗卫生服务体系建设。健全社会保障体系，完善失业、工伤、生育保险制度，扩大参保范围，推动社会福利由补缺型向适度普惠型转变。大力发展公共文化事业，加强文化遗产保护、利用和传承，推进"民间文化艺术之乡"创建工作。

第三节　新一轮东北振兴的发展目标

按照中共中央、国务院对东北老工业基地发展的总体部署，推进新一轮东北振兴有两个阶段性目标。第一阶段是到2020年，东北地区在重要领域和关键环节改革上取得重大成果，转变经济发展方式和结构性改革取得重大进展，经济保持中高速增长，与全国同步实现全面建成小康社会目标。产业迈向中高端水平，自主创新和科研成果转化能力大幅提升，重点行业和企业具备较强国际竞争力，经济发展质量和效益明显提高；新型工业化、信息化、城镇化、农业现代化协调发展新格局基本形成；人民生活水平和质量普遍提高，城乡居民收入增长和经济发展同步，基本公共服务水平大幅提升；资源枯竭、产业衰退地区转型发展取得显著成效。这一阶段的核心目标是与全国同步实现全面建成小康社会。

《东北振兴"十三五"规划》对到2020年的振兴目标做了进一步明确：

经济保持持续健康发展。地区生产总值再上新台阶，城乡居民人均收入比2010年翻一番，主要经济指标平衡协调，发展质量和效益明显提高。全员劳动生产率年均增长6.2%，投资效率和企业效益明显提升，综合经济实力显著提高，为东北地区走进全国现代化建设前列、成为全国重要的经济支撑带奠定坚实基础。

创新驱动发展能力明显增强。创新要素配置更加高效，全民受教育程度和创新人才培养水平明显提高，区域创新体系进一步完善，自主创新和科技成果转化能力大幅提升，研究与试验发展经费投入强度达到2.1%，每万人口发明专利拥有量达到6.9件，重要技术创新与研发基地建设取得阶段性进展。

结构调整取得实质性进展。城镇化质量稳步提升，资源枯竭、产业衰退、生态严重退化等特殊困难地区转型发展取得显著成效。农村一、二、三产业融合发展，工业重点行业和企业具备较强的国际竞争力，新产业和新业态不断增长，服务业增加值比重达到47.4%，初步建成具有国际竞争力的先进装备制造业基地和重大技术装备战略基地、国家新型原材料基地、现代农业生产基地。

人民生活水平和质量显著提高。居民收入增长实现与经济发展同步，就业比较充分，棚户区和农村危房改造基本完成，教育、文化体育、社保、医疗等公共服务体系更加健全，城乡居民收入差距逐步缩小，现行标准下农村贫困人口实现脱贫，贫困县全部摘帽，人民群众幸福感明显提升。

生态环境保护水平进一步提升。单位地区生产总值能耗和二氧化碳排放大幅下降，主要污染物排放总量显著减少，水环境质量得到阶段性改善，森林、河流、草原、湿地、黑土地得到有效保护，沙地、盐碱地治理取得明显成效。

表 3-1　东北地区"十三五"时期主要指标

指标		属性	2015年基数	2020年目标	年均增速[累计]
经济发展					
（1）全员劳动生产率（万元/人）		预期性	9.6	13	6.2%
（2）粮食综合生产能力（万吨）		预期性	13210	13210	[0]
创新驱动					
（3）研究与试验发展经费投入强度（%）		预期性	1.3	2.1	[0.8]
（4）每万人口发明专利拥有量（件）		预期性	3.6	6.9	[3.3]
（5）互联网普及率	固定宽带家庭普及率（%）	预期性	48.3	72.6	[24.3]
	移动宽带用户普及率（%）		58.4	86.5	[28.1]
结构调整					
（6）高新技术产业增加值比重（%）		预期性	10	13.3	[3.3]
（7）服务业增加值比重（%）		预期性	44.7	47.4	[2.7]
（8）城镇化率	常住人口城镇化率（%）	预期性	60.5	65.8	[5.3]
	户籍人口城镇化率（%）		45.1	50	[4.9]
民生福祉					
（9）居民人均可支配收入增长（%）		预期性	——	——	>6.5
（10）劳动年龄人口平均受教育年限（年）		约束性	10.5	11.1	[0.6]
（11）城镇新增就业人数（万人）		预期性			[620]
（12）农村贫困人口脱贫（万人）		约束性			[270]
（13）城镇棚户区住房改造（万套）		约束性			[215]
生态文明					
（14）耕地保有量（万公顷）		约束性	2700	2700	[0]
（15）万元GDP用水量下降（%）		约束性	——	——	[21.7]
（16）单位GDP能源消耗降低（%）		约束性	——	——	[15]
（17）单位GDP二氧化碳排放降低（%）		约束性	——	——	[17.7]
（18）森林发展	森林覆盖率（%）	约束性	38.7	40	[1.3]
	森林蓄积量（亿立方米）		42	45	[3]

续表

指标		属性	2015年基数	2020年目标	年均增速[累计]
（19）空气质量	地级及以上城市空气质量优良天数比率（%）	约束性	77.1	81.1	[4]
	PM2.5未达标地级及以上城市浓度下降（%）		——	——	[18.9]
（20）地表水质量	达到或好于Ⅲ类水体比例（%）	约束性	50.5	>56.9	——
	劣Ⅴ类水体比例（%）		7.1	<1.5	
（21）主要污染物排放总量减少（%）	化学需氧量	约束性	——	——	[8.4]
	氨氮		——	——	[7.6]
	二氧化硫		——	——	[17.3]
	氮氧化物		——	——	[16.6]

注：①全员劳动生产率增速按可比价计算，绝对数按2015年不变价计算。②[ ]内为5年累计数。③PM2.5未达标指年均值超过35微克/立方米。

第二个阶段目标是在全面建成小康社会基础上，争取再用10年左右时间，也就是到2030年左右，东北地区实现全面振兴，走进全国现代化建设前列，建成"一个支撑带、五个基地"，也就是成为全国重要的经济支撑带，具有国际竞争力的先进装备制造业基地和重大技术装备战略基地，国家新型原材料基地、现代农业生产基地和重要技术创新与研发基地。这个远景目标提出了一个很高的要求，其核心是走进全国现代化建设前列，这一目标与中共十九大提出的全面建设社会主义现代化的目标也有内在的衔接，也就是说东北地区要在经济建设、政治建设、文化建设、社会建设、生态文明建设等方面不仅要跟上全国的步伐，还要努力干在前列、走在前列。

第四节　新一轮东北振兴的总体思路

2018年以来,习近平总书记多次就东北振兴发表重要讲话,明确提出了新一轮东北振兴的总体要求、战略定位、主要任务、工作重点和政策措施。

新一轮东北振兴,要按照中共中央、国务院决策部署,牢固树立并切实贯彻创新、协调、绿色、开放、共享的发展理念,适应和把握我国经济进入新常态的趋势性特征,坚持稳中求进工作总基调,以提高经济发展质量和效益为中心,保持战略定力,增强发展自信,坚持变中求新、变中求进、变中突破,着力完善体制机制,着力推进结构调整,着力鼓励创新创业,着力保障和改善民生,加大供给侧结构性改革力度,解决突出矛盾和问题,不断提升东北老工业基地的发展活力、内生动力和整体竞争力,努力走出一条质量更高、效益更好、结构更优、优势充分释放的发展新路,为实现"两个一百年"奋斗目标做出更大贡献。这些要求,可以从以下几个方面来认识:

一是立足新阶段解决新问题。东北振兴现在面临的问题仍然是体制机制问题和结构性问题,但问题的内涵和10年前启动东北振兴战略时已有很大不同,现在遇到的问题更多的是转型和发展中的问题,是爬坡过坎、滚石上山过程中的问题。根据新的形势,7号文件强调要把提高经济发展质量和效益,加大供给侧结构性改革力度放在核心位置,这既体现了东北地区的特点和当前面临的突出问题,也是经济发展新常态下东北振兴的客观要求。以提高经济发展质量和效益为中心,意味着发展要更加全面,不唯速度论速度,不唯投资论投资,而是要着力推进供给侧结构性改革,提高全要素生产率,提高投资回报率,使企业利润和财政收入稳定增长,劳动报酬和居民收入持续改善,在注重质量和效益前提下保持经济中高速增长,努力实现有质量有效益可持续的增长。

二是围绕新定位谋划新目标。按照中共中央、国务院对东北振兴的总体定位,7号文件在深入分析国内外经济形势,进一步分析东北区情的基础上,对东北全面振兴的目标提出了明确要求。第一阶段,到2020年,东北地区与全国同步实现全面建成小康社会目标,在重点领域和关键环节改革上取得重大成果,转变经济发展方式取得重大进展;第二阶段,在此基础上,争取再用10年左右时间,也就是到2030年左右,东北地区实现全面振兴,走进全国现代化建设前列,成为全国重要的经济支撑带,具有国际竞争力的先进装备制造业基地和重大技术装备战略基地,国家新型原材料基地、现代农业生产基地和重要技术创新与研发基地。这一要求与中共十九大提出的宏伟目标相呼应,不仅要求东北地区加快实现第一个百年奋斗目标,全面建成小康社会,而且要乘势而上开启全面建设社会主义现代化新征程,向第二个百年奋斗目标进军。

三是落实新发展理念探索新路径。中共十八大以来,以习近平同志为核心的党中央科学分析国内外经济发展形势,准确把握我国基本国情,提出了创新、协调、绿色、开放、共享的新发展理念。新一轮东北振兴要适应和把握新时代的新要求,贯彻落实发展新理念,紧紧围绕完善体制机制、推进结构调整、鼓励创新创业、保障和改善民生四大核心任务,攻坚克难,善作善为,破解发展难题,增强发展动力,厚植发展优势,努力实现体制再造、结构优化、动力转换、成果共享,走出一条质量更高、效益更好、结构更优、优势充分释放的发展新路。

四是结合新要求明确新任务。按照党中央的要求,7号文件提出新一轮东北振兴要重点在"四个着力"上下功夫,这既是新一轮东北振兴的重点任务,也是当前和今后一个时期对东北振兴发展的核心要求。着力完善体制机制,深化改革开放是全面振兴老工业基地的治本之策;着力推进结构调整,增强产业竞争力是全面振兴老工业基地的关键之举;着力鼓励创新创业,提升创新引领支撑能力是全面振兴老工业基地的决胜之要;着力保障和改善民生,使人民有更多获得感是全面振兴老工业基地的稳定之基。

五是针对新形势出台新政策。东北振兴有特殊的地位,当前也存在特殊的困难,7号文件按照问题导向和目标导向,从体制机制改革、产业结构调整、鼓励创新创业、保障和改善民生、支持城市转型、建设生态文明、加强基础设施建设等方面提出了一批重大政策、重大工程和重大项目。各有关部门也根据7号文件进一步出台了一系列有针对性、可操作的配套政策、措施、方案。

做好新一轮东北振兴各项工作,一定要深入贯彻落实习近平新时代中国特色社会主义思想,按照中发7号文件的有关要求,加快解决东北地区面临的深层次体制性、机制性、结构性问题,重点在"四个着力"上下功夫。

着力完善体制机制,深化改革开放是全面振兴老工业基地的治本之策,全面深化改革扩大开放是东北振兴的治本之策。要按照要求,对转变政府职能、国资国企改革、民营经济发展、厂办大集体改革、国有林区垦区改革、城市基础设施改造、重大工程融资改革等重点专项改革,要多出实招,抓好落实,加快形成同市场更紧密对接、充满内在活力的新体制和新机制,激发整个区域的发展活力。要主动融入积极参与"一带一路"建设,对接京津冀协同发展,构建区域合作新格局。

一是要加快转变政府职能。进一步理顺政府和市场关系,推动简政放权、放管结合、优化服务,制定实施好权力清单、责任清单、负面清单等"三个清单",着力解决政府直接配置资源、管得过多过细以及职能错位、越位、缺位、不到位等问题。

二是要深化国有企业改革,支持东北在全面深化国企改革方面先行先试,进一步完善国有企业治理模式和经营机制,真正确立企业市场主体地位,解决好历史遗留问题。

三是大力支持民营经济发展,创新对中小企业、对民营经济的管理方式,建立健全体制机制,支持民营经济做大做强,使民营企业成为推动发展、增强活力的重要力量。

四是要推进专项领域改革。多措并举,加快解决厂办大集体和分离企业办社会职能等历史遗留问题。统筹考虑改革成本,稳步推进国有林区、林场改革,加快构建政事企分开的国有林区管理体制。进一步推进农垦系统改革发展,理顺政企、社企关系。

五是主动融入积极参与"一带一路"建设。加强与周边国家基础设施互联互通,建设一批开发开放平台,促进区域贸易投资和人文合作,努力将东北地区打造成为我国向北开放的重要窗口和东北亚地区合作的中心枢纽。

六是对接京津冀等经济区,在创新合作、基础设施联通、产业转移承接、生态环境联合保护治理等重点领域加强合作,完善东北地区区域合作与协同发展机制,支持省(区)毗邻地区探索合作新模式,构建区域合作新格局。

着力推进结构调整,增强产业竞争力是全面振兴老工业基地的关键之举。要加快促进装备制造等优势产业提质增效,积极培育新产业新业态,大力发展以生产性服务业为重点的现代服务业,加快发展现代化大农业,不断提升交通、能源等基础设施水平,加快构建战略性新兴产业和传统制造业并驾齐驱、现代服务业和传统服务业相互促进、信息化和工业化深度融合的产业发展新格局。

一是要促进装备制造等优势产业提质增效。准确把握经济发展新常态下东北地区产业转型升级的战略定位,提高制造业核心竞争力,再造产业竞争新优势,努力将东北地区打造成为实施"中国制造2025"的先行区。重点是要做优做强先进装备制造业,推进东北装备"装备中国"、走向世界。同时,要积极稳妥化解产能过剩,坚决淘汰落后产能。

二是积极培育新产业新业态。把培育新兴产业放在更加重要的位置,大力促进产业多元化发展,尽快形成多点多业支撑的新格局。实施东北地区培育发展新兴产业行动计划,发展壮大高档数控机床、工业机器人及智能装备、燃气轮机、先进发动机、光电子、生物医药、新材料等一批有基础、有优势、有竞争力的新兴产业。积极支持产业结构单一地区(城市)加快转型。

三是大力发展以生产性服务业为重点的现代服务业。实施老工业基地"服务型制造"行动计划，引导和支持制造业企业从生产制造型向生产服务型转变。大力发展金融业、物流业，发挥资源优势，加快发展旅游业，把东北地区建成世界知名生态休闲旅游目的地。

四是加快发展现代化大农业。率先构建现代农业经营体系、生产体系、产业体系，着力提高农业生产规模化、集约化、专业化、标准化水平和可持续发展能力，使现代农业成为重要的产业支撑，为全国粮食安全提供坚强支撑。

五是不断提升基础设施水平。加快建设京沈高铁及其联络线，规划建设东北东部快速铁路和东北西部快速铁路，贯通东北地区快速铁路网络，提高人流物流的便捷性。实施东北地区低标准铁路扩能改造工程，加快打通省（区）间公路断头路、瓶颈路段，加大对东北高寒地区和交通末端干线公路建设支持力度。

着力鼓励创新创业，提升创新引领支撑能力是全面振兴老工业基地的决胜之要。要积极完善区域创新体系，促进科教机构与地方发展紧密结合，加大人才培养和智力引进力度，积极营造有利于创新的政策环境和制度环境，把创新作为培育东北老工业基地内生发展动力的主要生成点，加快形成以创新为主要引领和支撑的经济体系和发展模式。

一是要完善区域创新体系。把鼓励支持创新放在更加突出的位置，激发调动全社会的创新激情，推动科技创新、产业创新、企业创新、市场创新、产品创新、业态创新、管理创新。积极营造有利于创新的政策和制度环境，研究制定合理的、差别化的激励政策，完善区域创新创业条件，全面持续推动大众创业、万众创新。

二是要促进科教机构与地方发展紧密结合。扶持东北地区科研院所和高校加快发展，支持布局建设国家重大科技基础设施，密切科研机构、高校与地方合作，创新合作模式。

三是加大人才培养和智力引进力度。充分发挥人才的作用，把引进人才、培养人才、留住人才、用好人才放在优先位置。完善人才激励机制，鼓励高校、科研院所和国有企业强化对科技、管理人才的激励。

着力保障和改善民生，使人民有更多获得感是全面振兴老工业基地的稳定之基。要坚持把保障和改善民生作为根本的出发点和落脚点，全力解决好人民群众关心的重大民生问题，保障民生链正常运转。要把握好发展和民生互相牵动、互为条件的关系，找准民生和发展的结合点，在保障民生的基础上，推进城市更新改造和城乡公共服务均等化，支持老工业城市转型和资源型城市可持续发展，全面实施城区老工业区、独立工矿区和棚户区改造，积极打造北方生态屏障和山青水绿的宜居家园，使发展成果更多更公平惠及全体人民。

一是切实解决好社保就业等重点民生问题。加大民生建设资金投入，保障民生链正常运转，防止经济发展下行压力传导到民生领域。

二是全面实施棚户区、独立工矿区改造等重大民生工程，争取在全国率先完成采煤沉陷区棚户区改造任务。加强矿区生态和地质环境整治，开展露天矿坑、矸石山、尾矿库等综合治理。

三是推进城市更新改造和城乡公共服务均等化。针对城市基础设施老旧问题，加大市政设施建设与更新改造力度，改善薄弱环节，优化城市功能，提高城市综合承载和辐射能力。做好空间规划顶层设计，培育形成东北地区城市群，促进大中小城市和小城镇协调发展。

四是促进资源型城市可持续发展。完善资源型城市可持续发展的长效机制，促进资源产业与非资源产业、城区与矿区、经济与社会协调发展。

五是打造北方生态屏障和山青水绿的宜居家园。牢固树立绿色发展理念，坚决摒弃损害甚至破坏生态环境的发展模式和做法，努力使东北地区天更蓝、山更绿、水更清，生态环境更美好。

"四个着力"相互联系、相辅相成、逻辑贯通，具有很强的针对性。立足于"四个着力"，客观上要求新一轮东北振兴由侧重企业和产业改造，转向全面推动经济转型、社会转型、产业转型、城市转型和生态转型，在领域上更加全面、更加深入。

第五节 新一轮东北振兴的要求

新一轮东北振兴,涉及发展理念、发展方式的根本转变,是一项全面系统的工程,落实好新一轮东北振兴的新任务,核心是要按照中共十九大精神,全面贯彻习近平新时代中国特色社会主义思想,以全面深化改革为引领,推动东北地区经济全面回稳向好,加快老工业基地振兴和资源型地区经济转型发展步伐。

一是坚持标本兼治,完善体制机制。东北地区在全国各区域中进入计划经济最早,退出计划经济最晚,受计划经济影响很深,东北要全面振兴,创新体制机制是治本之策。新一轮东北振兴要将全面深化改革作为振兴各项工作的引领,要继续转变政府职能、深化简政放权、优化投资营商环境。要开展国有企业综合改革试点和混合所有制改革试点,加快解决国企改革历史遗留问题。要加快推进养老保险制度改革,争取率先在东北地区实行基本养老金中央调剂制度。要抓住机遇着力解决体制机制问题,营造良好的民营企业发展环境,促进东北地区加快形成同市场完全对接、充满内在活力的新体制和新机制。

二是坚持重点突破,推进结构调整。要准确把握经济发展新常态下东北地区产业转型升级和新旧动能转换的战略定位,把提高制造业核心竞争力,再造产业竞争新优势作为主攻方向。要用新技术加快改造传统产业,延伸产业链,推动传统行业在转型中培育新动能。同时,要把培育新兴产业放在更加重要的位置,发挥装备制造业的优势,加快建设现代制造业基地,集中资金和政策加快发展壮大工业机器人及智能装备、先进发动机、集成电路装备、轨道交通装备、电子信息、生物医药、新材料、新能源、新能源汽车等一批有基础、有优势、有竞争力的新兴产业。要积极支持东北地区绿色发展，制定促进东北地区寒地冰雪经济发展的政策，培育发展智能制造、海洋经济、绿色有机食品和特色旅游业。

三是坚持创新驱动，鼓励创新创业。东北历史上布局了大量的科研院所和高等院校，科技创新的实力很强，人才人力资源雄厚。新一轮东北振兴，一定要充分发挥创新的支撑作用，要支持重点区域构建创新策源地，引导沈阳、大连、长春、哈尔滨等中心城市进一步加大对创新驱动和新动能培育的支持力度，支持科技成果转移转化，实施东北振兴重大创新工程，打造东北振兴创新引擎。要创新金融支持实体经济发展的有效途径，组建"东北振兴金融合作机制"。要积极营造有利于创新的政策环境和制度环境，把引进人才、培养人才、留住人才、用好人才放在优先位置，激发调动全社会的创新创业激情。

四是坚持以人为本，保障和改善民生。东北地区老工业城市和资源枯竭城市分布集中，城市棚户区数量多，保障和改善民生任务繁重。新一轮东北振兴，必须全力解决好人民群众关心的教育、就业、收入、社保、医疗卫生、食品安全等问题，确保贫困人口如期脱贫，贫困县全部摘帽；必须把握好发展和民生互相牵动、互为条件的关系，找准民生和发展的结合点，实施好棚户区、城区老工业区、独立工矿区、采煤沉陷区改造等重大民生工程，支持老工业城市和资源型城市更新改造，培育形成新的经济增长点。要加快实施安全饮水、电网升级、道路建设等重大民生工程，加快建设京沈高铁，规划建设东北东部快速铁路和东北西部快速铁路，贯通东北快速铁路网络，提高人流物流的便捷性，使发展成果更多更公平惠及全体人民，让人民群众有更多获得感。

五是坚持引领带动，发挥平台试点的支撑作用。近年来，国家选择有条件、有代表性的地区组织开展了各类型的试点示范，建设了一批特色鲜明、示范性强的重大开发开放平台，发挥了重要的示范带动作用，有些已经发展成为国家重要的增长极。要支持东北地区的全面创新改革试验区域和国家自主创新示范区、国家级新区、产业转型升级示范区、国家双创示范基地、自由贸易试验区等平台率先深化改革，打造体制机制改革的先行区，吸引社会资本进入和重大项目建设，培育新的增长点，进而带动所依托城市的功能升级，并通过中心城市的发展带动城市群及更大区域的发展，形成"试点示范区域—中心城市—城市群—更大区域"的递推式区域发展模式，优化东北地区发展空间布局，以点带线、以线促面推动东北振兴。

六是坚持开放带动，实现内外联动发展。加快建立健全东北地区与东部地区对口合作机制。通过学习东部对接东部，积极将东部地区的新思想、新观念、新技术、新产业、新模式、新业态引入东北地区。以沈阳与北京、天津与长春对口合作为契机，支持东北地区与京津冀在创新和产业合作、旅游业发展、清洁能源供应方面开展对接。以黑龙江与广东、大连与上海、辽宁与江苏、吉林与浙江对口合作为契机，加强与长江经济带和珠江三角洲地区的深度合作。要积极参与"一带一路"建设，深化中俄地区合作，加快大连东北亚国际航运中心和中德（沈阳）高端装备制造产业园建设。

完善全面振兴东北老工业基地的支持政策，必须坚持发挥市场在资源配置中的决定性作用和更好地发挥政府作用相结合，符合经济全球化趋势下国际经贸合作基本规则，激励与约束并重，避免地区间的盲目攀比和恶性竞争，遏制"等、靠、要"等不良后果的发生。

一是处理好问题导向政策和目标导向政策的关系。新一轮东北振兴，既要有利于化解近期东北地区出现的突出问题，如经济下行、产业衰退、资源枯竭型城市困难加大等，避免这些问题进一步恶化蔓延，同时，更要着眼于东北全面振兴今后长时期的战略目标和任务需要，超前研究谋划有利于促进东北全面振兴的各类支持性政策，做好政策的储备和滚动推出，为东北地区全面振兴提供持续不断的政策供给和支撑。

二是处理好中央支持政策和地方支持政策的关系。东北地区全面振兴的支持性政策既包括来自中央政府和部门的政策，也包括来自东北地区省市县等不同层级政府部门的政策，必须加强相互间的衔接和配套。中央支持的政策需要通过地方支持政策来落实、细化和配套，地方支持的政策需要同中央支持的政策在目标、方向和重点上形成合力，避免相互间的不衔接、不配套，影响政策实施的效果。应合理确定中央和地方支持性政策的分工，中央重点支持事关国家和区域大局的重大领域、工程和项目，如东北快速铁路网建设，基础性战略性产业发展，大小兴安岭、长白山的生态保护，三江平原的现代农业发展等，也会支持一些日益突出的问题行业和地区，如东北煤炭、石油等衰退行业、资源枯竭型城市、独立工矿区等。其他地方发展中需要支持的行业、领域和地区，原则上主要由地方支持性政策负责。

三是处理好综合性支持政策和专门性支持政策的关系。支持东北地区全面振兴的综合性政策主要是以各级人民政府或综合经济管理部门名义出台的，主要支持一些面上领域和共性问题解决，如区域政策、产业政策、财政转移支付政策、金融信贷政策、税收减免政策等。专门性支持政策主要是指各专业部门出台的各类政策，重点支持特定领域和行业或解决一些点上的问题，如工业农业扶持政策、采煤沉陷区治理政策、解决厂办大集体政策等。综合性支持政策相对宽泛和宏观，专门性支持政策更为具体和微观，两类政策的制定和实施主体不同，需要加强相互间衔接和支撑。

四是处理好政策设计和政策落地的关系。政策设计也就是顶层设计，非常重要，必须结合东北地区全面振兴的客观需要和战略目标，问题导向和目标导向兼顾，研究提出切实管用的支持性政策。政策落地见效更为关键，既有政策设计是否合理可行的因素，也有政策能否得到真正有效执行的因素，两者兼顾并重才能确保政策实施成效。处理好政策设计和政策落地的关系，首先要加强政策前期调研和咨询论证，提高政策设计的民主性、科学性和精准性，为政策落地实施创造好的条件；其次要加大对政策执行的监管，及时堵塞政策实施中的漏洞，明确政策执行的主体、对象和标准，严格执行追责和奖惩办法，为政策设计提供鲜活经验和需求。

五是处理好政策实施和政策评估的关系。政策实施是一个动态调整的过程，需要根据东北全面振兴在不同推进阶段出现的问题和目标任务，及时进行政策的更新调整，保障政策实施的顺利推进和持续见效，为政策评估提供丰富的素材和案例。政策评估是指政策实施到一定时期以后进行的政策成效评价，既有短期的年度评估、2—3年的中期评估，也有为期5年甚至更长的长期评估，通过不同期限和类型的政策评估，为政策设计和实施提供优化调整的方向和建议。应加强政策评估的科学性和独立性，建立规范的政策评估指标体系和量化模型，推广第三方评估模式，减少政府部门对于政策评估的干预，切实提高政策评估的权威性，促进形成有效的政策评估、反馈和奖惩机制。

第六节　新一轮东北振兴战略政策落实进展及效果

一、经济运行保持平稳向好趋势

中发7号文件颁布实施以来，辽宁、吉林和黑龙江等老工业地区经济社会取得了巨大成就，工业生产形势好转，民间投资活力不断激发，企业效益进一步改善，主要经济发展指标平稳提升，宏观经济企稳向好态势持续巩固。2017年，辽宁、吉林、黑龙江、内蒙古四省区经济增速分别为4.2%、5.3%、6.4%、4%，与2016年相比分别增加5.4、-1.6、0.1和-3个百分点，总体回稳向好态势更加明显，特别是辽宁省主要经济指标均由负转正，经济增速结束了连续两年全国垫底的局面，筑底回升趋势明显。工业方面，2017年，辽宁规模以上工业增速为4.4%，止跌回升。吉林为5.5%，平稳增长。黑龙江为2.7%，明显提升。内蒙古3.1%，稳定增长。全社会固定资产投资总额方面，2017年，辽宁全社会固定资产投资总额增速为0.1%，吉林为1.4%，黑龙江为6.2%，在全国固定资产投资总额增速持续大幅下降的情况下，均实现了稳步增长，只有内蒙古比2016年下降6.9%。

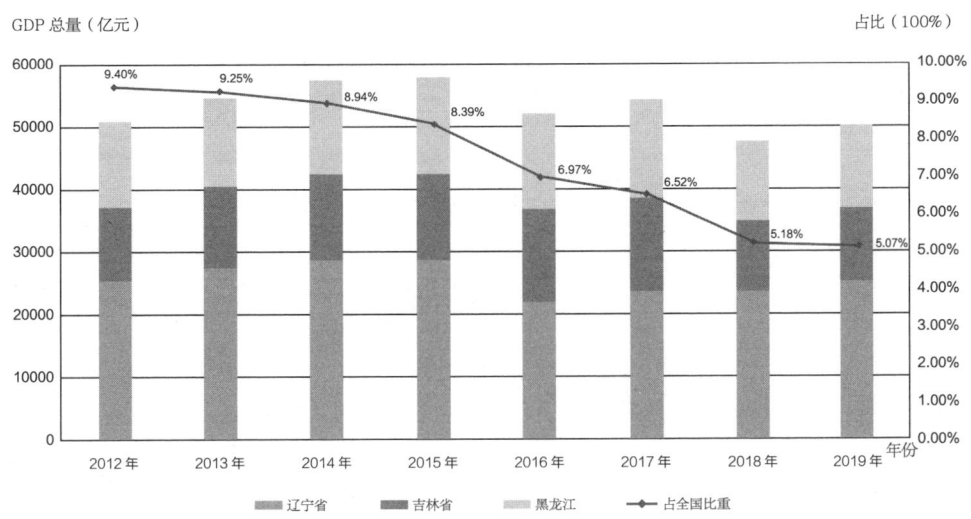

图3-1 东北三省地区生产总值总量及占全国比重

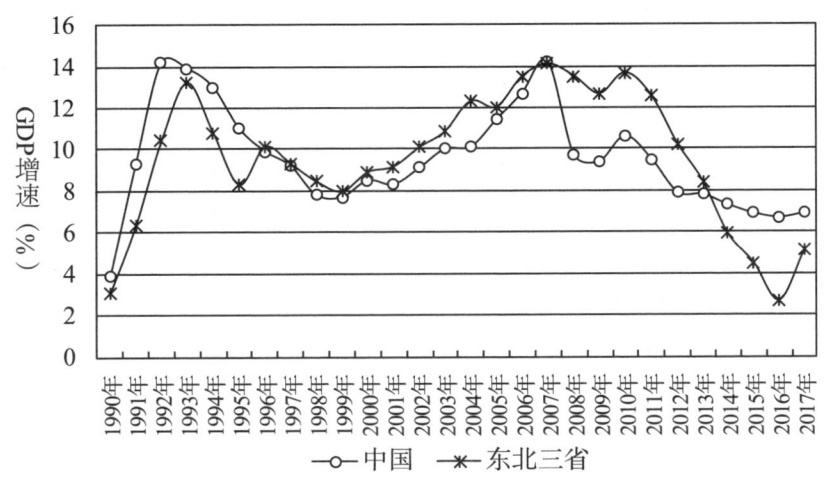

图3-2 1990年以来东北三省和全国国内（地区）生产总值（GDP）增速

注：东北GDP增速＝黑龙江省GDP占东北比重×黑龙江省GDP增速＋吉林省GDP占东北比重×吉林省GDP增速＋辽宁省GDP占东北比重×辽宁省GDP增速

表 3-2 中共十八大以来东北三省地区生产总值总量及增速（单位：亿元，%）

年份	黑龙江省		辽宁省		吉林省	
	总量	增速	总量	增速	总量	增速
2012 年	13691.6	10	24846.4	9.5	11939.2	12
2013 年	14454.9	8	27213.2	8.7	13046.4	8.3
2014 年	15039.4	5.6	28626.6	5.8	13803.1	6.5
2015 年	15083.7	5.7	28669.0	3	14063.1	6.3
2016 年	15386.1	6.1	22246.9	−2.5	14776.8	6.9
2017 年	16199.9	6.4	23942.0	4.2	15288.9	5.3

二、重点领域改革取得新进展

各省市全面贯彻落实取消和下放行政审批事项的决定，持续深入推进"放管服"改革，既做好简政放权的"减法"，又在创新政府管理上破难题，善于做优化服务的"乘法"。辽宁省 2016 年以来先后 8 批次精简行政职权 671 项，行政职权和行政许可分别比中共十八大前压缩 72%、60%。黑龙江省 2016 年全部取消了全省 13 个市（地）、132 个县（市、区）非行政许可审批。沈阳市持续推进简政放权，两年来先后 5 批取消下放了 326 项审批事项。哈尔滨市截至 2018 年 4 月市级保留行政许可事项 283 项，减少 96 项，精简 25.3%，极大降低了企业制度性交易成本。在优化服务方面，各地把企业和群众的痛点、堵点、难点作为改进政府服务的重点，大力推行涉企涉民的事项尽可能网上办，让信息多跑路、群众少跑腿。吉林省出台《全面推进"只跑一次"改革实施方案》，省级"只跑一次"事项达 55%。制定《关于激发人才活力支持人才创新创业的若干意见》和《关于以数字吉林建设为引领加快新旧动能转换推动高质量发展的意见》，推动 149 户省直部门、事业单位所属企业与原主管部门脱钩。辽宁省积极落实《辽宁省优化营商环境条例》，深入实施一套标准、一个流程、一个窗口、一张网、一批项目的"五个一工程"。长春已成为全国第一个市级统筹、自上而下、三级联动推动"互联网＋政务服务"综合改革的城市和第一个实现市级以下行政审批、公共服务事项受审分离的城市，政务服务改革走在了全国同类城市的前列。

各地全面贯彻落实关于深化国有企业改革的有关要求，不断强化国资国企改革的顶层设计，加快制定国资国企改革的主体指导文件，为深化国资国企改革各个方面指明了方向和原则。以辽宁省为例，目前已出台"1+N"文件27个，为新一轮国资国企改革提供了主要政策依据和支撑。起草了《加快推进全省国资国企改革专项工作方案》和《加快推进全省国资国企改革三年攻坚计划》，改革系统性、整体性、协同性不断增强。同时，大力推进混合所有制改革，促进国有资本与各类非国有资本相互融合取长补短，进一步提升国企经济效益，实现国有资产保值增值。目前各省份都已制定了具体的改革路线图和时间表。截至目前，黑龙江省厂办大集体改革和央企"三供一业"分离移交试点基本完成，黑龙江省农垦总局整建制转为黑龙江北大荒农垦集团总公司，龙江森林工业（集团）总公司改组挂牌并按新体制运行。长春市在筛选确定长发建筑产业化公司、万科地铁置业公司2户省级混改试点的基础上，坚持一企一策，完成10户竞争类子企业混合所有制改革。在推进混改的过程中，"三供一业"、厂办大集体等历史遗留问题进一步加快解决，同时，通过引进非公资本，民营资本的高效机制、市场意识等也得以引入，有助于提升国有企业效率。

三、人民生活水平切实提高

新中国成立以来，东北地区为全国工业体系的建立和发展做出了不可磨灭的贡献，改革开放以后至20世纪90年代，东北地区发展明显滞后于沿海发达地区，居民人均可支配收入远远落后于沿海发达地区。中共十八大以来，东北地区以人民为中心，提升居民人均可支配收入水平、居民人均消费支出水平及消费结构。

各地将保障和改善民生作为振兴发展的出发点和落脚点，在就业、医疗、教育等方面持续加大力度，着力解决民生困难问题，提升广大人民群众的获得感和幸福感。黑龙江省不断完善就业创业政策体系，重点落实好高校毕业生、失业人员、就业困难人员和"零就业家庭"的就业援助工作。2017年通过就业援助帮助37.2万名就业困难人员实现就业，消除零就业家庭1682户，保持"零就业家庭"月动态管理为零，高校毕业生就业率达96.7%。长春积极维护困难群众基本医疗权益，2017年至2018年，累计为23万多名重点救助对象全额资助参保参合，支出医疗救助资金达5116万元；内蒙古针对教育问题发力，不断加大教育支持力度，2017年全区学前三年毛入园率达94.12%，高于全国平均水平14.52个百分点，累计93个县（市、区、旗）通过国家义务教育发展基本均衡县评估验收认定，通过率达到90.29%。

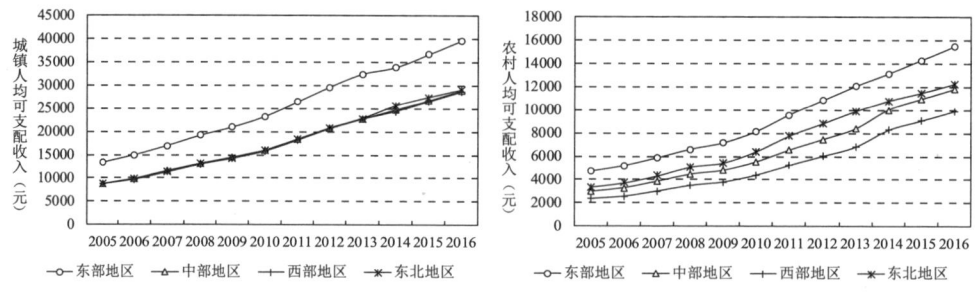

图3-3　2005年以来东北与东、中、西部的城镇和农村人均可支配收入

近年来东北老工业基地国有企业职工进入大规模退休期，再加上人口老龄化问题加剧，2015年辽宁省、吉林省、黑龙江省的养老保险赡养比分别为1.79、1.53和1.33，远低于2.87的平均水平，养老保险当期收不抵支，缺口较大。中共十八大以来，东北地区加快构建完善的社会保障体系，继续实施棚户区改造和采煤沉陷区治理，完善对资源枯竭城市的财政转移支付制度，支持资源枯竭城市、独立工矿区等加快解决社会民生和生态环境方面的历史遗留问题。建立普惠、均等、一体化的基本公共服务，使城乡居民普遍享受一致的义务教育、基本医疗卫生服务、社会保障和生态安全，合理分享东北全面振兴成果，让公共服务更多更公平地惠及全体人民，实现共享式发展。比如大连市积极落实财政补贴政策，2016年和2017年企业职工养老保险财政补贴收入分别达55.58亿元和61.36亿元，均占当

年基金总支出 20%，极大地保障了养老金按时足额发放。

四、供需动态平衡更加平稳顺畅

淘汰落后产能，培育经济发展新动能，是高质量发展的内在要求。近年来钢铁、煤炭、水泥等重工行业出现产能过剩、产能利用率低、低端供给过剩与高端供给不足并存等现象突出。东北振兴战略实施以来，去产能、去库存取得了一定成效，黑龙江省关闭煤矿 363 处，吉林省全面完成"地条钢"取缔工作，辽宁省清理"地条钢"生产企业 66 户，关闭退出小煤矿 185 处，处置"僵尸企业"116 户。东北地区去产能成效显著，尤其是煤炭、水泥、原油产量下降显著。如图 3-4 所示，2012 年以来东北地区共计退出煤炭产能 10738 万吨，水泥产能 3883 万吨，原油产能 927 万吨，三项产能与 2012 年相比分别下降 50%、30% 和 15.9%。钢铁、煤炭去产能改善了供给质量，提高了产品价格，企业效益大幅回升。2017 年，东北地区黑色金属冶炼和压延加工业（钢铁）利润比上年增长 1.8 倍，煤炭开采和洗选业增长 2.9 倍。此外，房地产去库存初见成效，待售面积持续减少。截至 2017 年年末，黑龙江省商品房待售面积 2095.2 万平方米，比 2016 年减少 498.4 万平方米，下降 19.2%；辽宁省商品房待售面积 3558.6 万平方米，比 2016 年下降 13.8%。整体来看去产能效果显著，但东北地区资源型产业

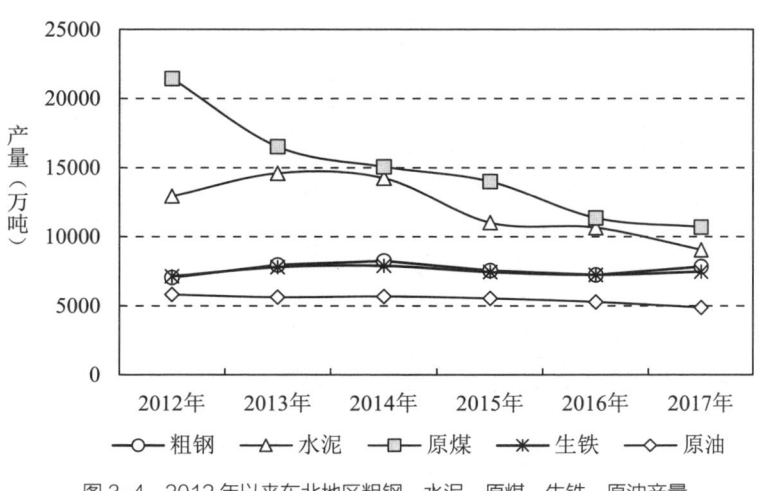

图 3-4　2012 年以来东北地区粗钢、水泥、原煤、生铁、原油产量

和重化工业比重较高,产能过剩问题仍然十分突出。加快供给侧结构性改革,优化供给体系,控制煤炭、钢铁等产能过剩的行业,培育新动能是东北地区高质量发展的题中应有之义。

五、新动能培育取得新进展

2018年以来,辽宁、吉林、黑龙江、内蒙古四省区经济发展企稳向好态势持续巩固,主要经济指标基本平稳,新产业新技术新业态新模式蓬勃发展。2018年上半年,辽宁省高技术产业增加值增长17.1%,高新技术产品出口增长27%。新能源汽车产量增长5倍,工业机器人产量增长18.4%;吉林省汽车制造业完成产值超过3000亿元,增速超过7%,华为、浪潮、京东"亚洲一号"等代表性项目相继落户,数字经济成为结构调整的新亮点;黑龙江省高技术制造业工业增加值占规模以上工业制造业比重为9.9%,高技术制造业增加值增长10.7%,高于全省规模以上工业增速6.8个百分点;内蒙古商务服务业、互联网和相关服务业、软件和信息技术服务业三个行业营业收入分别增长9.2%、24.8%、15.7%,拉动其他营利性服务业增长8.6个百分点,贡献率达85.5%。特别是工业生产形势持续好转,工业企业效益不断改善。上半年,辽宁、吉林、黑龙江、内蒙古四省区的规模以上工业增加值分别增长10.3%、2%、3.9%和5.8%,规模以上工业企

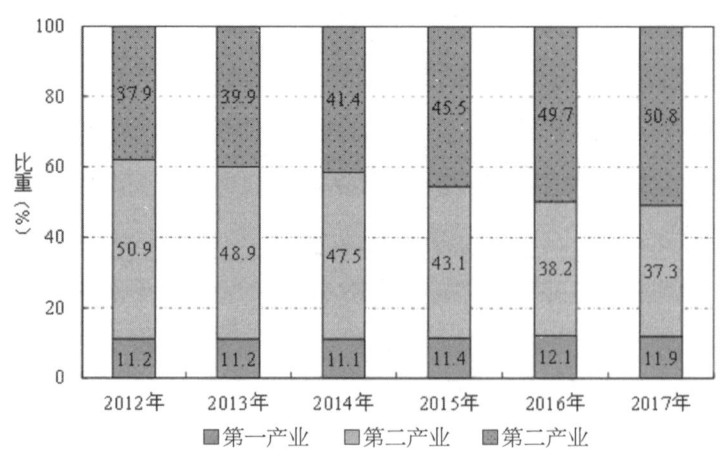

图3-5 2012年以来东北地区三次产业增加值占地区生产总值比重

业利润总额分别增长79.3%、15%（1—4月）、31.1%和35.3%，辽宁省规模以上工业增加值已连续8个月正增长，内蒙古规模以上工业企业利润总额快于全国平均水平18.1个百分点。

东北地区经济结构调整也取得显著成效，三次产业结构不断优化。2015年实现了产业结构由"二三一"向"三二一"的转变。服务业对经济增长的贡献不断提高，2017年第三产业增加值占国内生产总值比重达50.8%，比2012年提高12.9个百分点。第二产业占国内生产总值比重不断下降，由2012年的50.9%降至2017年的37.3%。第一产业占国内生产总值比重变化较小。

工业升级步伐加快，工业结构持续改善。东北地区装备制造业起步较早，基础雄厚，在东北三省的工业结构中占有重要地位。2012年以来，受整体经济不景气的影响，装备制造业受到一定冲击。2016年，吉林省和黑龙江省装备制造业工业销售产值与2012年基本持平，辽宁省则从2014年开始快速下滑。尽管装备制造业销售产值整体下滑，但结构布局不断优化，高端装备制造业发展较快，经济发展重点从量稳向质增转变。2017年，前三个季度东北地区高端装备制造业利润增长28.1%，高于工业企业总体利润增长。其中，辽宁省装备制造业按照"高端化、成套化、智能化"发展方向，实施了一批重点项目，高端装备制造业占装备制造业比重由2012年

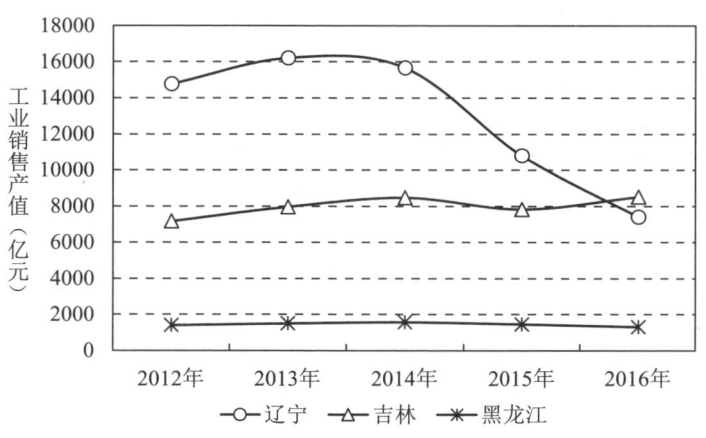

图3-6 2012年以来东北三省装备制造业工业销售产值

的 12% 提高到 2017 年的 18%，机器人及智能装备、数控机床、航空航天装备、先进轨道交通装备、海洋工程装备及高技术船舶、重大成套装备、集成电路装备等高端装备制造业在全国具有重要地位。黑龙江省重点发展水电、核电、风电等高端电力装备制造业。吉林省高端装备制造业研发投入不断增加，长客股份、长光卫星、艾斯克、合心机械等骨干企业研发投入达 3% 以上，远远高于全省 0.36% 的平均水平。

科技创新领域异军突起，"东北智造"成为引领东北经济发展的新增长极。各地区结合自身实际，研究制定了实施培育发展新兴产业行动计划，大力支持一批新兴产业项目建设，加快培育以知识、技术、信息、数据等新生产要素为支撑的经济发展新动能，对地区产业结构转型起到了推动作用。比如辽宁省推动了航空、机器人等产业发展，吉林省推动了生物医药等产业发展，黑龙江省推动了机器人、燃气轮机等产业发展，内蒙古自治区推动了新能源等产业发展，均取得良好进展。同时，加快推进"互联网+"行动，充分发挥东北地区互联网的规模优势和应用优势，加速推动互联网应用由消费领域向生产领域拓展，着力推动了互联网、信息化在生产生活中的广泛应用，特别是在智慧政务、商贸物流、便民服务等领域大部分地区都取得较快进展。在跨境电子商务的基础设施和制度环境提升上，沈阳、大连、长春、哈尔滨以及内蒙古等地均取得了不同程度的突破，外贸新模式得到了进一步发展。

高技术产业不断发展，为东北地区制造业注入新的活力。2012—2016 年，高技术产业的总资产由 3398.9 亿元增至 4907.8 亿元，主营业务收入由 3877 亿元增至 4014.8 亿元，利润总额增长 33.4%，达 400 亿元。2017 年，辽宁省高技术产业增加值增长 18%，集成电路圆片、工业机器人、新能源汽车等高技术产品实现较快增长。吉林省高技术制造业实现利润 153.24 亿元，增长 6%，产值增长 18.9%，多用途运动型汽车、城市轨道车辆等新产品分别增长 23.2% 和 73.7%，生物医药、光电信息等新产业分别增长 19.3% 和 18.0%。黑龙江省高技术产业增加值占规模以上工业增加值 15.5%，比 2016 年提高 1.4 个百分点，其中生物医药产业尤为突出，完成投资 1500.7

亿元，比 2016 年增长 28.6%。

图 3-7 2012 年以来东北地区高技术产业发展情况

六、中心城市发展加速

从东北地区各地级行政单元经济高质量发展水平的空间分布看，主要呈现以下几个特点：1. 空间分异显著。辽宁省大连、沈阳、盘锦、本溪、营口、丹东 6 个地级行政区的经济发展水平较高，均居前十位，集中连片形成经济高质量发展的"凸起区"；黑龙江省绥化市、伊春市、鹤岗市、双鸭山市、齐齐哈尔市、黑河市、鸡西市 7 个地级行政单元的经济发展质量较差，均居后十位，集中连片形成经济发展质量的"塌陷区"，南北"两极分化"较为显著。从各省的经济发展质量的平均水平看，辽宁省最高，为 0.3720，吉林省次之，为 0.3083，其次是内蒙古自治区东部，约为 0.2713，黑龙江省最低，仅为 0.2595，因此，东北地区经济发展质量大致呈现南高北低的特征。2. 哈大沿线由于区位和交通条件优越，经济发展质量较高，由南向北形成一条"隆起带"，如大连市、沈阳市、长春市、哈尔滨市等。但该轴线上也存在经济发展质量较差的地级行政单元，如四平市、铁岭市等。3. 整体来看，沿海地区的经济发展质量高于内陆地区。因此，东北地区经济发展质量大致呈现南高北低、沿海高内陆低，并在哈大沿线形成凸起带的空间格局。

七、生态建设取得积极进展

近几年,随着各省份重点生态功能区重大生态修复和建设工程深入实施,生态文明制度加快完善,森林、草原、湿地、农业等四大生态系统趋于稳定,沙化扩大趋势得到初步遏制,荒漠生态系统逐步好转,生态服务功能进一步凸显,北方重要生态安全屏障的架构雏形初现,生态功能和环境质量不断改善。同时,坚持突出重点,善于抓住主要矛盾和矛盾的主要方面,采取针对性举措,在重点问题和重点领域实现突破,用制度建设来约束产业发展,着力走出以绿色发展引领的经济社会可持续发展道路。大连市在生态文明建设中,积极探索不同资源环境禀赋、不同经济发展阶段地区生态文明建设"大连模式",逐步建立健全生态文明体制,引导、规范和约束各类开发、利用保护自然生态环境,用制度推进生态文明建设。黑龙江省出台了一系列政策办法,制定了党政领导干部生态环境损害责任追究实施细则,严格项目准入门槛,不允许高污染、高能耗项目落地,取得良好效果,2017年年底,全省达到或好于Ⅲ类水体比例66.1%,高于年度考核目标12.9个百分点。

八、着力提升国际合作水平

各省市立足产业优势,聚焦重点国别区域,瞄准未来发展方向,充分发挥企业竞争能力,积极参与"一带一路"建设,以国际产能合作带动装备、技术、品牌、标准和服务"走出去",打造国际产能合作新样板,并购海外高端、先进要素,着力培育国际经济合作和竞争新优势。大连市推动"中国制造2025"与"德国工业4.0"对接,开展中德智能制造合作,推动本地企业与德方企业围绕工业软件、模具、储能等方面开展国际合作交流。长春一汽集团规划建设15个海外生产基地,在一汽集团示范和引领之下,先后有40多家汽配企业走出国门。长春市通用机械在收购德国凯撒公司、法国C2FT公司股权后,继续在欧洲设立研发中心及建设零部件加工基地。2016年至2018年4月,沈阳市新批境外投资项目97个,协议投资额 16 亿美元，中方投资额 12.37 亿美元，其中对"一带一路"相关国家协议投资额 3.12 亿美元，全市新签对外承包工程项目与劳务合作合同额 28.69 亿美元，共完成营业额 19.03 亿美元，对外承包工程发展势头向好，国际产能合作取得显著成效。

专栏 3　中德（沈阳）高端装备制造产业园

习近平总书记在主持召开深入推进东北振兴座谈会时强调，要依靠创新把实体经济做实、做强、做优，坚持凤凰涅槃、腾笼换鸟，积极扶持新兴产业加快发展，尽快形成多点支撑、多业并举、多元发展的产业发展格局。

2015 年 12 月 17 日，国务院批复《中德（沈阳）高端装备制造产业园建设方案》。中德（沈阳）高端装备制造产业园（以下简称"中德装备园"）是国务院批准的我国唯一以中德制造业合作为主题的战略平台。2016 年 2 月 4 日，沈阳市政府举行了中德装备园揭牌仪式。

中德装备园地处沈阳市西南部，依托沈阳市铁西区装备制造业集聚区、沈阳经济技术开发区、宝马集团沈阳制造基地等，近期规划面积 48 平方千米。按照"以德为主、内外并举、全球招商"的思路，全面推进园区招商和推介。与德国国际合作机构、德国商会、德国中小企业联合会等商会协会建立了合作联系，在德国建设了离岸创新中心和招商代表处，德国商会等机构也已在中德装备园设立代表处。

三年来，有关部门和辽宁省、沈阳市按照深化改革加快东北等老工业基地振兴的要求，围绕深化改革、科技创新、产业升级等领域，支持园区改革发展，取得重要的阶段性进展和成效。

在行政审批制度方面，辽宁省政府向中德装备园下放或委托行使 31 项省级行政职权，积极支持在园区内推广复制上海等自由贸易试验区的投资与贸易便利化政策，深化外商投资管理体制改革，建立准入前国民待遇加负面清单管理模式。积极支持园区全面试点企业投资项目承诺制，简化项目规划、用地、环评程序，探索以政策性条件引导、企业信用承诺、监管有效约束为核心的新管理模式，实现了先建后审的新模式。沈阳市积极支持园区将所有审批职能、审批事项、审批人员统一集中到政务服务中心，出台《关于推进办事"最多跑一次"改革的实施意见》。

在营商环境方面，沈阳市依托中德装备园开展知识产权综合管理改革，组建中德装备园知识产权局，统一园区专利、商标、版权管理职能，探索建立"三合一"执法机制；设立知识产权维权援助中心、中德装备园知识产权维权援助站和中德知识产权学院，为园区企业提供定向维权援助。组建了市场化的园区招商公司和园区投资公司，实施企业入园"零收费"，帮助企业"无门槛进入、无顾虑投资、无干扰建设、无障碍发展"。

第四章

东北振兴战略总论

中共十九大以来东北地区全面振兴全方位振兴的新征程

第一节 新时代东北地区全面振兴全方位振兴的背景

2017年以来，东北地区在中共中央的坚强领导下，在广大干部群众的努力拼搏下，经济发展逐步实现企稳回升，发展最困难的时期正在过去。在东北振兴滚石上山、爬坡过坎的关键节点，2018年9月，习近平总书记用4天时间，行程两千公里，跨越东北三省，围绕深入推进东北振兴这一重大课题，实地考察调研，并在沈阳主持召开座谈会，就新形势下深入推进东北振兴发表重要讲话。东北地区是我国重要的工业和农业基地，维护国家国防安全、粮食安全、生态安全、能源安全、产业安全的战略地位十分重要，关乎国家发展大局，新时代东北振兴，是全面振兴、全方位振兴，要从统筹推进"五位一体"总体布局、协调推进"四个全面"战略布局的角度去把握，瞄准方向、保持定力，扬长避短、发挥优势，一以贯之、久久为功，撸起袖子加油干，重塑环境、重振雄风，形成对国家重大战略的坚强支撑。在新的历史时期，习近平总书记站在党和国家事业发展全局的战略高度，深刻阐述了新时代东北振兴的重大意义和丰富内涵，就深入推进东北振兴提出了明确要求、做出了重大部署，为推进新时代东北全面振兴指明了前进方向，提供了根本遵循。

一、新时代高质量发展的部署要求

2017年10月，中共十九大首次提出了高质量发展的表述，明确提出我国经济已由高速增长阶段转向高质量发展阶段，正处在转变发展方式、优化经济结构、转换增长动力的攻关期。2017年12月中央经济工作会议中，习近平总书记深刻阐释了推动高质量发展的重大意义和战略布局，明确指出高质量发展就是能够很好满足人民日益增长的美好生活需要的发展，是体现新发展理念的发展，是创新成为第一动力、协调成为内生特点、绿色成为普遍形态、开放成为必由之路、共享成为根本目的的发展。

高质量发展是新时代经济发展的根本要求，具有深刻的时代必然性。中央经济工作会议指出，推动高质量发展，是保持经济持续健康发展的必然要求，是适应我国社会主要矛盾变化和全面建成小康社会、全面建设社会主义现代化国家的必然要求，是遵循经济规律发展的必然要求。推动高质量发展是当前和今后一个时期确定发展思路、制定经济政策、实施宏观调控的根本要求，必须加快形成推动高质量发展的指标体系、政策体系、标准体系、统计体系、绩效评价、政绩考核，创建和完善制度环境，推动我国经济在实现高质量发展上不断取得新进展。

围绕高质量发展，中共中央、国务院提出了8项具体工作要求。一是深化供给侧结构性改革，推进中国制造向中国创造转变，中国速度向中国质量转变，制造大国向制造强国转变；二是激发各类市场主体活力，推动国有资本做强做优做大，支持民营企业发展，落实保护产权政策，完善市场准入负面清单制度；三是实施乡村振兴战略，科学制定乡村振兴战略规划，推进农业供给侧结构性改革，深化粮食收储制度改革；四是实施区域协调发展战略，实现基本公共服务均等化，提高城市群质量，加快户籍制度改革落地步伐；五是推动形成全面开放新格局，有序放宽市场准入，促进贸易平衡，推进自由贸易试验区改革试点，有效引导支持对外投资；六是提高保障和改善民生水平，改革完善基本养老保险制度，解决教育就业等方面的突出问题；七是加快建立多主体供应、多渠道保障、租购并举的住房制度，完善促进房地产市场平稳健康发展的长效机制；八是加快推进生态文明建设，实施生态保护修复重大工程，加快生态文明体制改革。

综上所述，高质量发展开启了我国经济发展新的历史进程，是当前及今后一个时期经济工作的重心与要点，将深刻影响未来中国的经济社会发展。

二、高质量发展的内涵和要义

针对高质量发展问题，学术界和理论界进行了积极探讨。部分学者研究了高质量发展的科学内涵。高玉伟（2018）认为，高质量发展就是坚持以人民为中心、能够很好满足人民日益增长的美好生活需要的发展，就是能够全面体现创新、协调、绿色、开放、共享新发展理念的发展，就是更高质量、更有效率、更加公平、更可持续的发展。任保平（2018）提出，高质量发展是经济发展质量的高级状态和最优状态，是经济发展的有效性、充分性、协调性、创新性、持续性、分享性和稳定性的综合，是生产要素投入低、资源配置效率高、资源环境成本低、经济社会效益好的质量型发展水平。金碚（2018）研究了高质量发展的经济学性质，认为在基本的经济学意义上，可以将高质量发展表述为能够更好满足人民不断增长的真实需要的经济发展方式、结构和动力状态。陈昌兵（2018）认为，高质量发展的含义丰富，但根本在于提高劳动生产率和全要素生产率。全国政协委员、中国人民大学校长刘伟认为，在微观上，高质量发展要建立在生产要素、生产力、全要素效率的提高之上，而非靠要素投入量的扩大；在中观上，要重视国民经济结构包括产业结构、市场结构、区域结构等的升级，把宝贵资源配置到最需要的地方；在宏观上，则要求经济均衡发展。李国平（2018）提出，高质量发展是实现创新、协调、绿色、开放、共享的发展，是实现创新驱动、区域协调、城乡统筹、基本公共服务均等化的发展，是实现生产、生活、生态共生共荣的发展。综合来看，高质量发展是经济发展的高级阶段，是在创新、协调、绿色、开放、共享、持续等新理念的指引下，生产要素投入少、发展质量高、经济效益优、资源环境消耗低、效率与公平相统一、满足人民群众日益增长的多样化、多层次、多方面需求的发展。

笔者认为，高质量发展的内涵包括以下几个方面：

1.经济运行平稳健康。经济在短期内出现合理波动是符合规律的，但长期、频繁、大幅起落不利于持续健康高质量发展。经济发展过热，总需求过度高涨，通常会导致通货膨胀，而经济发展速度过慢，总需求不足，企业对未来发展预期持有悲观态度，投资急剧下降，失业率就会增加。因此，高质量发展必须保持国民经济重大比例关系协调和空间布局合理，生产、流通、分配、消费各环节循环畅通，健全财政、货币、产业、区域等经济政策协调机制，确保经济增长稳定在合理区间，通货膨胀保持合理水平，就业比较充分，经济风险控制在较低水平。

2.产业结构实现合理化与高级化。产业结构优化升级是高质量发展的重要标志和基本路径。在高速增长阶段，经济发展主要依靠生产能力的扩张，导致高耗能高污染重化工业产能过剩。在经济高质量发展下，要从"规模扩张"转为"结构优化"，着力提升产业价值链和产品附加值，推动产业向中高端水平发展，进一步提高产业体系竞争力。

3.投入产出效率不断提高。效率是高质量发展的核心标准，高质量必然伴随着高效率。高质量发展的重要标志是不断提高劳动、资本、土地、资源、环境等要素的投入产出效率和微观主体的经济效益，并表现为企业利润、职工收入、国家税收的持续增加和劳动就业不断扩大。要以供给侧结构性改革为主线，推动效率变革，调整存量，减少低质无效供给，做优增量，扩大优质高效供给，提高供给体系的整体效率。通过生产要素合理流动和优化组合、企业兼并重组，加快发展新兴产业和新业态、新模式，提高整体经济的结构效率。

4.创新成为经济发展的主要驱动力。从"要素驱动"转向"创新驱动"，近年来我国劳动年龄人口逐年减少，土地、资源供需形势变化，生态环境硬约束强化，"数量红利"正在消失，支撑经济发展的主要驱动力已由生产要素大规模高强度投入，转向科技创新、人力资本提升带来的"乘数效应"。与高速增长阶段"电力瓶颈""交通瓶颈"等制约发展的瓶颈不同，高质量发展阶段的瓶颈主要是创新能力和人力资本不足，必须把创新作为第一动力，依靠科技创新和人力资本投资，不断增强经济的创新力和竞争力。

5.商品和服务质量普遍持续提高。经济发展不仅表现为数量的增加，而且表现为质量的提高。随着居民收入水平提高和中等收入群体扩大，居民消费结构加快向多样化、个性化、服务化方向升级,"数量追赶"时期迅猛扩张形成的生产能力没有跟上市场需求结构升级,出现了严重的产能过剩。进入高质量发展阶段,填补产品质量、生产效率等"质量缺口"是经济发展的潜力所在,要从"数量追赶"转向"质量追赶",不断提供更好的商品和服务,加强企业、行业的质量管理,使中国制造和服务成为高质量的标志,显著增强我国经济的质量优势。

6. 绿色可持续成为普遍形态。高质量发展在注重经济发展速度的同时,也要注重经济发展给自然生态系统带来的损害。绿色发展是高质量发展的重要标志。在经济高速增长阶段,粗放式的经济发展造成环境污染严重、生态系统退化的问题,导致经济低质量发展和人民生活质量下降。经济要得到持续发展,必须有效地利用自然资源,避免过度开发,并对生态环境进行有效保护。因此,高质量发展要健全绿色低碳循环发展的经济体系,促进节能环保、清洁生产、清洁能源等绿色产业发展,形成人与自然和谐发展的现代化建设新格局。

7. 城乡区域协调发展。协调是高质量发展的内生特点,高质量是协调发展的基本要求。要大力推进区域协调发展,推进西部大开发,加快东北等老工业基地振兴,推动中部地区崛起,支持东部地区率先推动高质量发展。推进城乡协调发展,提高城市群质量,推进大中小城市网络化建设,实施乡村振兴战略,全面提升农业农村高质量发展水平,建立健全城乡融合发展体制机制和政策体系,形成城乡互补、全面融合、共同繁荣的新型城乡关系。

8. 人民对美好生活的需要得到不断满足。经济高质量发展的最终目的是满足人民对美好生活的需要。经济转向高质量发展,必须落实到社会民生事业的高质量发展上。在高质量发展的阶段,人民的闲暇偏好增加,对生活品质的需求不断提高,期盼有更好的教育资源、更完善的基础设施建设、更高水平的医疗卫生与养老保障及更优美的居住环境(任保平,2018)。因此,高质量发展要着力解决最现实的民生问题,在幼有所育、学有所教、劳有所得、病有所医、老有所养、住有所居、弱有所扶上不断取得新进展，提高公共服务的均等化水平，使全体人民更加公平地享受经济发展成果，提高人民群众的生活满意度，推动人的全面发展、社会全面进步。

9. 国际竞争力显著提升。推动高质量发展离不开更高水平的对外开放，高质量发展的重要表现是国际竞争力的提升。国际竞争力不仅表现为产品的市场占有率和进出口实力，更表现为本国产品标准成为国际行业标准。我国已融入国际市场，必须进一步拓展开放的范围和层次，完善开放结构布局和体制机制，以"一带一路"建设拓展发展新空间，持续升级出口产品结构，不断提升国际竞争力，大幅增强国际影响力，推动形成全面开放新格局。

综上所述，经济高质量发展涉及三个重点领域：一是发展方式，涉及资源要素的组织模式和配置方式、经济产出效率、经济与生态的关系等方面；二是经济结构，涉及产业结构、供需结构、收入结构、城乡结构、区域结构等方面；三是增长动力，涉及"三驾马车"、创新驱动、传统动能优化提升、新动能培育等方面。高质量发展的核心要义是通过转变发展方式、优化经济结构、转换增长动力，实现经济质量的提升和经济效益的提高（夏锦文等，2018）。

三、高质量发展背景下东北地区经济现状

中共十八大以来，东北地区经济结构调整取得显著成效，三次产业结构不断优化。2015年实现了产业结构由"二三一"向"三二一"的转变。服务业对经济增长的贡献不断提高，2017年第三产业增加值占地区生产总值的比重达50.8%，比2012年提高12.9个百分点。第二产业占地区生产总值的比重不断下降，由2012年的50.9%降至2017年的37.3%。第一产业占地区生产总值的比重变化较小。

从各省来看，辽宁省的第一产业比重较低，2012年以来始终低于10%，2017年的比重约为9.1%。2015年产业结构完成由"二三一"向"三二一"的转变，至2017年三次产业结构的比重为9.1∶39.3∶51.6。吉林省目前仍为"二三一"的产业结构，第一产业比重不断降低，至2017年低于10%，

第二产业比重下降较快,至 2017 年略高于第三产业。相对于其他两个省份,黑龙江省的第二产业比重较低,第一产业和第三产业比重均高于辽宁省和吉林省,2017 年分别达到 18.3% 和 55.2%。2013 年黑龙江省实现由"二三一"结构向"三二一"结构的转变。

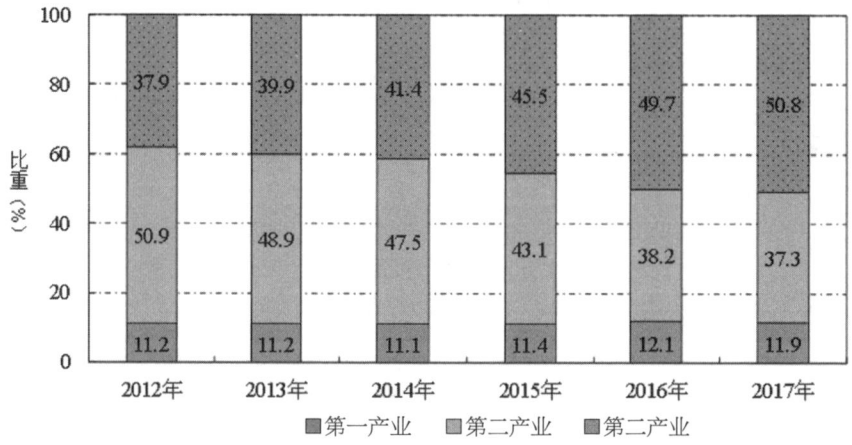

图 4-1　2012 年以来东北地区三次产业增加值占地区生产总值比重

表 4-1　2012 年以来东北三省一、二、三产业比重(%)

年份	辽宁省			吉林省			黑龙江省		
	第一产业	第二产业	第三产业	第一产业	第二产业	第三产业	第一产业	第二产业	第三产业
2012 年	8.6	53.5	37.9	11.8	53.4	34.8	15.3	44.2	40.4
2013 年	8.1	51.6	40.4	11.2	52.7	36.1	17.0	40.5	42.4
2014 年	7.9	50.5	41.6	11.0	52.8	36.2	17.3	37.0	45.7
2015 年	8.2	45.7	46.1	11.4	49.8	38.8	17.4	31.9	50.7
2016 年	9.8	38.7	51.5	10.1	47.4	42.5	17.4	28.6	54.0
2017 年	9.1	39.3	51.6	9.3	45.9	44.8	18.3	26.5	55.2

2017 年,东北地区产业以第三产业为主导的地市共 21 个,其中 6 个地市的第三产业比重超过 50%,分别是哈尔滨市(57.6%)、鞍山市(57.3%)、沈阳市(56.4%)、丹东市(52.2%)、大连市(51.4%)和朝阳市(50.4%)。

以第二产业为主导的地市共16个，二产比重介于30%—46%。以第一产业为主导的地市共4个，分别是大兴安岭地区、黑河市、绥化市和伊春市。产业结构呈"二三一"和"三二一"结构的地市各16个，各占地市总量39%，呈"三一二"结构的地市共5个，分别是朝阳市、鹤岗市、鸡西市、佳木斯市和双鸭山市。以第一产业为主的大兴安岭地区、黑河市、绥化市和伊春市，均呈现"一三二"的产业结构特征。综上，东北地区大多数城市处于工业化中期和工业化后期阶段，第三产业不断发展，成为区域经济增长的主导力量。

分别计算2000年、2005年、2010年和2016年东北地区各工业门类的区位商，如表4-2所示。石油和天然气开采业的区位商始终大于2，是东北地区具有绝对竞争力的传统产业。其他采矿业的区位商逐渐增大，2010年区位商为3.4，成为东北地区的绝对竞争力行业，2016年区位商增至6.2，竞争力进一步增强。黑色金属矿采选业的区位商不断增大，2000年为1.1，2005年为1.9，2010年增至2.3，进入绝对竞争力行业，2016年的区位商增至2.5，具有很强的发展潜力。有色金属矿采选业2005年的区位商为1.1，2010年为1.7，2016年增至2.3，成为具有绝对竞争力的行业。农副食品加工业2000年、2005年、2010年和2016年的区位商分别为1.1、1.6、1.97和2.1，也呈现增长趋势。木材加工和木、竹、藤、棕、草制品业历年区位商分别是1.3、1.5、1.8和2.0。因此，东北地区具有发展潜力的行业为其他采矿业，黑色金属矿采选业，有色金属矿采选业，农副食品加工业，木材加工及木、竹、藤、棕、草制品业5个产业。

表4-2　2000—2016年东北地区产业竞争力评价

	年份	产业
绝对竞争力行业	2000	石油和天然气开采业（4.3），石油加工、炼焦及核燃料加工业（2.7）
	2005	石油和天然气开采业（4.0），石油加工、炼焦及核燃料加工业（2.6）
	2010	其他采矿业（3.4），石油和天然气开采业（2.7），黑色金属矿采选业（2.3）

续表

	年份	产业
	2016	其他采矿业（6.2），开采辅助活动（2.7），石油和天然气开采业（2.6），黑色金属矿采选业（2.5），金属制品、机械和设备修理业（2.4），有色金属矿采选业（2.3），农副食品加工业（2.1），木材加工和木、竹、藤、棕、草制品业（2.0）
一定竞争力行业	2000	交通运输设备制造业（1.9），水的生产和供应业（1.5），煤炭开采和洗选业（1.4），黑色金属冶炼及压延加工业（1.3），木材加工及木、竹、藤、棕、草制品业（1.3），医药制造业（1.2），电力、热力的生产和供应业（1.2），农副食品加工业（1.1），黑色金属矿采选业（1.1），燃气生产和供应业（1.0）
	2005	黑色金属矿采选业（1.9），交通运输设备制造业（1.8），农副食品加工业（1.6），木材加工及木、竹、藤、棕、草制品业（1.5），医药制造业（1.3），黑色金属冶炼及压延加工业（1.2），电力、热力的生产和供应业（1.2），煤炭开采和洗选业（1.2），通用设备制造业（1.1），水的生产和供应业（1.1），有色金属矿采选业（1.1）
	2010	农副食品加工业（1.97），木材加工及木、竹、藤、棕、草制品业（1.8），有色金属矿采选业（1.7），石油加工、炼焦和核燃料加工业（1.7），非金属矿采选业（1.6），交通运输设备制造业（1.5），通用设备制造业（1.4），食品制造业（1.3），非金属矿物制品业（1.2），医药制造业（1.2），专用设备制造业（1.1），饮料制造业（1.1），黑色金属冶炼及压延加工业（1.0），家具制造业（1.0）
	2016	非金属矿采选业（1.8），汽车制造业（1.6），石油加工、炼焦和核燃料加工业（1.6），医药制造业（1.3），通用设备制造业（1.3），非金属矿物制品业（1.3），食品制造业（1.1），专用设备制造业（1.1），酒、饮料和精制茶制造业（1.0），黑色金属冶炼和压延加工业（1.0）

从全国层面分析，辽宁省的金属制品、机械和设备修理业，黑色金属矿采选业，石油加工、炼焦和核燃料加工业，非金属矿采选业，通用设备制造业5个行业具有一定的竞争优势（区位商大于2）。开采辅助活动，农副食品加工业，黑色金属冶炼和压延加工业，专用设备制造业，非金属矿物制品业，木材加工和木、竹、藤、棕、草制品业，橡胶和塑料制品业，家具制造业，金属制造业，水的生产和供应业10个行业也具有一定的竞争优势（区位商大于1）。从产值比重分析，辽宁省的支柱产业是黑色金属冶炼和压延加工业（10.9%），农副食品加工业（9.3%），通用设备制造业（8.8%），石油加工、炼焦和核燃料加工业（8.6%），非金属矿物制品业（7.4%），化学原料和化学制品制造业（6.5%），汽车制造业（5.6%）。

分别计算 2000 年、2005 年、2010 年和 2016 年辽宁省各工业门类的区位商,如图 4-2 所示。石油加工、炼焦及核燃料加工业的区位商始终大于 2,是辽宁省具有绝对竞争力的传统行业。黑色金属冶炼及压延加工业的区位商逐渐下降,由绝对竞争力行业变为一定竞争力行业。黑色金属矿采选业的历年区位商分别为 1.6、2.5、3.2 和 3.7,于 2005 年成为具有绝对竞争力的行业。非金属矿采选业的区位商分别为 0.9、0.9、1.7 和 2.0,由缺乏竞争力行业变为一定竞争力行业,并于 2016 年成为具有绝对竞争力行业,发展潜力和势头强劲。通用设备制造业的历年区位商分别为 1.4、1.4、1.98 和 2.0,产业竞争力不断增强。农副食品加工业的区位商分别为 0.9、1.2、1.5 和 1.5,由缺乏竞争力变为具有一定竞争力行业。专用设备制造业的历年区位商分别为 0.8、1.2、1.4 和 1.4,由缺乏竞争力变为具有一定竞争力行业。家具制造业历年区位商分别为 0.6、0.9、1.3 和 1.2,金属制品业历年区位商分别为 0.9、0.8、1.2 和 1.2,由缺乏竞争力变为具有一定竞争力行业。综上所述,辽宁省最具发展潜力的产业是黑色金属矿采选业、非金属矿采选业和通用设备制造业,具有较强发展潜力的产业是农

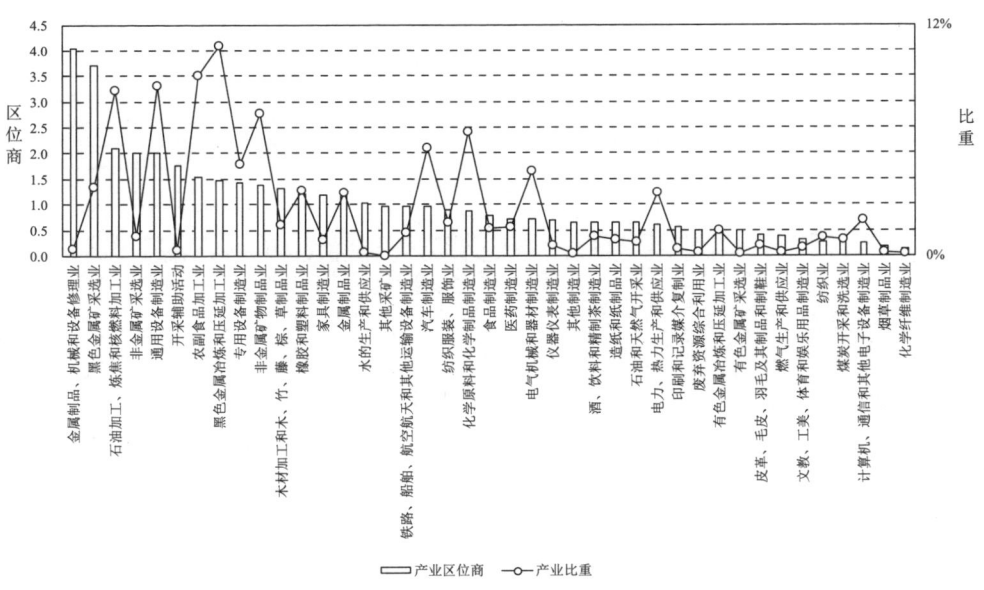

图 4-2 辽宁省产业区位商及比重

副食品加工业、专用设备制造业、家具制造业和金属制品业。

从产业区位商来看，吉林省的汽车制造业，其他采矿业，木材加工和木、竹、藤、棕、草制品业，医药制造业，农副食品加工业，开采辅助活动具有明显的竞争优势，区位商大于2。石油和天然气开采业，酒、饮料和精制茶制造业，非金属矿物制品业，黑色金属矿采选业，非金属矿采选业，铁路、船舶、航空航天和其他运输设备制造业6个行业也具有一定的竞争优势，区位商大于1。从产业比重来看，吉林省的支柱产业为汽车制造业（27.8%），农副食品加工业（14.5%），化学原料和化学制品制造业（7.5%），非金属矿物制品业（6.9%）和医药制造业（6.2%）。

分别计算2000年、2005年、2010年和2016年吉林省各工业门类的区位商，如图4-3所示。吉林省的汽车制造业区位商始终大于2（由于统计口径不同，2010年以前划入交通运输设备制造业），是具有绝对竞争力的传统优势行业。医药制造业的历年区位商分别为2.1、2.4、2.7和3.0，竞争力不断增强，且始终为绝对竞争力行业。木材加工和木、竹、藤、棕、草制品业由一定竞争力行业变为绝对竞争力行业，历年区位商分别为1.8、2.6、

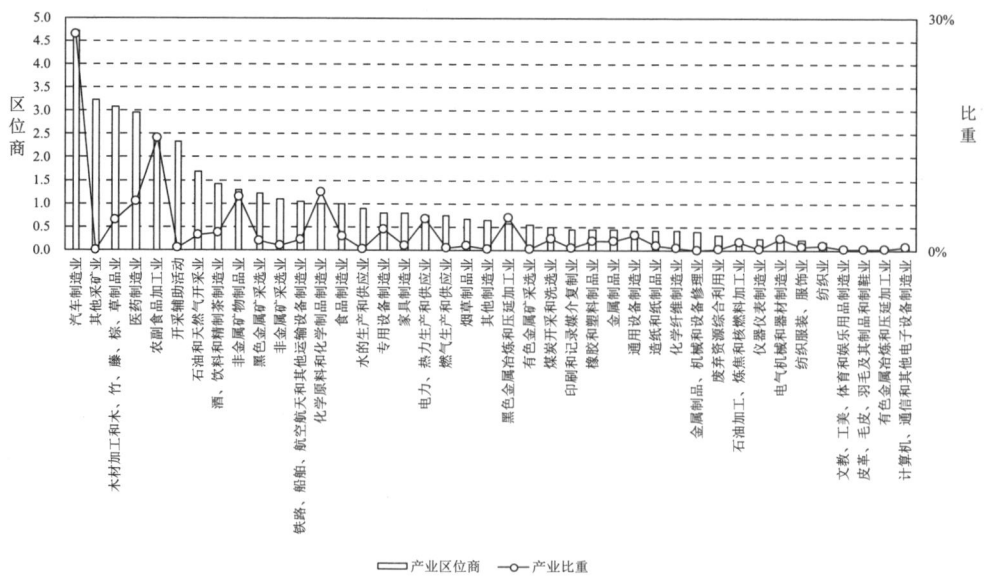

图4-3 吉林省产业区位商及比重

3.4 和 3.1。农副食品加工业历年区位商为 1.3、1.9、2.4 和 2.4，由一定竞争力行业变为绝对竞争力行业。其他采矿业的区位商由 2000 年的 0 变为 2010 年的 7.1，2016 年区位商为 3.2，近年来竞争力显著提升。此外，非金属矿物制品业 2000 年的区位商为 0.6，2005 年区位商为 0.8，缺乏竞争力，而 2010 年提升至 1.2，2016 年变为 1.3，成为具有一定竞争力的行业，发展潜力和势头较好。黑色金属矿采选业始终为具有一定竞争力的行业，但区位商略有下降，竞争力有所减弱。综上所述，吉林省最具发展潜力的产业是医药制造业，木材加工和木、竹、藤、棕、草制品业，农副食品加工业。汽车制造业仍为传统优势产业。此外，吉林省的其他采矿业和非金属矿物制品业具有较强的发展潜力和势头。

黑龙江省的石油和天然气开采业，开采辅助活动，农副食品加工业，木材加工和木、竹、藤、棕、草制品业，石油加工、炼焦和核燃料加工业，食品制造业，燃气生产和供应业 7 个行业的区位商大于 2，具有明显的竞争优势。电力、热力生产和供应业，酒、饮料和精制茶制造业，煤炭开采和洗选业，医药制造业 4 个行业的区位商大于 1，具有一定的竞争优势。从产值比重分析，黑龙江省的支柱产业共 4 个，分别是农副食品加工业（20.8%），石油和天然气开采业（14.1%），石油加工、炼焦和核燃料加工业（10.8%），电力、热力生产和供应业（8.7%）。

分别计算 2000 年、2005 年、2010 年和 2016 年黑龙江省各工业门类的区位商，如图 4-4 所示。2000 年以来，黑龙江省的石油和天然气开采业始终具有绝对竞争力，历年区位商分别为 12.0、12.1、12.0 和 12.4，是黑龙江省的传统优势产业。石油加工、炼焦及核燃料加工业的区位商也始终大于 2，同为传统优势产业。农副食品加工业的历年区位商为 1.0、1.6、2.5 和 3.4，竞争力不断提升，由一定竞争力行业变为绝对竞争力行业，发展潜力好。木材加工和木、竹、藤、棕、草制品业的历年区位商为 1.3、1.5、2.1 和 2.7，由一定竞争力行业成为绝对竞争力行业。食品制造业的历年区位商为 1.6、2.0、2.7 和 2.1，近年来略有下降，但整体看仍为竞争力增强的行业。燃气生产和供应业的历年区位商为 0.2、1.1、1.6 和

2.1，由缺乏竞争力行业变为一定竞争力行业，2016年进一步提升为绝对竞争力行业。此外，电力、热力的生产和供应业历年区位商为1.3、1.4、1.6和1.6，竞争力有所提升。综上所述，黑龙江省最具发展潜力的行业为农副食品加工业，木材加工和木、竹、藤、棕、草制品业，燃气生产和供应业。具有一定发展潜力的行业为食品制造业，电力、热力的生产和供应业。而石油和天然气开采业，石油加工、炼焦和核燃料加工业为发展基础好的传统优势产业。

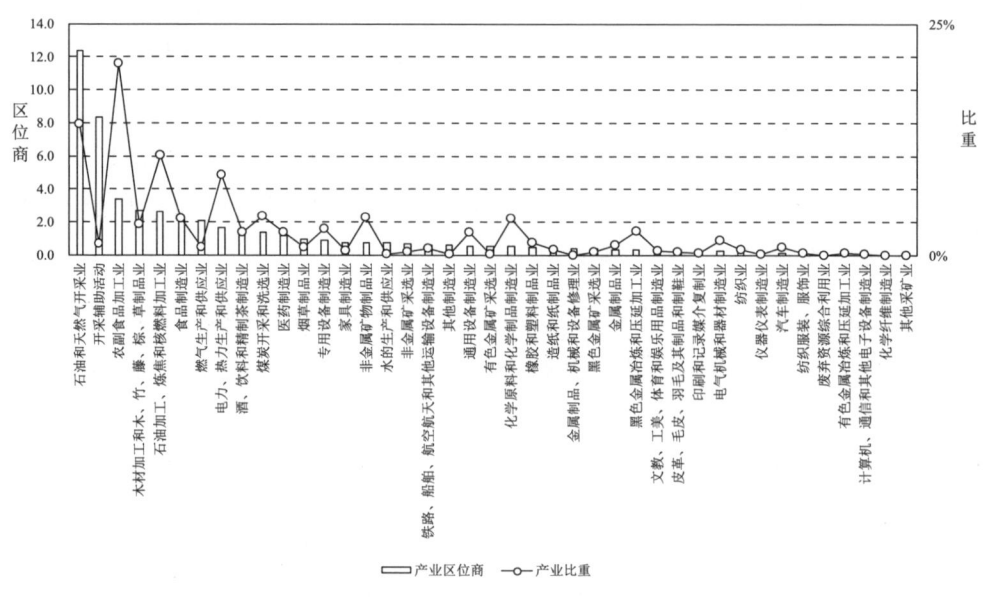

图4-4 黑龙江省产业区位商及比重

内蒙古自治区东部的其他采矿业，有色金属矿采选业，非金属矿采选业，有色金属冶炼和压延加工业，煤炭开采和洗选业，农副食品加工业，木材加工和木、竹、藤、棕、草制品业，黑色金属矿采选业，食品制造业9个行业的区位商大于2，具有明显的竞争优势。酒、饮料和精制茶制造业，电力、热力生产和供应业，非金属矿物制品业，医药制造业，石油和天然气开采业5个行业的区位商大于1，具有一定的竞争优势。从产值比重分析，内蒙古自治区东部的支柱产业是农副食品加工业（17.3%），有色金属冶炼和压延加工业（11.5%），煤炭开采和洗选业（9.9%），电力、热力生产和供应业（8.9%）、非金属矿物制品业（7.0%）、有色金属矿采选业（6.5%）、化学原料和化学制品制造业（5.4%）。

分别计算2000年、2005年、2010年和2016年内蒙古自治区东部各工业门类的区位商，如图4-5所示。内蒙古自治区东部的其他采矿业历年区位商分别为0、0、22.7、62.7，近年来发展迅速，竞争力显著提升，由缺乏竞争力变为具有绝对竞争力行业。非金属矿采选业的历年区位商为0.997、3.0、3.7和4.8，由缺乏竞争力变为绝对竞争力。有色金属冶炼及压延加工业历年区位商为1.6、2.2、4.4和4.3，由一定竞争力行业变为绝对竞争力行业。煤炭开采和洗选业、农副食品加工业始终为内蒙古自治区东部的绝对竞争力行业，但区位商呈下降趋势，竞争力有所减弱。有色金属矿采选业的竞争力整体呈增强趋势，区位商分别为11.9、8.0、11.4、22.8，始终为绝对竞争力行业。综上所述，内蒙古自治区东部最具发展潜力的行业是其他采矿业和非金属矿采选业，具有一定发展潜力的行业是有色金属冶炼及压延加工业、有色金属矿采选业。

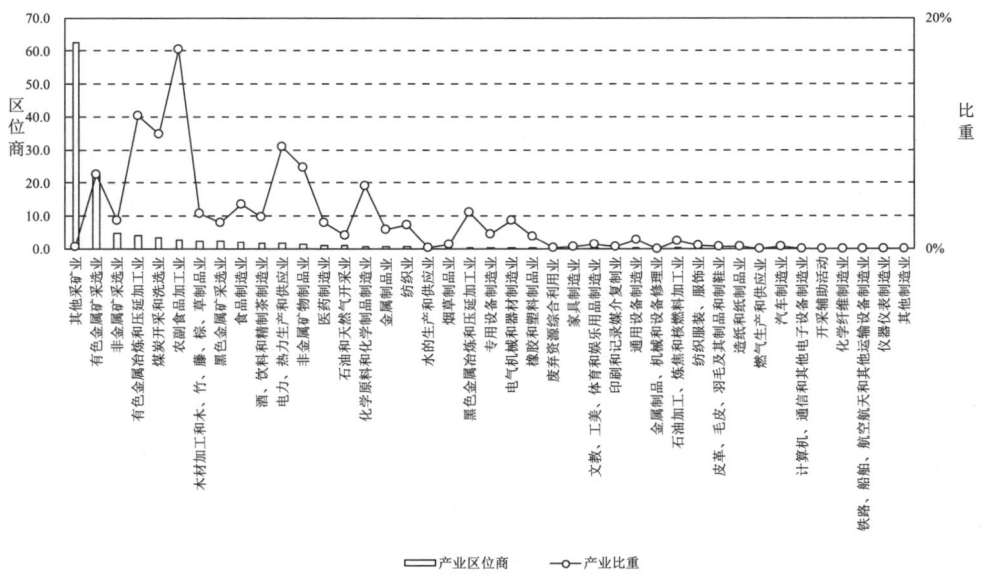

图4-5 内蒙古自治区东部产业区位商及比重

第二节　新时代东北地区全面振兴全方位振兴的总体要求

习近平总书记在深入推进东北振兴座谈会上指出，新时代东北振兴，是全面振兴、全方位振兴，要从统筹推进"五位一体"总体布局、协调推进"四个全面"战略布局的角度去把握，瞄准方向、保持定力、扬长避短、发挥优势、一以贯之、久久为功。习近平总书记的重要讲话，高瞻远瞩、统揽全局，思想深邃、内涵丰富，既是路线图，又是方法论，为新时代东北振兴提供了根本遵循和行动指南，对于我们推动新时代东北地区全面振兴全方位振兴有着重要意义。

东北地区是新中国工业的摇篮，在共和国发展史上写下了光辉灿烂的篇章。然而，最先步入计划经济，也是最后走出计划经济，东北长期积累的体制性、结构性矛盾日益显现，工业生产一度步履维艰，经济位次不断后移。面对内外部环境变化，对标高质量发展的要求，东北振兴面临一些突出问题，主要表现为体制机制、经济结构、开放合作、思想观念四个方面短板。扬长避短，就是要坚持目标导向与问题导向相统一，扬长避短、扬长补短，向经济建设这个中心聚焦发力，打好发展组合拳，奋力走出全面振兴全方位振兴新路子。

要认真学习领会习近平总书记重要讲话精神，深刻认识东北地区全面振兴全方位振兴的重大意义。东北地区是全国经济的重要增长极，在国家发展全局中举足轻重，在全国现代化建设中至关重要。作为新中国工业的摇篮，东北地区拥有一批关系国民经济命脉和国家安全的战略性产业，资源、产业、科教、人才、基础设施等支撑能力较强，发展空间和潜力巨大。推进新时代东北振兴,是推进经济结构战略性调整、提高我国产业国际竞争力的战略举措。在这一过程中,国有企业地位重要、作用关键、不可替代,是党和国家的重要依靠力量,要一以贯之坚持党对国有企业的领导,一以贯之深化国有企业改革,努力实现质量更高、效益更好、结构更优的发展。要坚持"两个毫不动摇",为民营企业发展营造良好的法治环境和营商环境,鼓励、支持、引导非公有制经济继续发展壮大。解放思想、锐意进取,实现公有制为主体、多种所有制经济共同发展,东北地区才能完成促进区域协调发展、打造新经济支撑带的重大任务。

要认真学习领会习近平总书记重要讲话精神,准确把握东北地区全面振兴全方位振兴的重点任务。要深入学习领会习近平总书记关于东北振兴的重要思想,把深化改革作为首要任务,切实解决思想观念问题,加快完善体制机制,优化营商环境;把增强创新能力作为根本途径,加快结构调整和新动能培育,发展壮大实体经济;把开发开放作为重要抓手,打造我国向北开放的重要窗口和东北亚地区合作的中心枢纽;把保障和改善民生作为出发点和落脚点,坚决打好脱贫攻坚战,解决好社保、就业等重点民生问题。深化改革、破解矛盾,东北地区才能走出一条质量更高、效益更好、结构更优、优势充分释放的发展新路。

必须进一步解放思想。发展是解决一切问题的关键,改革开放则是中国发展的根本动力,而思想再解放则是改革开放和发展的前提。老工业基地发展的内生动力不足,这个"不足"最多最直接最深层次的,还是体现在思想、观念、状态、作风上。没有这个关键性要素的介入,没有主观能动性去激活,多好的客观条件和优势也发挥不出来。必须把思想解放作为推动新时代东北振兴的突破口,真正把干部群众干事创业的积极性、主动性、创造性激发出来。

必须坚持全面深化改革。全面深化改革,就是要统筹推进各领域改革。东北地区在营商环境、金融环境、人才环境、国企改革、民营经济发展等方面仍存在不少问题,必须全面深化改革,下决心破除老工业基地体制性、机制性、结构性矛盾,下决心解决深层次问题,全面释放振兴发展活力。

必须大力实施创新驱动发展战略。创新是引领发展的第一动力，通过实施创新驱动发展战略，加快完善创新机制，全方位推进科技创新、企业创新、产品创新、市场创新、品牌创新，加快科技成果向现实生产力转化，推动科技和经济紧密结合。近年来，东北地区大力营造创新创业氛围，在航天信息、智能制造、生物医药、新材料、新能源等方面已经取得一定成效。要积极扶持这些创新动能加快成长，推动新增长点的系统形成。特别要突出传统产业数字化提升，促进新老优势全面聚合、新旧动能顺畅接续。

必须实现全面对接合作。实现全面对接，就是要把中央振兴东北政策支持与自身比较优势、发达地区先进经验、"一带一路"倡议机遇等融通激活，形成上下联动、内外互动的振兴发展新局面。在对接中央支持方面，要牢牢把握中央新一轮振兴东北政策导向，确保形成最大的政策红利。在对接发达地区先进经验方面，要加强与京津冀、长江经济带、粤港澳大湾区战略对接和交流合作，特别是深入研究、大力加强与东部地区的对口合作。在对接"一带一路"建设方面，要在加强互联互通、项目对接和调动双方积极性上下更大功夫，深度融入共建"一带一路"，形成对外开放合作新格局。

必须坚持和加强党对东北振兴的全面领导。一个地方要实现政通人和、安定有序，必须有良好政治生态。事实证明，政治生态清明，就能营造良好的营商环境，激发各方面干事创业的激情动力；政治生态污浊，就会人心涣散、弊病丛生，对一方发展带来负面影响。中共十八大以来，以习近平同志为核心的党中央大力营造风清气正的政治生态，使广大干部能够集中精力干事，使营商环境得到持续改善，为东北地区经济社会发展提供了坚强保障。以新气象新担当新作为推进东北振兴，就要加强东北地区党的政治建设，全面净化党内政治生态，营造风清气正、昂扬向上的社会氛围，就要坚持无禁区、全覆盖、零容忍，坚决查处各类腐败案件，始终保持党同人民的血肉联系。这既是全面从严治党的重要任务，也是创造良好发展环境的重要基础。

必须促进形成风清气正、昂扬向上的作风。为政之要,莫先乎人;成事之要,关键在人。人是生产力中最活跃的因素,是社会物质财富和精神财富的创造者,是社会变革的决定力量。今天,无论是分析形势还是做出决策,无论是破解发展难题还是解决涉及群众利益的问题,都需要领导能力、专业素养、务实举措。以新气象新担当新作为推进东北振兴,需要加快建设一支高素质干部队伍,提高领导能力专业化水平,做到既政治过硬,又本领高强。风清则气正,气正则心齐,心齐则事成。良好的作风不仅能凝聚起强大正能量,而且能为经济社会发展提供坚实的基础和有力的支撑。以新气象新担当新作为推进东北振兴,领导干部要带头转变作风、真抓实干,出真招、办实事、求实效,防止和克服形式主义、官僚主义,更好地提高推动改革的能力、解决矛盾的魄力、领导发展的实力。

必须狠抓落实善抓落实。历史上,东北就是一方充满干事创业激情的热土。这里曾涌现出雷锋、郭明义、罗阳这样的民族脊梁,这里曾矗立起大庆精神、铁人精神、北大荒精神这样的精神高地,其中所蕴含的信念力量、大爱胸怀、忘我精神、进取锐气,正是我们民族精神的最好写照,也是推进改革发展的强大动力。新时代东北振兴,已到了滚石上山、爬坡过坎的关键阶段,有不少硬仗要打。越是任务艰巨,越需要"真把式",越需要真抓实干。保持一以贯之、久久为功的韧劲,振奋撸起袖子加油干的精气神,才能确保各项政策措施落实落细做到位,在团结奋斗中创造东北全面振兴全方位振兴的新业绩。

按照习近平总书记提出的改革、创新、协调、绿色、开放、共享等重点任务,笔者提出东北地区全面振兴、全方位振兴的重点指标:

1.经济增长率。计算公式为:GDP 增长率=(报告期国家或地区 GDP-基期国家或地区 GDP)/基期国家或地区 GDP×100%。稳定、合理、持续的经济发展速度是经济发展质量的显著标志,以其评价经济发展质量,能更直接、更准确地反映经济发展状况。

2.经济增长波动率。计算公式为:经济增长波动率=当年 GDP 增长率/上年GDP增长率－1。高质量的经济发展要求各年经济增长率具有相对的稳定性,以经济增长波动率评价经济发展质量,有利于将经济波动控制在适当的范围内,保持国民经济的平稳发展,避免经济大起大落造成资源的巨大浪费。

3. 劳动生产率。计算公式为：劳动生产率＝国家或地区GDP/全社会劳动者平均人数。劳动生产率越高,经济发展质量越高;反之,经济发展质量越低。将劳动生产率作为评价经济发展质量的重要指标,有利于加快经济发展方式由数量型向质量型转变,把经济发展转移到提高劳动者素质的轨道上来。

4. 投资产出率。计算公式为：投资产出率＝当年国家或地区GDP/当年固定资产投资总额。投资产出率反映单位固定资产投资额所带来的GDP,是全面评价投资使用效率的综合指标,可用来说明投资规模和经济发展之间的关系。投资产出率越高,经济发展质量越高;反之,经济发展质量越低。这一指标从固定资产投资效率角度出发反映经济发展质量,有利于提高固定资产投资的科技水平和优化投资结构。

5. 第三产业增加值比重。计算公式为：第三产业增加值比重＝第三产业增加值/GDP。第三产业的加快发展是生产力提高和社会进步的必然结果,第三产业的兴旺发达是现代化经济的一个必要特征。以第三产业增加值比重作为衡量经济高质量发展的重要指标,有利于优化生产结构,促进市场充分发育,缓解就业压力,促进整个经济持续、快速健康发展。

6. R&D投入占GDP比重。计算公式为：研究与开发投入占GDP比重＝研究与开发经费投入额/同期GDP。依据一般规律,研发经费占GDP不到1%的国家,是缺乏创新能力的;在1%到2%之间,才会有所作为;大于2%,国家或地区的创新能力可能比较强。以研究与开发投入占GDP比重评价经济高质量发展水平,有利于加大研究与开发经费投入,使经济在不断创新中得到高质量发展。

7. 城市化率。计算公式为：城市化率＝城市人口/全部人口。城市化是工业化的必然趋势,通过工业化的加速作用促进经济发展。以城市化水平作为评价经济高质量发展的指标之一，有利于优化城乡经济结构，促进国民经济良性循环和社会协调发展。

8. 每万人专利授权数。计算公式为：每万人专利授权数＝专利授权数／人口总量。将每万人专利授权数作为评价指标，有利于增强自主创新能力，努力掌握核心技术和关键技术，提升经济发展的技术水平。

9. 人均科技投入。计算公式为：人均科技投入＝科技财政支出／人口数。这一指标反映了国家或地区对科技活动的财政支持力度，以此作为评价经济高质量发展的指标之一，有助于提高科技投资水平，促进科技成果转化，使科技更好地服务于经济发展。

10. 人均教育投入。计算公式为：人均教育投入＝教育财政支出／人口数。人均教育投入反映国家或地区教育投资量的大小。以人均教育投入作为评价经济高质量发展的指标，有助于提高教育投资水平，促进经济发展的创新性。

11. 土地产出率。计算公式为：土地产出率＝当年国家或地区GDP／土地面积。土地产出率反映的是土地利用效率，产出率越高，使用效率越高，经济发展质量越高；反之，经济发展质量越低。土地产出率不仅受土地质量的影响，而且还受土地集约利用程度的影响，将其作为评价经济发展质量的指标之一，有利于注重提高集约利用程度，增加单位土地产出。

12. 能源利用率。计算公式为：能源利用率＝GDP／能源消耗总量（标准煤）。以其评价经济发展质量，有利于加强能源管理，提高能源的使用效率，加大对传统产业的技术改造，强制淘汰高耗低效产品，以缓解经济发展过程中能源供求矛盾。

13. 失业率。计算公式为：失业率＝失业人数／社会劳动者人数。失业率过高，表明经济不景气，也会影响到社会稳定。以失业率作为评价经济高质量发展的指标，有利于促进社会经济的长期均衡发展。

14. 人均GDP。计算公式为：GDP／人口数。人均GDP是衡量人民生活水平的重要标准，本身具有社会公平和平等的含义。尽管人均GDP不能直接等同居民的人均收入和生活水平，但构成了居民人均收入和生活水平的主要物质基础，是提高居民人均收入水平、生活水平的重要参照指标。把人均 GDP 作为衡量经济高质量发展的重要指标，有助于推动人民整体生活水平提高。

15. 居民收入增长率。计算公式为：居民收入增长率 =（报告期居民收入 – 基期居民收入）/ 基期居民收入。居民收入增长率可分为城镇居民人均可支配收入增长率和农村人均纯收入增长率。这是因为我国城乡居民生活水平存在较大差异及收入统计不同的现实情况，需要对城乡居民收入增长情况分别反映，才能更具体、更实际地反映城乡居民的收入水平及其变化。以居民收入增长率评价经济发展质量，有利于更好地满足人民群众日益增长的物质文化需要，提高其生活水平，实现国家经济发展的根本目标。

16. 人均公共物品拥有量。其中公共品主要包括教育和医疗，为避免学校和医院、卫生所的规模差异所带来的影响，采用在校人数、医院床位数作为衡量标准。此外，由于高等教育在全国招生，难以获得各省生源人数的统计数据，而中小学教育具有明显的属地属性，因此采用中小学在校人数作为衡量各地市教育公共物品的供给量。计算公式为：人均基础教育拥有量 = 中小学在校人数 / 人口总量；人均医疗拥有量 = 医院床位数 / 人口总量。人均公共物品拥有量是衡量居民生活质量和幸福感的重要指标，以此作为衡量经济高质量发展的标准，有助于满足人民群众的生活需要，推动教育和医疗均等化。

第三节　新时代东北地区全面振兴全方位振兴的战略定位

习近平总书记在深入推进东北振兴座谈会上强调，东北地区是我国重要的工业和农业基地，维护国家国防安全、粮食安全、生态安全、能源安全、产业安全的战略地位十分重要，关乎国家发展大局。除国防安全外，中国科学院地理科学与资源研究所按照国民经济行业分类代码的二位代码，对东北地区41种行业在全国的地位和专业化程度进行了研究，充分证明了东北地区在国家粮食安全、生态安全、能源安全、产业安全中的地位十分重要。

一、粮食安全

粮食安全始终是关系我国国民经济发展和社会稳定的全局性重大战略问题。"中国粮食！中国饭碗！"习近平总书记在黑龙江省农垦建三江管理局考察时，双手捧起一碗大米，意味深长地说出这八个字，同时强调，中国人的饭碗任何时候都要牢牢端在自己的手上。《洪范》八政，食为政首。民为国基，谷为民命。在总书记的心中，13亿多中国人的饭碗何其沉甸甸，对东北的期盼和嘱托又何其深沉。粮食安全一直是大问题，解决好吃饭问题始终是治国理政的头等大事。

东北三省特别是黑龙江省，作为农业大省和粮食主产区，长期以来为国家粮食安全做出重要贡献，近些年来更是粮食总产量、商品量、调出量都保持全国第一，成为国家粮食安全的"压舱石"，其粮食产量基本稳定在全国份额的20%，肩负着国家粮食安全的重任。在推动高质量发展过程中，东北地区要巩固提升国家商品粮主产区的地位，进一步提升粮食生产能力。根据粮食产量、人均粮食产量、粮食单产作为确定商品粮基地县重点区域的核心指标，参照中央一号文件中重点建设的"800个产粮大县"中东北地区所辖区域，东北地区商品粮基地县域布局如表4-3。

表4-3 东北三省商品粮基地县域空间布局

所属省份	商品粮基地县
黑龙江	富锦、桦川、龙江、依兰、望奎、肇源、肇东、延寿、宝清、双城、青冈、巴彦、五常、兰西、宁安、讷河、海伦、桦南、嫩江、拜泉、密山、宾县、虎林、林甸、肇州、庆安、安达、甘南、尚志
吉林	前郭、公主岭、双辽、农安、长岭、梨树、扶余、榆树、伊通、东丰、大安、德惠、东辽、桦甸、九台、辉南、柳河、舒兰、磐石、永吉、镇赉、洮南
辽宁	阜新蒙古族自治县、昌图、彰武、盘山、康平、法库、黑山、建平、新民、铁岭、台安、大洼、辽中、开原

东北地区是我国农业生态环境和水土资源配置最好的地区之一，资源地域组合优势明显，也是我国粮食增产潜力最大的地区，具有持续保障国家粮食安全的能力。2016年东北地区的粮食总产量约为11629.7万吨，占全国粮食总产量19.3%，即将近1/5的粮食生产由东北地区完成。从具体的粮食作物看，东北地区在大豆和玉米生产中占有突出地位，大豆产量占全国的比重高达44.2%，玉米产量约为7426万吨，占全国的比重约为1/3。此外，稻谷产量为3394万吨，占全国16.4%，在稻谷生产方面占有重要地位。受自然环境等方面的约束，东北地区薯类和小麦的产量较少，占全国的比重分别为6.2%和0.2%。

东北地区的麻类作物产量丰富，尤其是黑龙江省，2016年产量达7万吨，占全国总产量26.9%，其次是辽宁省，产量约为1万吨，占全国3.8%。东北地区的麻类产量合计占全国30.7%，是重要的麻类生产区域。东北地区油料作物、烟叶、蔬菜产量占全国的比重均在4%—5%，甜菜比重约为2.3%，尽管黑龙江省是甜菜的重要种植区，但新疆在甜菜产量中处于绝对优势地位，比重约占全国60%，相比较之下，黑龙江省的甜菜比重较低。此外，东北地区的棉花产量很低，仅辽宁省拥有126吨的棉花产量。综上所述，东北地区在全国粮食生产中占有重要地位，尤其是大豆、玉米和稻谷产量在全国的占比突出。此外，麻类作物产量丰富，其他农产品产量较低。

表4-4 2016年东北地区农产品产量及占全国的比重（万吨、%）

农产品类别		辽宁省		吉林省		黑龙江省		东北三省合计	
		产量	比重	产量	比重	产量	比重	产量	比重
粮食	稻谷	484.6	2.3	654.1	3.2	2255.3	10.9	3394	16.4
	小麦	2.2	0	0.1	0	29	0.2	31.3	0.2
	玉米	1465.6	6.7	2833	12.9	3127.4	14.2	7426	33.8
	大豆	28.2	2.2	39.9	3.1	503.6	38.9	571.7	44.2
	薯类	52.8	1.6	53.1	1.6	100.8	3	206.7	6.2
粮食合计		2033.4	3.4	3580.2	5.9	6016.1	10	11629.7	19.3
油料		81.3	2.2	82.5	2.3	21.7	0.6	185.6	5.1
棉花		0.0126	0.002	0	0	0	0	0.0126	0.002
麻类		0.9968	3.8	0.001	0	7.0436	26.9	8.04	30.7
甜菜		9.4	0.98	1.4	0.15	11.4	1.19	22.2	2.32
烟叶		2.7	1.0	3.97	1.46	5.3	1.95	12.0	4.4
蔬菜		2257.5	2.8	852.4	1.1	936.8	1.2	4046.8	5.1

从粮食生产的地域分布看，东北地区的粮食产量主要分布在黑龙江省，粮食产量超过1000万吨的地级行政单元分别是哈尔滨市、绥化市和齐齐哈尔市，均位于黑龙江省，且三者在地域上相邻。粮食产量超过500万吨的地区共7个，分别是长春市、四平市、松原市、通辽市、佳木斯市、呼伦贝尔市和赤峰市。粮食产量超过100万吨的地区共20个，其余11个地区的粮食产量较少，低于100万吨。综上，东北地区的粮食生产呈现中间多、周边少的特点，中北部是粮食生产的重要地区，尤其是集中连片的齐齐哈尔市、绥化市和哈尔滨市。

粮食生产具体包括水稻、小麦、玉米、大豆和薯类，而由上文分析可

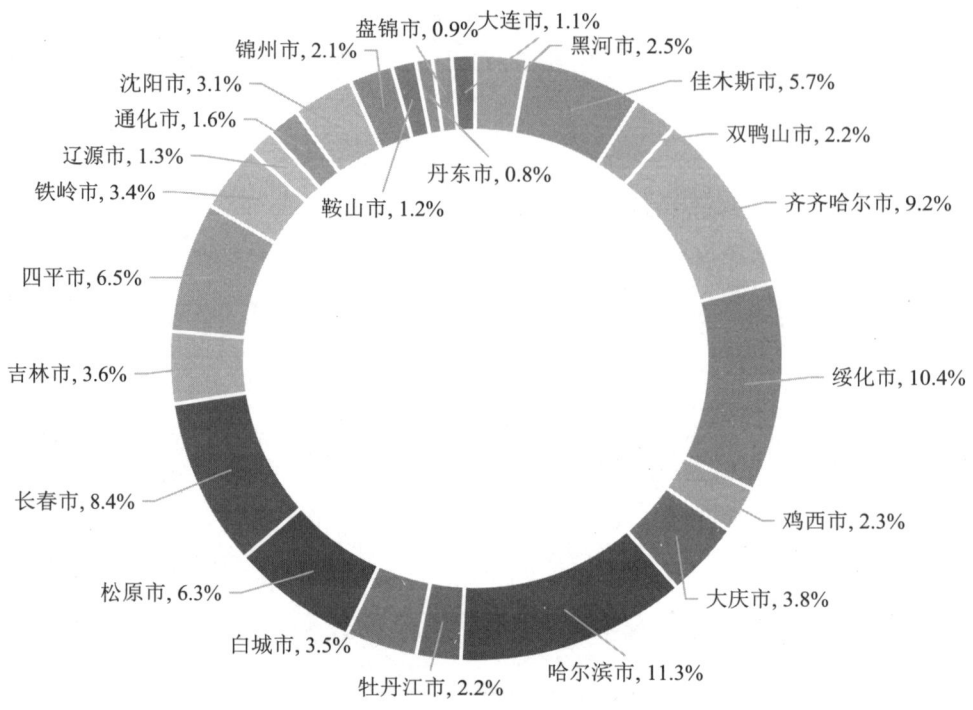

图 4-6 东北地区粮食产量的空间分布

知,东北地区的水稻、玉米和大豆生产在全国占有突出地位,因此进一步分析三种粮食作物在东北地区的空间分布,可以抽丝剥茧,更加清晰地明确东北地区的粮食作物生产情况。

水稻的生长环境决定了在东北地区的空间分布格局。东北地区属温带大陆性季风气候,雨热同季,丰富的自然资源和良好的生态环境为东北水稻种植业发展提供有力支撑。从水稻产量的省区分布看,黑龙江省占据绝对优势地位,产量占全国 10.9%,约占东北地区 2/3,具体可以划分为 4 个水稻生产区,一是松嫩平原稻区,包含齐齐哈尔、大庆、绥化 3 个地区的 25 个县市,二是中部平原及牡丹江流域稻区,包括哈尔滨、牡丹江两个行政区域,涉及 20 个县市,该区域气候条件较好,降水量多,水资源丰富,是黑龙江省最适宜水稻种植的地区,三是三江平原稻区,包括鹤岗、佳木斯、双鸭山、七台河、鸡西五个行政区域,涉及 21 个县市,地势平坦,土壤肥沃,水热条件较好,适宜种植和发展水稻,四是大小兴安岭山区,包括大兴安岭、黑河、伊春3个地区，涉及14个县市，该区域受热量资源制约，不适宜大面积种植和发展水稻。吉林省2016年的水稻产量为654万吨，占东北地区19.3%。吉林省的水稻种植区分布在长春、吉林、通化、白城、松原、延边等地区的松花江、辉发河、饮马河、嫩江、鸭绿江、图们江等流域，主要优质粳米生产基地有4个，一是松花江流域优质粳米基地，包括九台、德惠、永吉、舒兰等县市，二是东辽河优质粳米基地，位于吉林省南部，松辽平原腹地，包括公主岭、梨树、双辽、伊通等县市，三是大柳河流域优质粳米基地，包括梅河口、辉南、柳河等县市，四是图们江流域优质粳米基地，包括龙井市、和龙市、敦化市等。辽宁省的水稻产量为484.6万吨，共分为辽河平原、东南沿海、辽东冷凉山区和辽西低山丘陵4个稻区，其中辽河平原稻区水稻面积最大，约700.1万亩，单产水平较高，在500千克/亩以上。

从水稻产量的地级行政单元分布看，哈尔滨市的产量约为395万吨，居第一位，佳木斯市、绥化市、齐齐哈尔市分别居第2至第4位，产量超

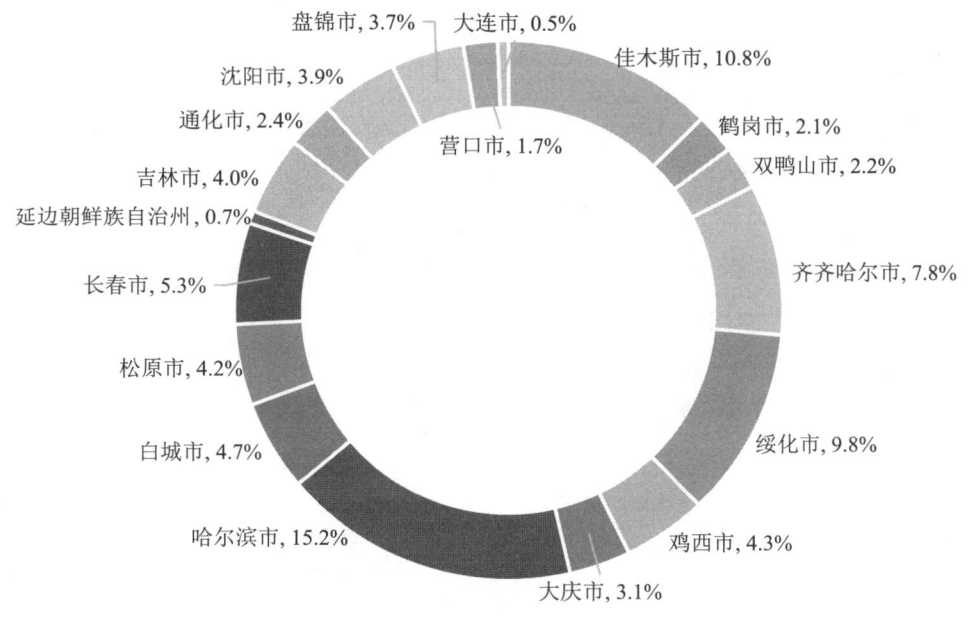

图4-7 东北地区水稻产量的空间分布

过 200 万吨，长春市、白城市、鸡西市、松原市、吉林市和沈阳市的产量超过 100 万吨，其余地级市的产量相对较少。此外，值得注意的是，黑龙江省农垦总局为独立统计单位，水稻产量为 1336.8 万吨。农垦总局地处小兴安岭山麓、松嫩平原和三江平原地区，是世界著名的三大黑土带之一，下辖 113 个农牧场，分布在黑龙江省的 12 个市，无法细分到各地市，因此在空间分布图上无法体现。综上所述，东北地区的水稻种植主要分布在中部地区，具体包括辽宁省的辽河中下游平原、吉林省的东部山间盆地、黑龙江省牡丹江半山区谷地平原及三江平原等地，内蒙古自治区东部由于自然条件差异，不适合水稻种植。

玉米是东北地区最主要的粮食作物，产量占粮食总产量 64%。同时，东北地区也是全国最重要的玉米产区，玉米产量约占全国 1/3。从东北地区玉米产量的省内结构看，黑龙江省产量最多，其次是吉林省，辽宁省产量最少，三者分别为 3127 万吨、2833 万吨和 1466 万吨，在东北地区的比重分别为 42%、38% 和 20%。从玉米生产的地市分布看，鞍山市产量最多，达 1107.5 万吨，绥化市、哈尔滨市、长春市的玉米产量超过 800 万吨，四

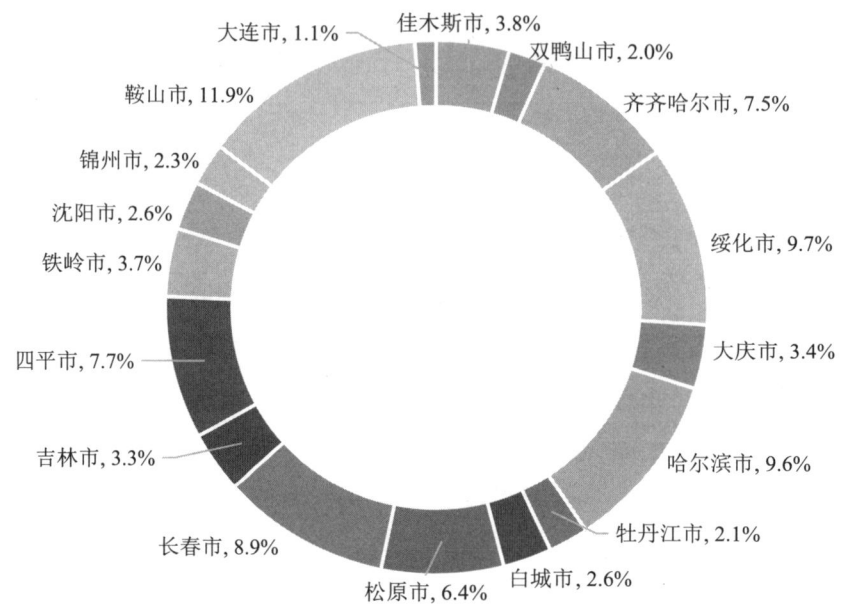

图 4-8 东北地区玉米产量的空间分布

平市、齐齐哈尔市、通辽市、松原市的玉米产量超过 500 万吨，是东北地区最主要的玉米生产区域。锡林郭勒盟、大兴安岭地区受土地条件等方面限制，玉米产量仅 3 万吨。作为东北地区最主要的粮食作物，玉米产量的空间分布与粮食产量的空间分布呈现高度的相似性，空间上均主要分布在东北地区的中北部，尤其是集中连片的哈尔滨市、绥化市、长春市等地区。

东北地区是我国历史悠久和规模集中的大豆种植区，商品率高、商品量大，其产量在全国所占比重高达 44.2%，对我国大豆产业具有举足轻重的影响，在东北地区的产业结构中也占有重要地位。黑龙江省在大豆生产中占有绝对优势地位，产量高达 503.6 万吨，占东北地区 88%，吉林省和辽宁省的大豆产量分别为 33.9 万吨和 28.2 万吨，与黑龙江省相比差距很大。具体来看，大豆产量最多的地级市是黑河市，产量高达 148.6 万吨，其次是呼伦贝尔市，约为 103 万吨，齐齐哈尔市、绥化市的大豆产量高于 50 万吨，牡丹江市、佳木斯市、哈尔滨市、伊春市的产量高于 20 万吨，其余地区产量较少。大豆产量较多的地级市均位于黑龙江省和内蒙古自治

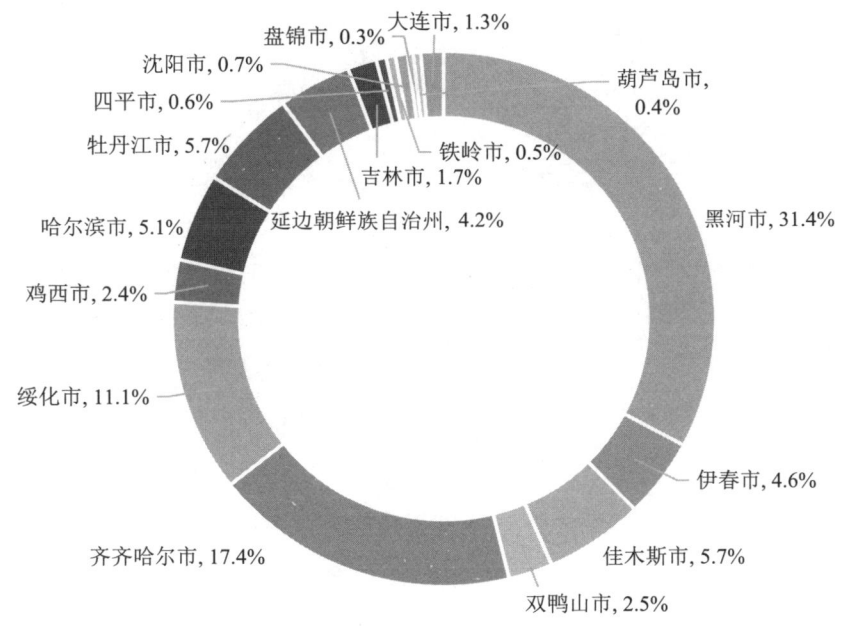

图 4-9　东北地区大豆产量的空间分布

区。整体来看，大豆生产的空间分布与其他粮食作物差异较大，主要分布在东北地区北部，包括黑龙江省的松嫩平原、三江平原和内蒙古的东部地区。

麻类是我国重要的特色经济作物，主要包括亚麻、苎麻、黄麻、剑麻和大麻等。东北地区是我国重要的亚麻生产区，2016年的产量约为206.7万吨，占全国30.7%。由于麻类适宜产区分布在北纬45°—55°，因此，麻类生产在东北地区呈现显著的空间分异，88%的产量位于黑龙江省。吉林省产量仅有10万吨，辽宁省产量约为1万吨，占东北地区12%。具体到地级行政单元的麻类生产看，共有12个地市从事麻类生产，占东北所有地市28%，辽宁省仅有两个地市生产麻类，分别为阜新市和沈阳市，其余麻类均分布于黑龙江省各地市。其中，黑河市是最大的麻类生产区，麻类产量高达4万吨，远高于其他地区。位居第二位的辽宁省阜新市，产量约为8141吨，大庆市、大兴安岭地区、齐齐哈尔市、绥化市、沈阳市的麻类产量超过1000吨，其他地区产量很少。综上所述，东北地区的麻类生产主要位于黑龙江省西部地区。

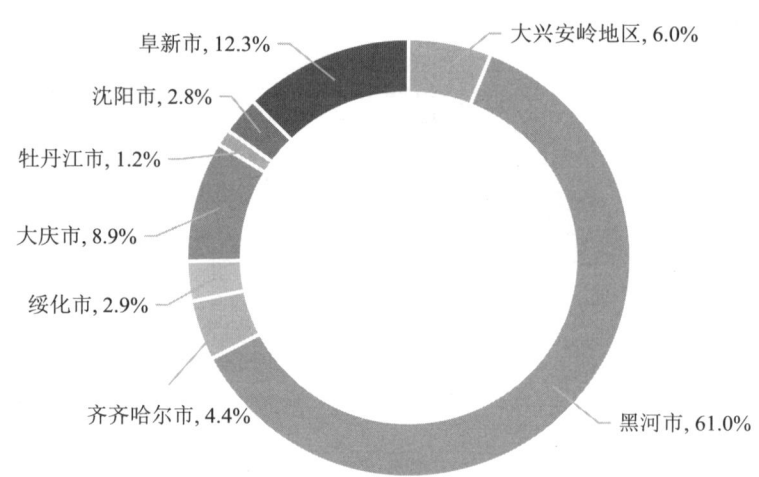

图4-10 东北地区麻类产量的空间分布

东北地区木材加工行业的区位商为2.02，具有一定的竞争优势。主要分布于东北地区东部，尤其是沈阳市和牡丹江市，比重均超过10%，松原市、延边朝鲜族自治州的比重超过9%，抚顺市和白山市的比重超过8%，以上6个地市的比重合计约为58.2%，是该行业的主要分布区域。从区县分布看，松原扶余市、牡丹江穆棱市是木材加工和木、竹、藤、棕、草制品业产值最高的区县，占东北地区的比重分别为6.6%和5.3%，白山市抚松县、呼伦贝尔满洲里市、延边朝鲜族自治州敦化市、沈阳市法库县和于洪区的比重超过3%，以上7个区县的比重合计约为30.7%。

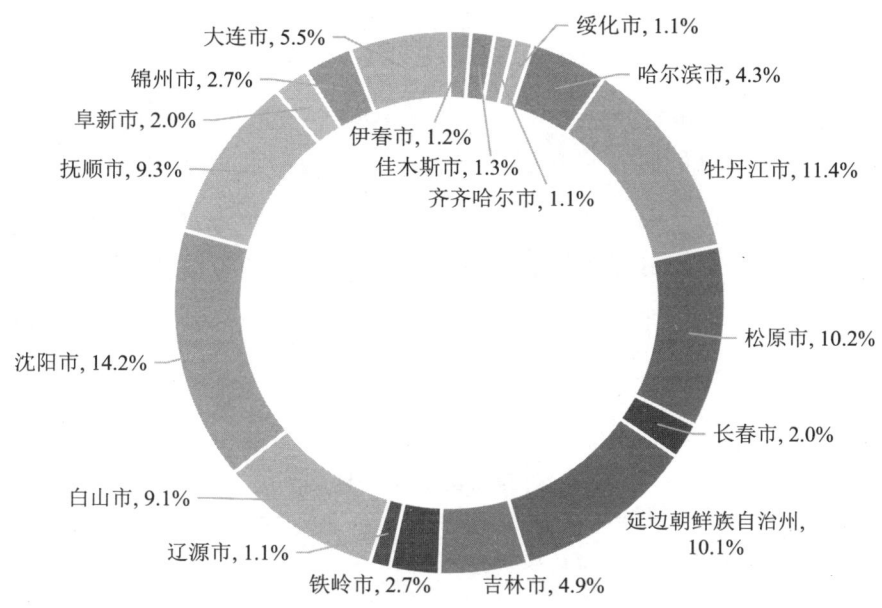

图4-11 东北地区木材加工和木、竹、藤、棕、草制品业的地市及县区产值分布

筑牢国家粮食安全"压舱石"，争当农业现代化建设排头兵，是习近平总书记对东北地区的要求。保证"中国饭碗"任何时候都要牢牢端在自己的手上，是东北地区的使命。要充分发挥农业这个得天独厚的优势，打好"压舱石""排头兵"这张"王牌"，为"中国粮食！中国饭碗！"提供最坚实的保障。

二、生态安全

东北地区是我国北方的生态屏障，森林、草原、湿地、冰雪、农业资源在全国独具特色，生态环境优越，是中国重要的冰雪旅游和避暑度假旅游目的地。该地区与俄罗斯远东及西伯利亚地区、朝鲜、蒙古、韩国、日本等毗邻，是连接东北亚与欧洲的重要通道，边境口岸和城市众多，界江界河魅力独特，跨境旅游潜力巨大，是环中国边境旅游带的重要地区。东北地区文化特色鲜明，独特地域和环境造就了特色鲜明的东北黑土文化。

东北地区是我国最大的林区，森林面积占全国森林面积1/3左右，有15个森林生态系统自然保护区，140个国家森林公园，占全国森林公园总数17.7%。东北地区是我国内陆湿地的主要分布区，湿地生态系统在全国湿地系统中占据重要地位。在东北地区的44个国家级自然保护区中，有11个为内陆湿地生态型自然保护区。东北蒙东地区包含了内蒙古草原1/2的面积和我国最好的草原区，是我国发展草原生态旅游潜力最大的区域。东北地区生态旅游资源丰富，分布广泛，类型多样，十分适宜在保护的基础上进行合理开发。同时利用东北地区独特的气候资源，发展面向避暑度假市场的生态旅游产品，重点发展东北草原、森林、平原湿地等生态旅游产品体系。

表4-5 东北地区国家森林公园

地区	数量	名称
黑龙江	58	牡丹峰国家森林公园、火山口国家森林公园、大亮子河国家森林公园、乌龙公家森林公园、哈尔滨国家森林公园、街津山国家森林公园、齐齐哈尔国家森林公园、北极村国家森林公园、长寿国家森林公园、大庆国家森林公园、一面坡国家森林公园、龙凤国家森林公园、金泉国家森林公园、乌苏里江国家森林公园、驿马山国家森林公园、三道关国家森林公园、绥芬河国家森林公园、五顶山国家森林公园、茅兰沟国家森林公园、龙江三峡国家森林公园、鹤岗国家森林公园、勃利国家森林公园、丹清河国家森林公园、石龙山国家森林公园、望龙山国家森林公园、胜山要塞国家森林公园、五大连池国家森林公园、完达山国家森林公园、金龙山国家森林公园、呼兰国家森林公园、伊春兴安岭国家森林公园、长寿山国家森林公园、威虎山国家森林公园、五营国家森林公园、亚布力国家森林公园、桃山国家森林公园、日月峡国家森林公园、八里湾国家森林公园、乌马河国家森林公园、凤凰山国家森林公园、兴隆国家森林公园、雪乡国家森林公园、青山国家森林公园、大沾河国家森林公园、回龙湾国家森林公园、金山国家森林公园、小兴安岭石林国家森林公园、方正龙山国家森林公园、溪水国家森林公园、镜泊湖国家森林公园、六峰山国家森林公园、夹皮沟国家森林公园、珍宝岛国家森林公园、红松林国家森林公园、七星峰国家森林公园、仙翁山国家森林公园、呼中国家森林公园、加格达奇国家森林公园

续表

地区	数量	名称
吉林	33	净月潭国家森林公园、吊水壶国家森林公园、玉女峰国家森林公园、石湖国家森林公园、三角龙湾国家森林公园、白鸡腰国家森林公园、三仙夹国家森林公园、帽儿山国家森林公园、半拉山国家森林公园、大安国家森林公园、白山市国家森林公园、花山国家森林公园、图们江国家森林公园、干饭盆国家森林公园、红石国家森林公园、龙湾群国家森林公园、露水河国家森林公园、拉法山国家森林公园、五女峰国家森林公园、寒葱顶国家森林公园、满天星国家森林公园、松花湖国家森林公园、长白山国家森林公园、图们江源国家森林公园、仙峰国家森林公园、兰家大峡谷国家森林公园、长白山北坡国家森林公园、泉阳泉国家森林公园、白石山国家森林公园、松江河国家森林公园、三岔子国家森林公园、临江瀑布群国家森林公园、湾沟国家森林公园
辽宁	29	旅顺口国家森林公园、海棠山国家森林公园、大孤山国家森林公园、首山国家森林公园、凤凰山国家森林公园、桓仁国家森林公园、本溪国家森林公园、陨石山国家森林公园、盖县国家森林公园、元帅林国家森林公园、仙人洞国家森林公园、大连大赫山国家森林公园、长山群岛国家海岛森林公园、普兰店国家森林公园、大黑山国家森林公园、沈阳国家森林公园、猴石国家森林公园、本溪环城国家森林公园、冰砬山国家森林公园、金龙寺国家森林公园、千山仙人台国家森林公园、清原红河谷国家森林公园、大连天门山国家森林公园、三块石国家森林公园、章古台沙地国家森林公园、大连银石滩国家森林公园、大连西郊国家森林公园、医巫闾山国家森林公园、和睦国家森林公园
蒙东	20	红山国家森林公园、马鞍山国家森林公园、海拉尔国家森林公园、兴隆国家森林公园、旺业甸国家森林公园、好森沟国家森林公园、桦木沟国家森林公园、喇嘛山国家森林公园、红花尔基樟子松国家森林公园、察尔森国家森林公园、阿尔山国家森林公园、达尔滨湖国家森林公园、莫尔道戈国家森林公园、黄岗梁国家森林公园、滦河源国家森林公园、宝格达乌拉国家森林公园、伊克萨玛国家森林公园、乌尔旗汉国家森林公园、绰源国家森林公园、阿里河国家森林公园

表4-6 蒙东地区已开发的重要草原旅游区

地区	位置	开发的草原旅游区
通辽市	科尔沁左翼中旗	珠日河草原
	扎鲁特旗	山地草原旅游区
赤峰市	克什克腾旗	乌兰布统草原
	克什克腾旗	贡格尔草原
	巴林右旗	巴彦塔拉草原旅游区

续表

地区	位置	开发的草原旅游区
呼伦贝尔市	陈巴尔虎旗	呼和诺尔草原
	鄂温克旗	巴彦呼硕草原
锡林郭勒盟	锡林浩特市北	白音锡勒草原等
	西乌珠穆沁旗	巴彦乌拉草原
	正蓝旗	忽必烈夏宫草原
	太仆寺旗	贡宝拉格草原
兴安盟	科尔沁右翼前旗	乌兰毛都草原

冰雪旅游资源。东北地区是我国纬度最高、气候最寒冷、雪期最长、积雪最厚的地区。特殊的地理和气候环境给予了东北地区丰富的冰雪资源，为冰雪旅游的开发提供了良好的环境条件。冰雪旅游是东北旅游业中具有明显比较优势、经济效益最为显著、产业关联度最大的产业门类，也是我国为数不多的具备国际竞争力的冰雪度假旅游目的地。

表4-7 东北地区主要滑雪场

省份	滑雪场名称	城市	等级
黑龙江省	亚布力风车山庄滑雪场	哈尔滨	SSS
	吉华长寿山滑雪场	哈尔滨	SSS
	龙珠二龙山滑雪场	哈尔滨	SSS
	华天乌吉密滑雪场	哈尔滨	SSS
	平山神鹿滑雪场	哈尔滨	SSS
	铁力日月峡滑雪场	伊春	SSS
	卧佛山滑雪场	佳木斯	SSS
	黑河龙珠远东国际滑雪场/卧牛湖滑雪场	黑河	SSS
	哈尔滨名都滑雪场	哈尔滨	SS
	欧亚之窗滑雪场	哈尔滨	SS
	玉泉国际狩猎滑雪场	哈尔滨	SS

续表

省份	滑雪场名称	城市	等级
	玉泉威虎山森林公园滑雪场	哈尔滨	SS
	梅花山滑雪场	伊春	SS
	牡丹峰滑雪场	牡丹江	SS
吉林省	松花湖滑雪场	吉林	SSS
	长白山滑雪场	吉林	SSS
	净月潭滑雪场	长春	SSS
	北大湖滑雪场	吉林	SSS
	莲花山滑雪场	长春	SSS
	北山冰雪大世界	吉林	SS
辽宁省	东北亚滑雪场	沈阳	SSS
	大连林海滑雪度假村	大连	SS
蒙东	阿尔山滑雪场	阿尔山市	SSS
	凤凰山滑雪场	呼伦贝尔市	SS
阿尔山	蒙古国	公路	开展边境观光旅游
黑山头	俄罗斯	公路	开展界河水上观光旅游

三、能源安全

东北地区是我国重要的石油、天然气产地，也是重要的矿产资源产地，大庆油田是我国最大的陆上油田。东北地区的采矿业区位商高达6.18，是东北地区最具竞争力的产业。中俄东线石油管道、中俄东线天然气管道也均从东北地区入境，年输油量3000万吨，年输气量380万立方米。

东北地区开采辅助活动的区位商为2.7，在全国具有较强的竞争力。该工业门类分布于东北地区的9个地市，分别是盘锦市、大庆市、松原市、绥化市、长春市、沈阳市、通化市、四平市和鞍山市。其中，盘锦市和大庆市的开采辅助活动在东北地区具有突出地位，比重均超过30%，分别为34.1%

和33.3%。松原市和绥化市的比重均超过10%,各为13.1%和11.3%。以上4个地级市的开采辅助活动占东北地区的比重合计高达91.8%。从区县分布看,共17个区县拥有该工业门类,其中盘锦兴隆台区占东北地区的比重最高,达34.1%,其次是大庆肇州县,比重为26.5%,松原宁江区和绥化肇东市的比重分别为10%和8.8%,以上4个区县的比重合计为79.5%,其余区县的比重均低于5%。

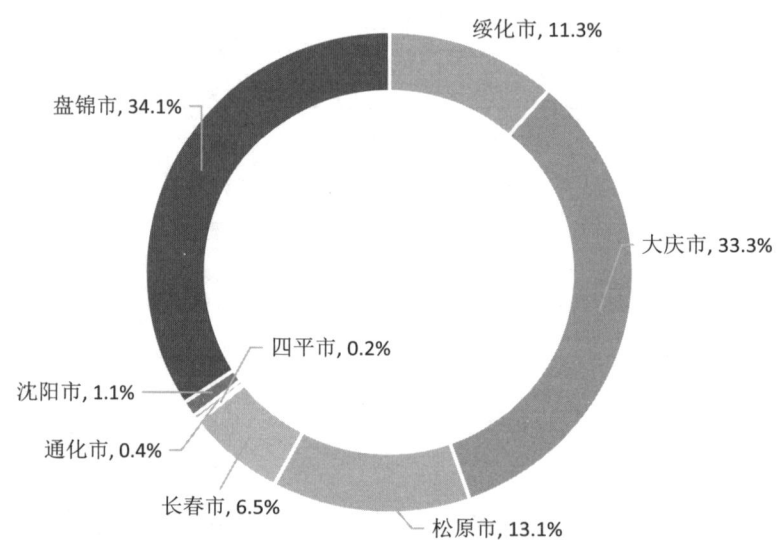

图4-12 东北地区开采辅助活动的地市产值分布

东北地区石油和天然气开采业的区位商为2.6,是重要的主导产业。石油和天然气开采业共分布在东北地区12个地市,呈现高度集聚特征。其中大庆市具有绝对优势地位,其产值占东北地区石油和天然气开采业总产值68.1%,其次是盘锦市和松原市,比重分别为13.3%和9.0%。大庆市、盘锦市、松原市3个地市的比重合计占90.4%。具体来看,大庆市的石油和天然气开采业主要分布于让胡路区,盘锦市则分布于兴隆台区,松原市的石油和天然气开采主要位于宁江区。以上三个区的比重合计占89.9%。

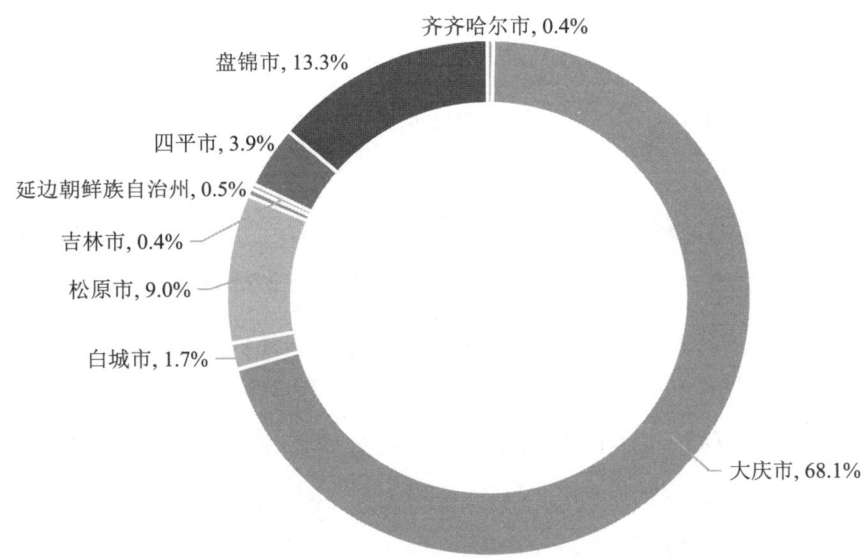

图 4-13 东北地区石油和天然气开采业的地市产值分布

东北地区黑色金属矿采选业的区位商为 2.54，占东北地区工业总产值 2.4%。该工业门类主要分布于辽宁省。朝阳市、辽阳市是黑色金属矿采选业最发达的地市，其产值比重各占整个东北地区 19.6%，本溪市紧随其后，比重约为 15.2%，其次是抚顺市和鞍山市，比重超过 5%，以上 5 个市的

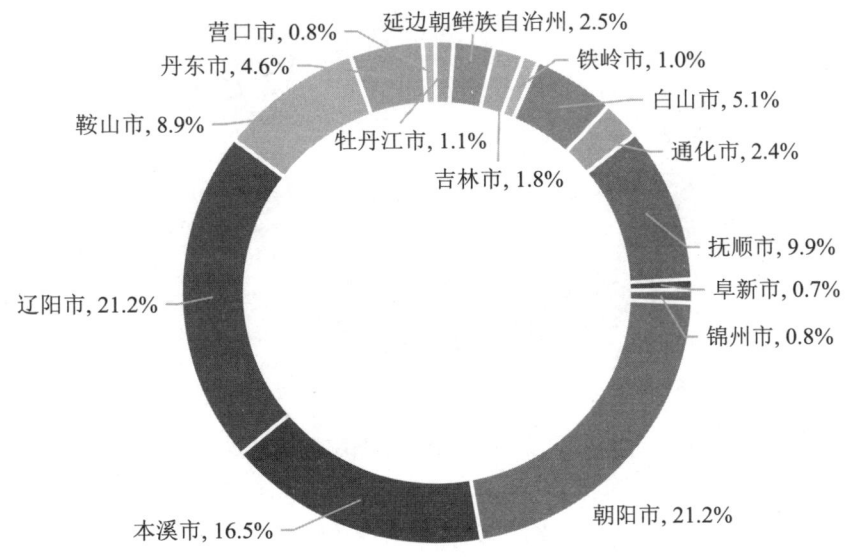

图 4-14 东北地区黑色金属矿采选业的地市产值分布

比重合计为71.8%。从区县分布看，辽阳灯塔市是最主要的产区，其产值占东北地区12.2%，朝阳北票市、辽阳市辽阳县、抚顺市抚顺县的比重超过5%，朝阳市朝阳县、本溪平山区的比重超过4%。以上6个县（市、区）的比重合计约占40%。

东北地区有色金属采矿业的区位商为2.25，在全国范围内具有较强的竞争优势。该行业主要分布于西南部即内蒙古东北部地区。从地市分布看，赤峰市占有绝对优势地位，其境内的有色金属矿采选业产值占整个东北地区56.5%。呼伦贝尔市位居第二位，比重为13.3%，二者比重合计约为70%。从区县分布看，赤峰市松山区是有色金属矿采选业最发达的地区，其比重占整个东北地区27.9%，其次是呼伦贝尔市新巴尔虎右旗，比重为11.6%，赤峰市翁牛特旗、赤峰市克什克腾旗的比重分别为8.2%和7.8%，以上4个区、旗的比重合计约为55.5%，是东北地区有色金属矿采选业的主要分布区域。

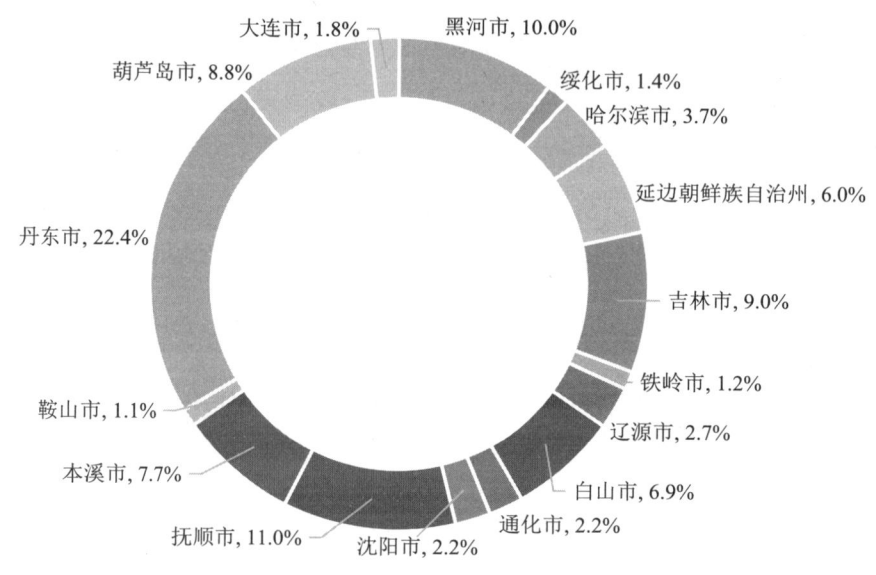

图4-15 东北地区有色金属矿采选业的地市产值分布

东北地区非金属矿采选业的区位商为1.83，具有一定的竞争优势。该行业主要分布于东北地区东南部地区。沈阳市、通辽市的非金属矿采选业产值占整个东北地区的比重分别为 12.1% 和 10.5%，其次是锦州市，比重为 9.2%。鞍山市、吉林市和赤峰市的比重超过 5%，以上地区的比重合计约为 51.1%，其余地区的比重较小。从区县分布看，沈阳法库县是非金属矿采选业最发达的区县，比重达 9.3%，鞍山海城市和通辽市奈曼旗的比重超过 5%，锦州市黑山县、吉林磐石市、赤峰市宁城县、通辽市扎鲁特旗和锦州市义县的比重超过 3%，以上 8 个县（市、旗）的比重合计约为 37.5%，是东北地区非金属矿采选业的主要分布区域。

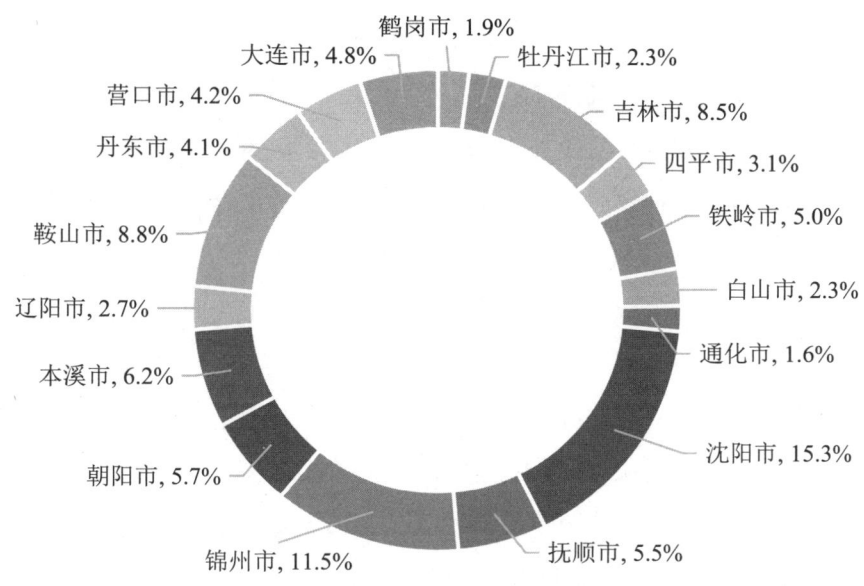

图 4-16　东北地区非金属矿采选业的地市产值分布

四、产业安全

习近平总书记在东北地区考察时强调，装备制造业是国之重器，是实体经济的重要组成部分。国家要提高竞争力，要靠实体经济。制造业特别是装备制造业高质量发展是我国经济高质量发展的重中之重，是一个现代化大国必不可少的。深刻指出了制造业之于实体经济、实体经济之于经济发展的内在关系，对东北地区经济高质量发展具有极强的针对性和指导性，对实现全面振兴、全方位振兴具有重大的现实意义。

实体经济是国民经济的基石，制造业是实体经济的主体。发展实体经济，必须抓好制造业。东北地区在产业基础、资源、科技、人才等方面具有一定的比较优势，尤其是在装备制造业方面承继着"共和国长子"最优良的基因和血脉，同时也肩负着保障国家产业安全的神圣使命。电力装备、燃气轮机、重型数控机床等领域在全国都占有重要地位，在机器人、航空航天、舰船动力、海工配套装备等领域，实力也充分展现。在信息技术、科技革命与制造业融合发展新时代，要抓住全球制造业转型升级和我国经济转型的机遇，推动实现互联网、大数据、人工智能与制造业的深度融合，依靠创新把装备制造业做实、做强、做优，以装备制造业这个龙头，带动制造业跃上一个新台阶。

从全国层面分析，东北地区具有一定竞争力的行业包括非金属矿采选业，汽车制造业，石油加工、炼焦和核燃料加工业，医药制造业，通用设备制造业，非金属矿物制品业，食品加工业，专用设备制造业，酒、饮料和精制茶制造业，黑色金属冶炼和压延加工业。以上10个行业的区位商介于1—2。以超过整个工业产值5%的比重作为确定支柱产业的指标，则东北地区的支柱产业包括农副食品加工业（12.8%），汽车制造业（9.7%），黑色金属冶炼和压延加工业（7.5%），非金属矿物制品业（6.8%），石油加工、炼焦和核燃料加工业（6.5%），化学原料和化学制品制造业（6.2%），通用设备制造业（5.7%）。支柱产业中除化学原料和化学制品制造业外，其余产业均属于具有竞争力的主导产业。

东北地区的支柱产业和产业竞争力仍然集中在资源密集型产业和装备制造业，资源依赖型产业竞争力优势突出，计算机、通信和其他电子设备制造业，仪器仪表制造业等高新技术型工业发展较弱，由此带来产业可持续性发展与产业升级矛盾突出。将东北地区的主要产业划分为三种类型，其一为在全国具有一定地位的优势产业，同时也是东北地区的支柱产业，包括农副食品加工业，汽车制造业，黑色金属冶炼和压延加工业，非金属矿物制品业，石油加工、炼焦和核燃料加工业，通用设备制造业，共6个行业。其二为尽管不是东北地区的支柱产业，但在全国具有一定地位的优势产业，共12个行业，包括其他采矿业，开采辅助活动，石油和天然气开采业，黑色金属矿采选业，金属制品、机械和设备修理业，有色金属矿采选业，木材加工和木、竹、藤、棕、草制品业，非金属矿采选业，医药制造业，食品制造业，专用设备制造业，酒、饮料和精制茶制造业。其三为东北地区的支柱产业，但在全国不具有优势地位，包括化学原料和化学制品制造业。

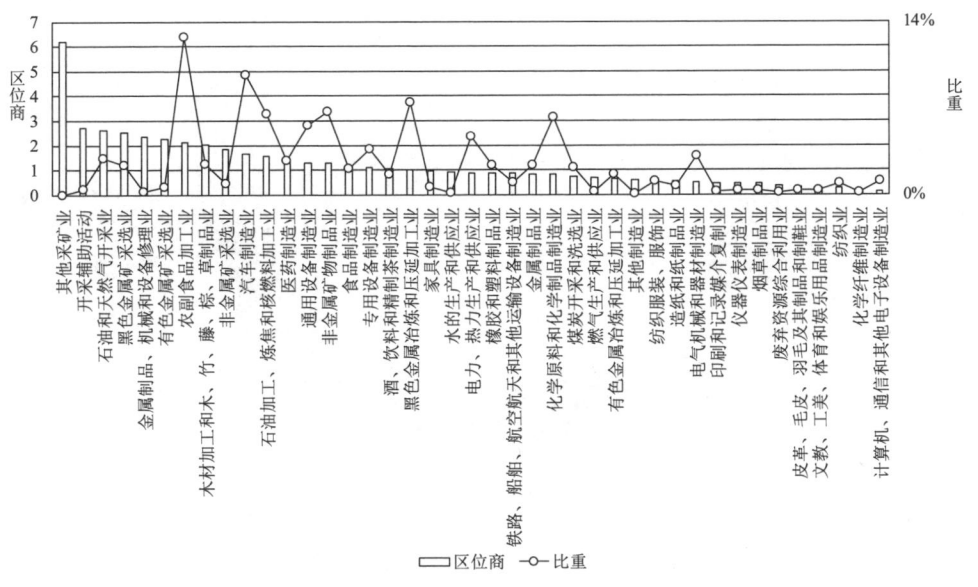

图4-17 东北地区产业区位商及比重

东北地区农副食品加工业的区位商为2.1，在全国具有显著优势，同时，农副食品加工业占东北地区工业总产值12.8%，是东北地区占比最大的工业门类。从地市分布来看，东北地区农副食品加工业主要分布在沈阳市、大连市、长春市和哈尔滨市，其中沈阳市、大连市的产值各占东北地区11.3%和10.6%，长春市和哈尔滨市比重约为9.7%和8.6%，四个地市合计约占40%。从县区分布看，长春宽城区和大连庄河市的农副产品加工业占东北地区的比重超过5%，哈尔滨南岗区和沈阳沈北新区比重超过3%，通辽科尔沁区、沈阳辽中区的比重超过2%，长春绿园区、大连瓦房店市、哈尔滨五常市、大连普兰店区、沈阳新民市、双鸭山集贤县等 6 个区县的比重超过 1.5%，以上 12 个区县占东北地区的比重合计约为 32.3%。

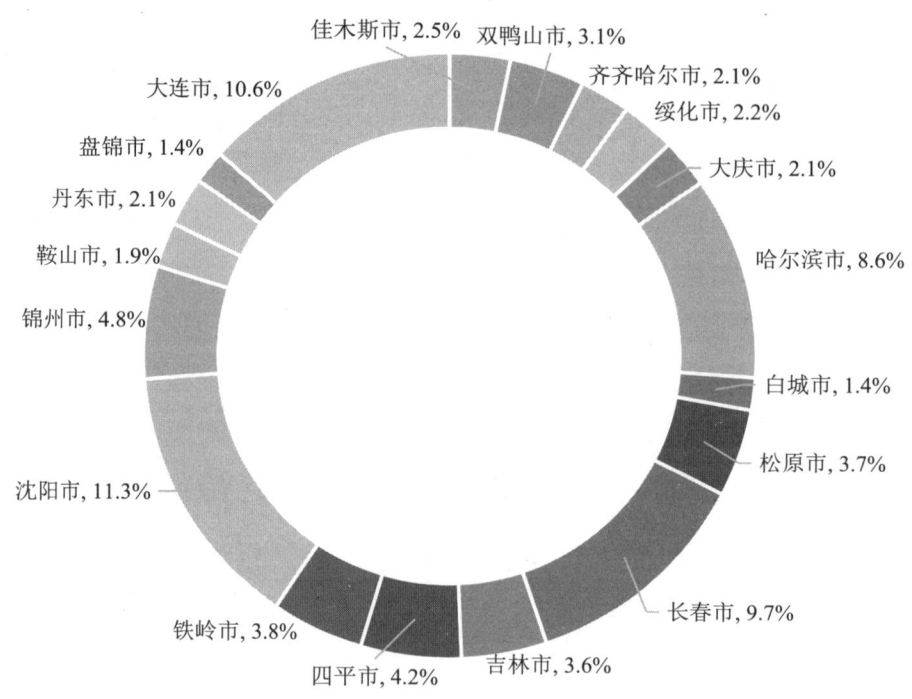

图 4-18 东北地区农副食品加工业的地市产值分布

汽车制造业的区位商为 1.64，占东北地区工业总产值 9.7%，是东北地区重要的支柱产业和传统优势产业。长春一汽的发展使长春市在汽车制造方面占有绝对优势，长春市的汽车制造业产值占东北地区 61.3%，其次是沈阳市，比重约为 21.6%，二者合计占 82.9%。从区县分布看，长春绿园区是最主要的汽车制造区，占东北地区的比重高达 47.4%，沈阳大东区的比重为 15.2%，长春朝阳区、大连金普新区、长春二道区、长春南关区的比重分别为 6.8%、3.5%、3.4% 和 3.3%，以上 6 个区县的比重合计为 79.7%，其余区县的汽车制造业产值较低。

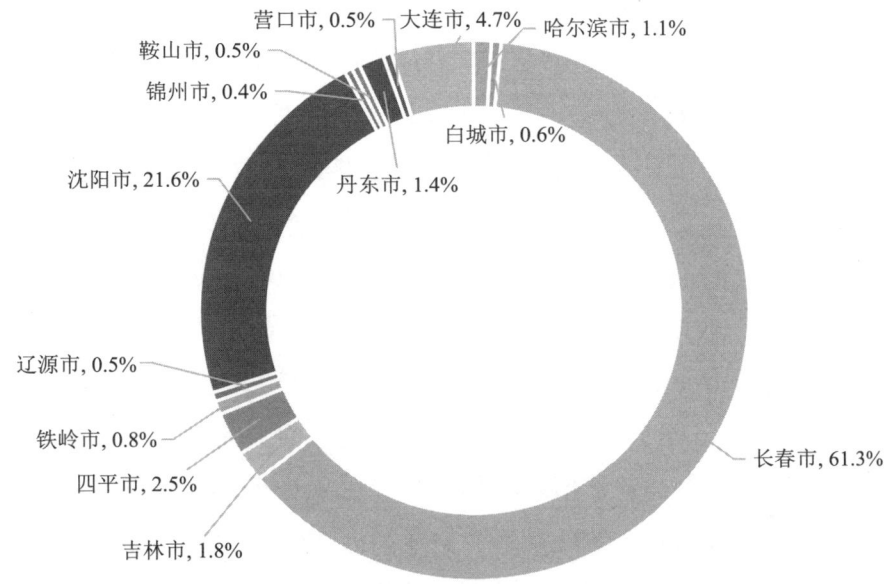

图 4-19　东北地区汽车制造业的地市产值分布

黑色金属冶炼和压延加工业的区位商为 1.02，在全国具有一定的竞争力，占东北地区工业产值的比重为 7.5%，是重要的支柱产业。黑色金属冶炼和压延加工业主要分布在东北地区南部，本溪市和鞍山市的比重分别

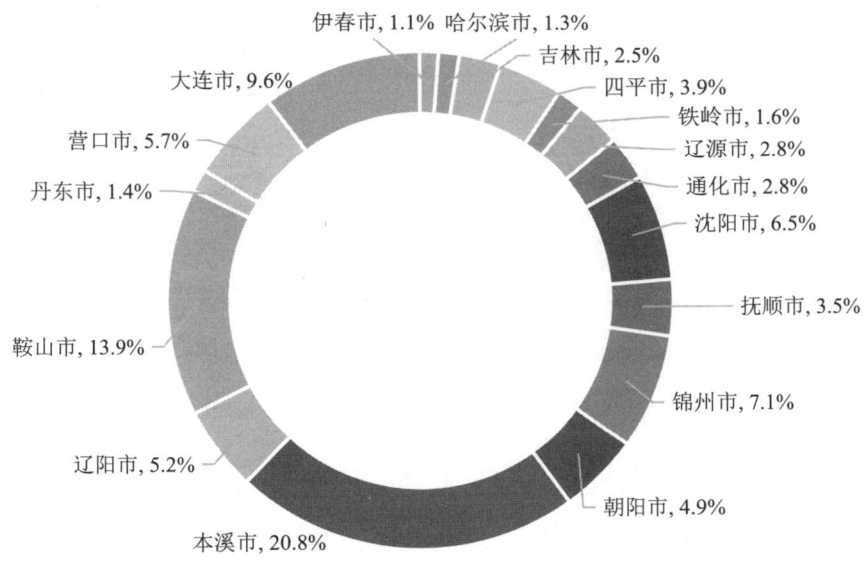

图 4-20　东北地区黑色金属冶炼和压延加工业的地市产值分布

为 20.1% 和 13.5%，大连市、锦州市、沈阳市、营口市、辽阳市的比重高于 5%。以上 7 个地市均位于辽宁省，合计占比 66.6%。从区县分布看，本溪平山区比重最高，为 17.9%，其次是鞍山铁西区，占比为 10.5%，锦州凌海市、辽阳市辽阳县、大连金普新区、四平铁西区的比重超过 3%。以上 6 个区县占比合计为 43.6%。

非金属矿物制品业的区位商为 1.27，在全国具有一定竞争优势，其比重占东北地区工业总产值 6.8%。非金属矿物制品业主要分布于吉林省和辽宁省。从地市分布看，沈阳市、鞍山市和营口市的比重超过 10%，长春市、大连市比重超过 5%，以上 5 个地市的比重合计占 50.1%。营口大石桥市是非金属矿物制品业产值最高的区县，占东北地区的比重约为 7.5%，鞍山海城市和长春二道区紧随其后，比重均为 7.4%，沈阳法库县的比重为 6.1%，鞍山岫岩满族自治县、大连瓦房店市、锦州凌海市和通辽科尔沁区的比重超过 1.5%，以上 8 个县（市、区）的比重合计约为 36.8%。

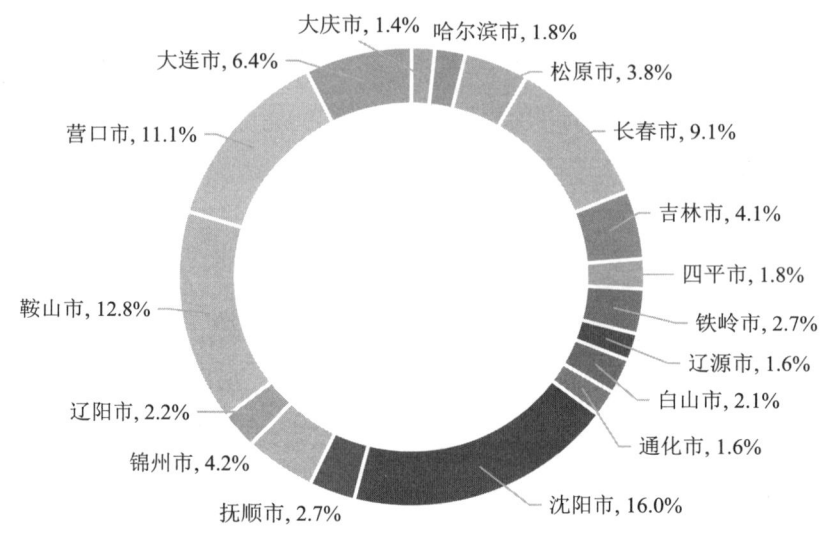

图 4-21　东北地区非金属矿物制品业的地市产值分布

石油加工、炼焦和核燃料加工业的区位商为 1.59，占东北地区工业总产值 6.5%。该行业主要分布于黑龙江省和辽宁省，从地市分布看，大连市和盘锦市的比重分别为 24.0% 和 21.1%，其次是大庆市，比重为

17.7%，抚顺市和锦州市的比重分别为 9.5% 和 6.9%，以上 5 个地市处于绝对优势地位，比重合计为 79.1%。大连甘井子区是石油加工、炼焦和核燃料加工业最发达的区县，其比重高达 15.2%，抚顺东洲区、佳木斯东风区、大连金普新区、大庆让胡路区的比重超过 8%，盘锦双台子区、盘锦兴隆台区、锦州古塔区和盘锦大洼县的比重超过 5%，以上 9 个区县的比重合计约为 75%。

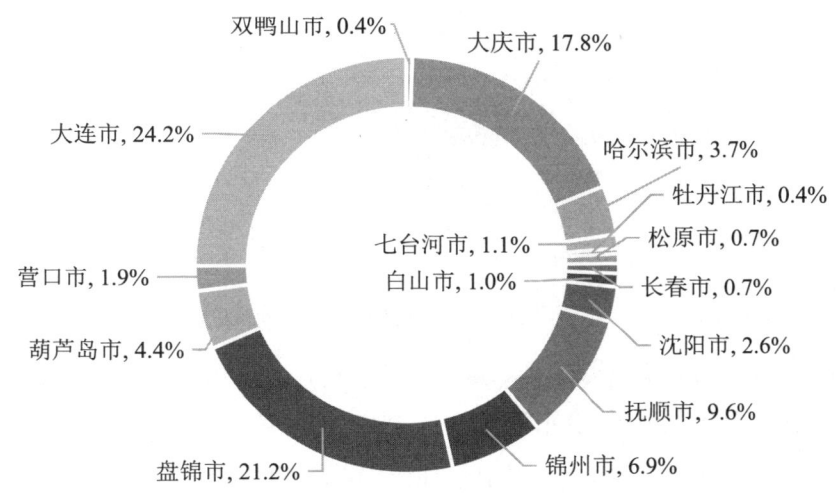

图 4-22 东北地区石油加工、炼焦和核燃料加工业的地市产值分布

通用设备制造业的区位商为 1.29，在东北地区的比重为 5.7%，是重要的支柱产业和主导产业。通用设备制造业主要分布于哈尔滨—长春—大连沿线，从地市分布看，大连市和沈阳市处于绝对优势地位，在东北地区的比重分别为 34.2% 和 27.7%，其次是铁岭市、哈尔滨市、营口市和抚顺市，比重超过 2%，以上 6 个地市的比重合计为 80%。大连瓦房店市是通用设备制造业最发达的区县，占东北地区的比重高达 16.3%，沈阳铁西区、大连金普新区的比重超过 5%，大连庄河市、沈阳于洪区、沈阳新民市的比重超过 3%，以上 6 个区县的比重合计约为 44.8%。

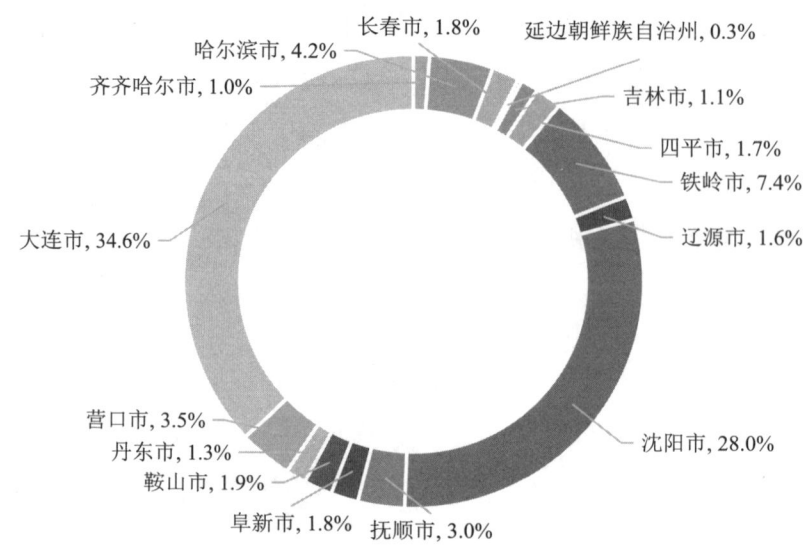

图 4-23 东北地区通用设备制造业的地市产值分布

东北地区医药制造业的区位商为 1.34，主要分布于东北地区的东部。通化市是东北地区医药制造业最发达的地市，其产值占整个东北地区 29.1%，其次是沈阳市和哈尔滨市，比重均超过 8%。本溪市、白山市和大连市的比重超过 5%。以上 6 个地市的比重合计占 65.4%。通化市的医药

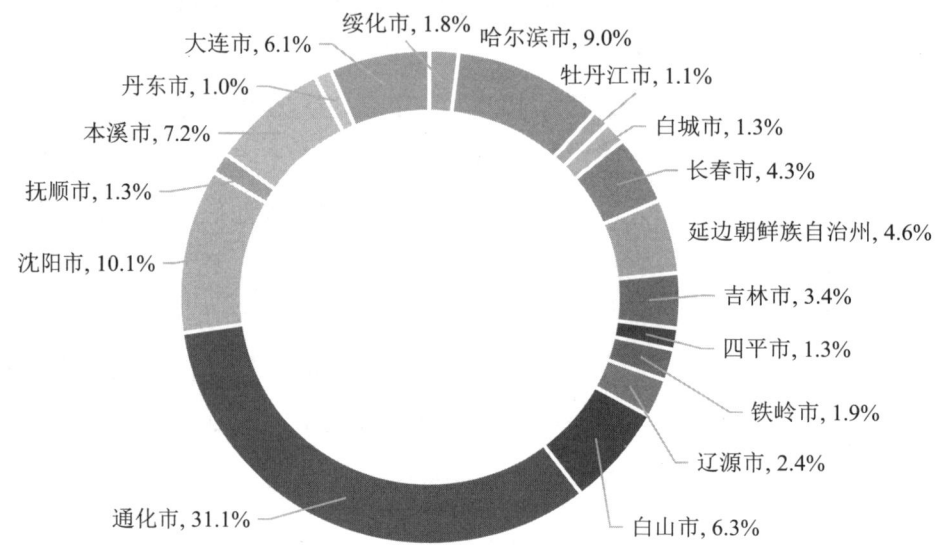

图 4-24 东北地区医药制造业的地市产值分布

制造业主要分布于东昌区和梅河口市,二者产值占东北地区的比重分别为 18.6% 和 6.9%。本溪市溪湖区、大连市金普新区和哈尔滨市道里区的产值占东北地区的比重超过 4%,以上 5 个区县的比重合计约为 39.7%。

东北地区食品制造业的区位商为 1.13,在东北地区广泛分布。沈阳市的食品制造业最发达,其产值比重占东北地区 17.2%,哈尔滨市和大连市超过 9%,通辽市、长春市、齐齐哈尔市和大庆市的比重超过 5%,以上 7 个地市的比重合计约为 60.7%。食品制造业在区县中的分布较为分散,沈阳市沈北新区的产值最高,占东北地区 8%,通辽市科尔沁区位居第二位,比重约为 5.7%,长春德惠市、哈尔滨市双城区的比重超过 3%,以上 4 个区县的比重合计约为 21.2%,其余区县的比重均较小。

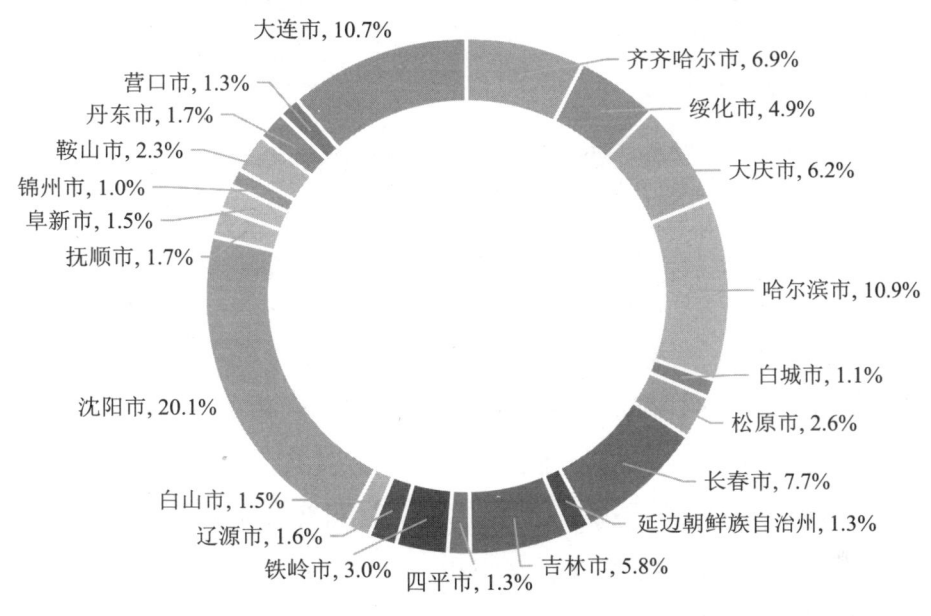

图 4-25 东北地区食品制造业的地市产值分布

东北地区专用设备制造业的区位商为 1.12,占东北地区工业总产值的 3.7%。专用设备制造业产值最高的地市为沈阳市,其产值占东北地区 21.9%,其次是大连市,比重为 18.7%。铁岭市、抚顺市和盘锦市的比重超过 5%,以上 5 个地市的比重合计约为 57.4%。从区县分布看,大连市金普新区和沈阳市铁西区的产值最高，比重均超过 7%，盘锦市兴隆台区、抚顺市望花区和沈阳市于洪区的比重超过 3%，以上 5 个区县的比重合计约为 26.5%。

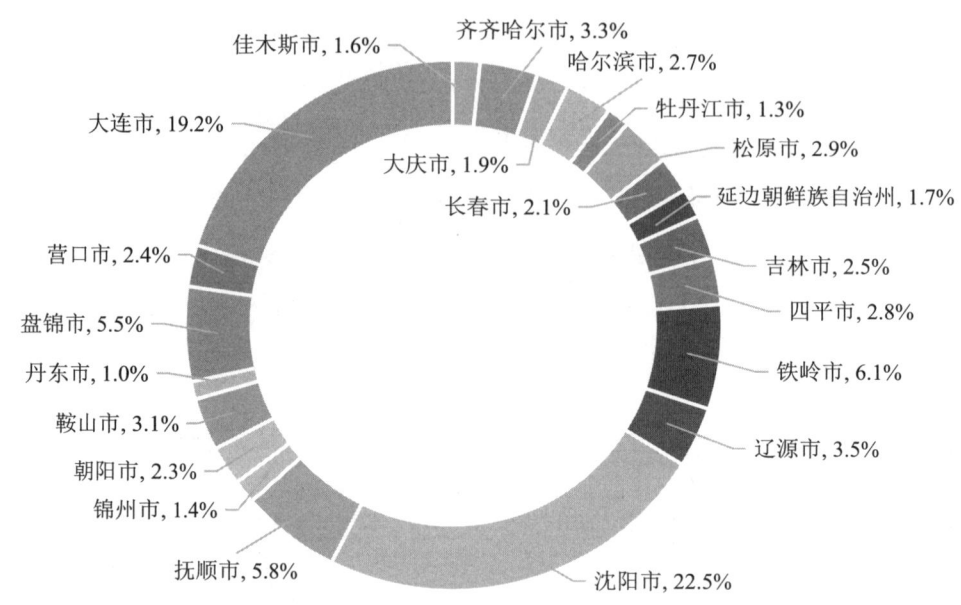

图 4-26　东北地区专用设备制造业的地市产值分布

东北地区酒、饮料和精制茶制造业的区位商为 1.04，具有一定的竞争优势。从地市分布看，沈阳市的产值最高，约占东北地区总产值的 14.1%，哈尔滨市、吉林市、通辽市、大连市和通化市的比重超过 5%，以上 6 个地市的比重合计约为 45.2%。酒、饮料和精制茶制造业的区县分布较为分散，产值最高的通化梅河口市，其比重仅为 2.98%，沈阳市苏家屯区、通辽市开鲁县、沈阳市沈北新区、沈阳市辽中区、哈尔滨市双城区、绥化肇东市、白山市靖宇县、呼伦贝尔扎兰屯市、哈尔滨市香坊区、铁岭市昌图县、吉林市昌邑区的比重均超过 2%，以上 12 个区县的比重合计约为 28.9%。

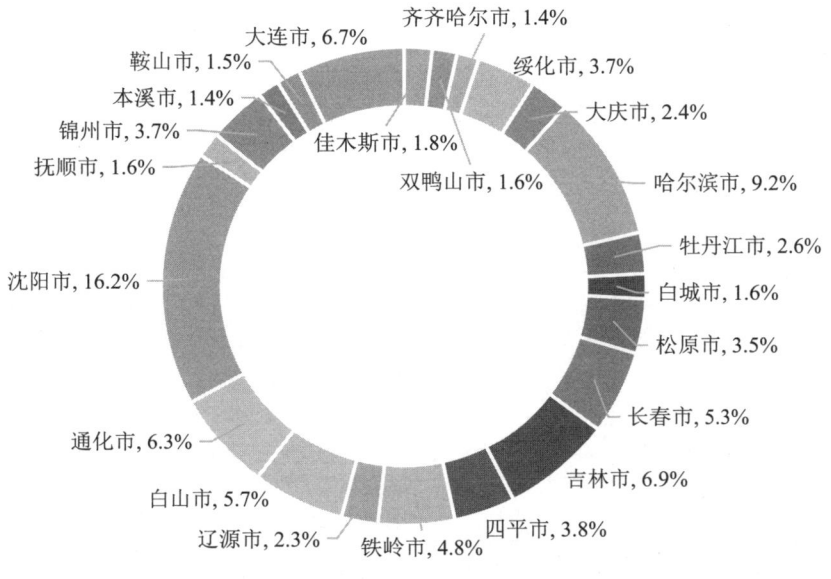

图 4-27 东北地区酒、饮料和精制茶制造业的地市产值分布

东北地区化学原料及化学制品制造业产值占工业总产值的比重约为 6.2%，在东北地区占有重要地位，但其区位商为 0.84，在全国不具有竞争优势。从地市分布看，大连市和吉林市的产值最高，占东北地区的比重分

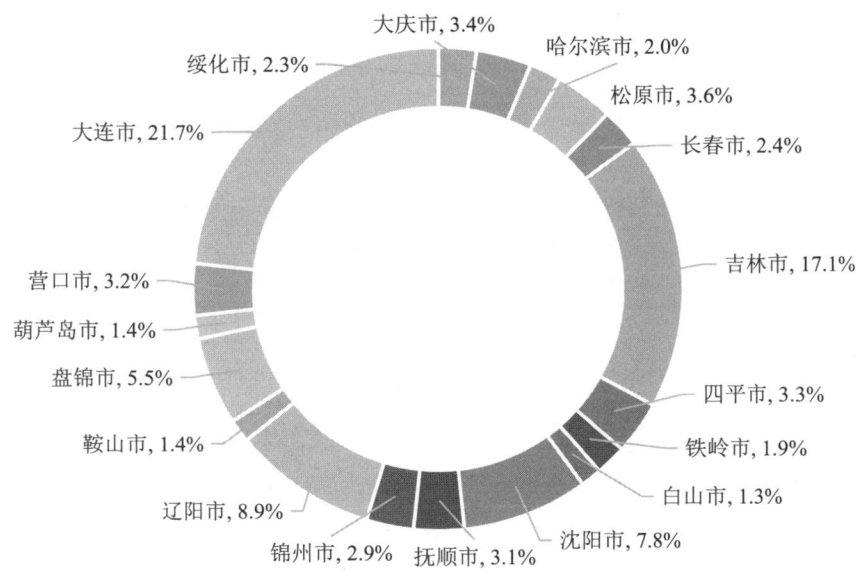

图 4-28 东北地区化学原料及化学制品制造业的地市产值分布

别为20.2%和15.9%，辽阳市、沈阳市和盘锦市的比重超过5%，以上5个地市的比重合计约为56.8%。从区县分布看，吉林市龙潭区和大连市金州区的比重最高，分别为12.4%和11.2%，辽阳市宏伟区和大连瓦房店市的比重超过5%，以上4个区县的比重合计约为37.5%。

表4-8 东北地区主导产业的主要分布地区

工业门类	主要地市	合计占比	主要县区	合计占比
农副食品加工业	沈阳市、大连市、长春市、哈尔滨市	40%	长春宽城区、大连庄河市、哈尔滨南岗区、沈阳沈北新区、通辽科尔沁区、沈阳辽中区、长春绿园区、大连瓦房店市、哈尔滨五常市、大连普兰店区、沈阳新民市、双鸭山集贤县	32.3%
汽车制造业	长春市、沈阳市	82.9%	长春绿园区、沈阳大东区、长春朝阳区、大连金普新区、长春二道区、长春南关区	79.7%
黑色金属冶炼和压延加工业	本溪市、鞍山市、大连市、锦州市、沈阳市、营口市、辽阳市	66.6%	本溪平山区、鞍山铁西区、锦州凌海市、辽阳辽阳县、大连金普新区、四平铁西区	43.6%
非金属矿物制品业	沈阳市、鞍山市、营口市、长春市、大连市	50.1%	营口大石桥市、鞍山海城市、长春二道区、沈阳法库县、鞍山岫岩满族自治县、大连瓦房店市、锦州凌海市、通辽科尔沁区	36.8%
石油加工、炼焦和核燃料加工业	大连市、盘锦市、大庆市、抚顺市、锦州市	79.1%	大连甘井子区、抚顺东洲区、佳木斯东风区、大连金普新区、大庆让胡路区、盘锦双台子区、盘锦兴隆台区、锦州古塔区、盘锦大洼县	75%
通用设备制造业	大连市、沈阳市、铁岭市、哈尔滨市、营口市、抚顺市	80%	大连瓦房店市、沈阳铁西区、大连金普新区、大连庄河市、沈阳于洪区、沈阳新民市	44.8%

习近平总书记指出，要加强自主创新，练好内功，不断推出新技术、新产品、新服务，永远掌握主动，不断做强做优做大。自力更生、艰苦创业，曾经是东北屡创奇迹的"精神密码"，新时代要始终坚持自主创新，坚持创新引领，把振兴发展的基点放在创新上，向改革创新要动力，向科技

创新要效益。不断完善制造业创新体系，围绕产业链，部署创新链，扎实推进关键技术攻关、新产品开发、企业技术中心建设、产学研联合、企业信息化和高新技术产业化等工作，加快科技创新成果转化。

提高东北地区产业竞争力，要大力挖掘东北地区的创新基础，新中国成立后，国家在东北地区布局了一大批科研基础设施和科研平台，除哈尔滨工业大学、吉林大学、大连理工大学、东北大学等高等院校外，还布局了诸多大型科研院所。据统计，仅在中国科学院下属 65 家研究单位中，东北三省就占 8 家。主要包括大连化学物理研究所、沈阳金属研究所、沈阳应用生态研究所、沈阳自动化研究所、长春光学精密机械与物理研究所、长春应用化学研究所、长春地理与农业生态研究所、东北农业技术中心，优势领域遍布化学、物理、材料、农业、机械、环境等各个领域。

表 4-9　中国科学院在东北地区主要科研院所及其优势领域

科研院所	优势领域
大连化学物理研究所	基础研究与应用研究并重、应用研究和技术转化相结合，以任务带学科为主要特色的综合性研究所。重点学科领域为：催化化学、工程化学、化学激光和分子反应动力学以及近代分析化学和生物技术。
沈阳金属研究所	是涵盖材料基础研究、应用研究和工程化研究的综合型研究所，以高性能金属材料、新型无机非金属材料和先进复合材料等为主要研究对象。主要学科方向和研究领域包括：纳米尺度下超高性能材料的设计与制备、耐苛刻环境超级结构材料、金属材料失效机理与防护技术、材料制备加工技术、基于计算的材料与工艺设计、新型能源材料与生物材料等。
沈阳应用生态研究所	围绕国家农业、林业可持续发展、生态与环境建设中急需解决的重大问题和应用生态学的发展需要，在森林生态与林业生态工程、土壤生态与农业生态工程、污染生态与环境生态工程领域开展基础性、战略性和前瞻性研究，丰富和发展森林生态学、农田生态学和污染生态学的基础理论，为我国主要退化生态系统恢复与重建，改善生态与环境，保障食物安全提供科学依据与关键技术。
沈阳自动化研究所	在先进制造和智能机器、机器人学应用基础研究、工业机器人产业化、水下智能装备及系统、特种机器人、工业数字化控制系统、无线传感与通信技术、新型光电系统、大型数字化装备及控制系统等研究与开发方面取得大批成果，形成技术领先优势。
长春光学精密机械与物理研究所	是新中国最早开展光学学科、机械学科、光学工程技术以及发光学研究的研究所，主要从事发光学、应用光学、光学工程、精密机械与仪器的研发生产。

续表

科研院所	优势领域
长春应用化学研究所	聚焦资源与环境、先进材料和普惠健康三大领域;开发稀土、二氧化碳、生物质、水四类资源;发展先进结构、先进复合、先进功能、先进能源、环境友好五类材料;开拓疾病早期诊断与防治、生物医用高分子两个方向。
长春地理与农业生态研究所	重点开展农业生态、湿地生态、遥感与地理信息系统、环境科学与技术、区域发展等学科领域的研究。
东北农业技术中心	哈尔滨农业技术中心重点开展黑土农田地力提升及其关键技术;通过分子设计以及分子育种与常规育种相结合培育大豆新品种,为保障我国食用油和植物性蛋白供给提供科技支撑,重点开展大豆重要性状形成机理与分子育种的科研工作。根据研究所的发展战略把农业技术中心建成具有国际先进水平的东北区域农业研究中心;建成特色鲜明的农业生态学及作物分子遗传学的人才培养基地。

资料来源：中国科学院官方网站。

依托重点高校及科研院所，东北地区已建设了28家国家重点实验室。具体如表4-10所示。

表4-10 东北地区主要国家重点实验室

国家重点实验室	学科	主管部门	地区
现代焊接生产技术国家重点实验室	工程	哈尔滨工业大学	黑龙江
兽医生物技术国家重点实验室	生命	中国农业科学院哈尔滨兽医研究所	黑龙江
黑龙江省生物医药工程省部共建实验室	生命	哈尔滨医科大学	黑龙江
机器人技术与系统国家重点实验室	工程	哈尔滨工业大学	黑龙江
城市水资源与水环境国家重点实验室	地学	哈尔滨工业大学	黑龙江
超硬材料国家重点实验室	材料	吉林大学	吉林
汽车动态模拟国家重点实验室	工程	吉林大学	吉林
高分子物理与化学国家重点实验室	化学	中国科学院化学研究所、中国科学院长春应用化学研究所	吉林
电分析化学国家重点实验室	化学	中国科学院长春应用化学研究所	吉林
理论化学计算国家重点实验室	化学	吉林大学	吉林
无机合成与制备化学国家重点实验室	化学	吉林大学	吉林

续表

国家重点实验室	学科	主管部门	地区
集成光电子学国家重点联合实验室	信息	吉林大学、清华大学，中国科学院半导体研究所	吉林
应用光学国家重点实验室	信息	中国科学院长春光学精密机械及物理研究所	吉林
吉林省生态恢复与生态管理省部共建实验室	地学	中国科学院东北地理与农业生态研究所、吉林农业大学、东北师范大学	吉林
超分子结构与材料国家重点实验室	化学	吉林大学	吉林
稀土资源利用国家重点实验室	化学	中国科学院长春应用化学研究所	吉林
三束材料改性国家重点实验室	材料	复旦大学、大连理工大学	辽宁
金属腐蚀与防护国家重点实验室	材料	中国科学院沈阳金属研究所	辽宁
轧制技术及连轧自动化国家重点实验室	工程	东北大学	辽宁
工业装备结构分析国家重点实验室	工程	大连理工大学	辽宁
海岸和近海工程国家重点实验室	工程	大连理工大学	辽宁
分子反应动力学国家重点实验室	化学	中国科学院化学研究所、中国科学院大连化学物理研究所	辽宁
催化基础国家重点实验室	化学	中国科学院大连化学物理研究所	辽宁
精细化工国家重点实验室	化学	大连理工大学	辽宁
沈阳材料科学国家（联合）实验室	其他	中国科学院沈阳金属研究所	辽宁
中国科学院陆地生态过程重点实验室	地学	中国科学院沈阳应用生态研究所	辽宁
辽宁省材料电磁过程省部共建实验室	材料	东北大学	辽宁
机器人学国家重点实验室	信息	中国科学院沈阳自动化研究所	辽宁

资料来源：国家科技基础条件平台中国科技资源共享网。

除国家重点实验室，东北地区也依托企业、转制科研机构设立了诸多研究开发实体，建设了32家国家工程实验室和国家工程研究中心。如表4-11和表4-12所示。

表 4-11 东北地区主要国家工程实验室

国家工程实验室名称	主要依托单位
甲醇制烯烃国家工程实验室	中国科学院大连化学物理研究所
艾滋病疫苗国家工程实验室	吉林大学
药物基因和蛋白筛选国家工程实验室	东北师范大学
特高压变电技术国家工程实验室	沈阳变压器研究所股份有限公司，特变电工沈阳变压器集团有限公司
高速列车系统集成国家工程实验室（北方）	长春轨道客车股份有限公司
燃煤污染物减排国家工程实验室	哈尔滨工业大学
真空技术装备国家工程实验室	中国科学院沈阳科学仪器股份有限公司
粮食储运国家工程实验室	国家粮食局科学研究院、河南工业大学、吉林大学和南京财经大学
玉米国家工程实验室（沈阳）	辽宁省农业科学院
玉米国家工程实验室（长春）	吉林省农业科学院
玉米国家工程实验室（哈尔滨）	黑龙江省农业科学院

表 4-12 东北地区主要国家工程技术研究中心

国家工程技术研究中心	领域分类
国家大豆工程技术研究中心吉林研究中心	农业
国家地球物理探测仪器工程技术研究中心	制造业
国家光栅制造与应用工程技术研究中心	制造业
国家玉米工程技术研究中心	农业
国家催化工程技术研究中心	材料
国家大型轴承工程技术研究中心	制造业
国家电站燃烧工程技术研究中心	能源与交通
国家风电传动及控制工程技术研究中心	能源与交通
国家金融机具工程技术研究中心	制造业
国家金属腐蚀控制工程技术研究中心	材料
国家数字化医学影像设备工程技术研究中心	轻纺医药卫生

续表

国家工程技术研究中心	领域分类
国家稀土永磁电机工程技术研究中心	制造业
国家冶金自动化工程技术研究中心	制造业
国家真空仪器装置工程技术研究中心	制造业
国家中成药工程技术研究中心	轻纺医药卫生
国家大豆工程技术研究中心	农业
国家防爆电机工程技术研究中心	制造业
国家乳业工程技术研究中心	农业
国家树脂基复合材料工程技术研究中心	材料
国家水力发电工程技术研究中心	能源与交通
国家杂粮工程技术研究中心	农业

资料来源：国家工程技术研究中心信息网。

此外，截至2014年，东北地区共有56家被认定为国家级企业技术中心，分布于装备制造、生物医药、汽车、航空航天、船舶等领域，具体如表4-13所示。

表4-13 东北地区主要国家级企业技术中心

企业技术中心名称	企业技术中心名称
东软集团股份有限公司技术中心	大连冰山集团有限公司技术中心
沈阳飞机工业（集团）有限公司技术中心	中国北车集团大连机车车辆有限公司技术中心
沈阳机床股份有限公司技术中心	大化集团有限责任公司技术中心
沈阳鼓风机集团股份有限公司技术中心	大连华锐重工集团股份有限公司技术中心
辽宁银珠化纺集团有限公司技术中心	大连机床集团有限责任公司技术中心
北方华锦化工工业集团有限公司技术中心	路明科技集团有限公司技术中心
东北制药集团股份有限公司技术中心	吉林化纤集团有限公司技术中心
鞍山钢铁集团公司技术中心	吉林敖东药业集团股份有限公司技术中心
本溪钢铁（集团）有限责任公司技术中心	中钢集团吉林铁合金股份有限公司技术中心

续表

企业技术中心名称	企业技术中心名称
沈阳黎明航空发动机（集团）有限责任公司技术中心	中国第一汽车股份有限公司技术中心
渤海船舶重工有限责任公司技术中心	吉林龙鼎电气股份有限公司技术中心
沈阳重型机械集团有限责任公司技术中心	修正药业集团股份有限公司技术中心
沈阳矿山机械（集团）有限责任公司技术中心	通化东宝药业股份有限公司技术中心
辽宁曙光汽车集团股份有限公司技术中心	吉林华微电子股份有限公司技术中心
东北特殊钢集团有限责任公司技术中心	通化万通药业股份有限公司技术中心
沈阳新松机器人自动化股份有限公司技术中心	吉林东光集团有限公司技术中心
沈阳华晨金杯汽车有限公司技术中心	中国第一重型机械集团公司技术中心
金德管业集团有限公司技术中心	哈尔滨飞机工业集团有限责任公司技术中心
辽宁恒星精细化工有限公司技术中心	哈药集团有限公司技术中心
三一重型装备有限公司技术中心	哈尔滨轴承集团公司技术中心
中冶北方工程技术有限公司技术中心	哈尔滨电气集团公司技术中心
辽宁奥克化学股份有限公司技术中心	齐齐哈尔二机床（集团）有限责任公司技术中心
辽宁忠旺集团有限公司技术中心	东北轻合金有限责任公司技术中心
大连盛道集团有限公司技术中心	齐齐哈尔轨道交通装备有限责任公司技术中心
大连大显集团有限公司技术中心	齐重数控装备股份有限公司技术中心
瓦房店轴承集团有限责任公司技术中心	哈尔滨九州电气股份有限公司技术中心
大连船舶重工集团有限公司技术中心	哈尔滨东安发动机（集团）有限公司技术中心
中国华录集团有限公司技术中心	哈尔滨鑫达企业集团有限责任公司技术中心

重点常常也是难点。东北地区经济高质量发展的重点在制造业，难点也在制造业。要时刻牢记习近平总书记"千难万难，只要重视就不难；大路小路，只有行动才有出路"的教诲，不断完善政策，强化创新，优化环境，为经济高质量发展、为实现全面振兴全方位振兴，挺起制造业特别是装备制造业的脊梁。

第四节 新时代东北地区全面振兴全方位振兴的重点任务

一、以优化营商环境为基础，全面深化改革

发展的竞争，很大程度上是营商环境的竞争。习近平总书记在深入推进东北振兴座谈会上，将以优化营商环境为基础，全面深化改革作为六个方面要求的第一条，这充分体现了总书记对这项工作的重视与关心，充分说明了这项工作在振兴发展中的地位与作用，充分彰显了这项工作的重要性与紧迫性。要认真学习、深刻领会总书记要求，坚持问题导向，聚焦薄弱环节，抓住关键领域，通过加大改革力度，持续优化营商环境，不断为振兴发展释放红利、激发活力、增添动力。

要坚定改革信心，在谋划地区改革发展思路上下功夫，在解决突出矛盾问题上下功夫，在激发基层改革创新活力上下功夫。要重点从有利于深化供给侧结构性改革、有利于加快培育经济增长新动能、有利于激发各类市场主体活力、有利于增强人民群众获得感、有利于调动保护广大干部群众积极性等方面完善改革思路，做实改革举措，释放改革活力，提高改革效能。要多方面采取措施，创造拴心留人的条件，让各类人才安心、安身、安业。

营商环境，直接关乎市场主体的茁壮成长、关乎各类人才的创新创业、关乎人民群众的切身利益、关乎投资者的信心预期、关乎振兴大业和发展全局。良好的营商环境具有"洼地效应""连锁效应"，能使项目、资金、技术、人才等生产要素不断汇流聚集，形成强大力量，推动区域经济快速发展。所以说，优化营商环境是基础、是关键。打造良好的营商环

境，涉及政务、法治、社会、人文等各个方面，但目前来说，体制机制是优化营商环境的深层次、根本性问题，最核心的是处理好"有形之手"与"无形之手"的关系，最紧要的是完成一场除烦苛之弊、施公平之策、开便利之门的"自我革命"。只有打赢这场攻坚战，才能不断完善治理体系、提高治理水平，真正使市场在资源配置中起决定性作用和更好发挥政府作用。

近年来，东北地区认真学习贯彻习近平总书记关于优化营商环境重要指示精神，全面落实中央要求部署，以打造发展环境最优省为目标，建立了一套优化营商环境的制度框架，实施了一系列深化"放管服"改革的重要举措，打出了一揽子利企便民的政策"组合拳"，整治了一批侵害企业和群众合法权益的突出问题，营商环境发生了很大变化。

看到成绩的同时，也要清醒地认识到，东北地区营商环境建设取得的成效只是初步的、阶段性的，对照高质量发展的要求、对照先进地区的水平、对照企业和群众的期盼，还存在一定差距。深化改革，优化环境，是一场持久战。落实好总书记重要讲话精神，既要精准发力又要持续用力，既要突出重点又要综合施策。要以转变观念为先导、健全制度为保障、优化服务为宗旨、提高效能为核心、改进作风为关键，敢于动真碰硬、勇于担当作为，加快形成法治化、国际化、便利化，充满活力、富有效率、更加开放、稳定、公平、透明、可预期的营商环境。各级党委、政府要将其纳入重要日程，主要领导亲自挂帅、亲自出征，以上率下、以上促下，推动形成一级抓一级、层层抓落实的工作局面。要加强督查考核，对破坏营商环境的行为"零容忍"、不姑息，以真督实查推动真抓实干。

习近平总书记为什么反复强调重塑环境和优化营商环境？这是对东北地区共性问题把脉制定的药方，抓住了解决问题的"牛鼻子"。毋庸讳言，东北地区进入计划经济较早，退出较晚，营商环境与东南沿海地区相比存在一定差距，这已成为对当前区域经济增长的一个重要制约因素。同时，不容否认，近年来整个东北地区通过大兴实干之风，坚决反对不正之风，发展观念在变、干部作风在变。特别是近两年"优化发展环境"已成为高频词语。

优化营商环境是系统工程，也是基础性工程，其目的是保障全面深化改革这一首要任务。东北地区发展面临的困难和问题,有共性问题,也有个性问题,解决这些困难和问题,归根结底都要靠全面深化改革。在改革问题上想要排好队、齐步走、整齐划一是不切实际的。要想顺利"过河",就要根据自身实际找到不同的"桥"和"船"。习近平总书记提出,要在谋划地区改革发展思路上下功夫,在解决突出矛盾问题上下功夫,在激发基层改革创新活力上下功夫,这"三个下功夫"明确了深化改革的着力点;强调要重点从有利于深化供给侧结构性改革、有利于加快培育经济增长新动能、有利于激发各类市场主体活力、有利于增强人民群众获得感、有利于调动保护广大干部群众积极性等方面完善改革思路,这"五个有利于"突出了完善改革思路的总原则。要按照习近平总书记的要求,既统筹推进,又重点突破,注重改革的系统性、整体性、协同性,坚定改革信心,做实改革举措,释放改革活力,提高改革效能,为新时代东北全面振兴提供强劲动力。

全面深化改革,优化营商环境,注定是一场关乎全局、决定未来的持久战。困难越大、矛盾越多,越需要埋头苦干的真把式、雷厉风行的快把式、追求卓越的好把式。必须用思想的力量催动改革的步伐,以科学的方法善作善成,强化改革定力、强化创新突破、强化部门协同、强化政策落地,激发广大群众的积极性与创造性,重塑环境,重振雄风,不断把全面深化改革的大业推向前进。"经济森林"中,无论参天大树,还是花草灌木,都离不开充足的"阳光雨露"。要按照总书记的要求,以更强的决心、更大的力度、更实的举措、更优的作风重塑发展环境,就一定能迎来经济发展的枝繁叶茂、生机盎然。

优化营商环境、全面深化改革,首先要求进一步解放思想、转变环境。思想是行动的先导。无论做什么事情,都离不开思想的指引。习近平总书记在深入推进东北振兴座谈会上的重要讲话中明确指出,东北振兴存在"四个短板",其中之一就是思想观念。学习贯彻习近平总书记重要讲话和重要指示批示精神,切实解决思想观念问题是题中之义。回望40多年改革开放历程,贯穿始终的主线清晰可见,那就是解放思想。发展实践证明,解放思想是推进重点领域关键环节改革的"金钥匙",也是面对新阶段、应对新挑战、体现新要求、实现新发展的"总开关"。思想观念的落后是最致命的落后。老工业基地发展的内生动力不足,这个"不足"最多最直接最深层次的,还是在思想、在观念、在状态、在作风。没有人这个关键性要素的介入,没有主观能动性去激活,多好的客观条件和优势也发挥不出来。有思想上的"破冰"才会有行动上的"突围",冲破思想观念的障碍、突破利益固化的藩篱,解放思想是首要的。重塑环境、重振雄风,推动高质量发展,就必须把思想的大解放作为推动高质量发展的起始点和突破口,真正把干部群众干事创业的积极性、主动性、创造性激发出来。解放思想不是无边无际的,必须沿着正确的方向。深入学习贯彻习近平总书记重要讲话和重要指示批示精神,是推动解放思想的基础性、根本性任务。开展思想解放大讨论,首先要从学习习近平总书记重要讲话和重要指示批示精神开始;推动干部群众思想大解放,首先要从各级领导干部开始。

解放思想建立在实事求是的基础之上,不能脱离实际、信马由缰,关键点在于坚持以问题为导向,打破思想中的条条框框,精准发力、有序释放。以解放思想指导推动实践,必须把习近平总书记对新形势下东北振兴的总要求作为根本遵循,对发展思路和工作举措进行再审视、再完善、再深化,对精神状态和工作作风进行再对标、再校正、再提升,快马加鞭、深入推进,确保习近平总书记的重要讲话和重要指示精神落地生根、开花结果。

二、以培育壮大新动能为重点,激发创新驱动内生动力

要依靠创新把实体经济做实、做强、做优,坚持凤凰涅槃、腾笼换鸟,积极扶持新兴产业加快发展,尽快形成多点支撑、多业并举、多元发展的产业发展格局。习近平总书记在深入推进东北振兴座谈会上的重要讲话,纵览历史和现实,明确指出了解决问题的思路和对策。特别是提出要以培育壮大新动能为重点,激发创新驱动内生动力,直击制约东北振兴发展的要害,务必深刻领会习近平总书记的重要讲话精神,把增强创新能力作为振兴的根本途径,以创新驱动为引领,加快结构调整步伐,尽快形成

多点支撑、多业并举、多元发展的产业发展格局。

中共十八大以来,东北地区积极改造提升传统产业,孕育壮大新兴产业,产业结构进一步优化,取得了令人瞩目的新成果。但放眼国内,对标先进,传统产业转型升级步伐依然较慢,新动能不足的问题客观存在。如何解决这一矛盾和问题?唯有持续激发创新驱动内生动力,发挥创新对拉动发展的乘数效应和支撑作用,通过创新培育壮大新动能,扬长补短,实现经济高质量发展。

要依靠创新把实体经济做实、做强、做优,坚持凤凰涅槃、腾笼换鸟,积极扶持新兴产业加快发展,尽快形成多点支撑、多业并举、多元发展的产业发展格局。习近平总书记在深入推进东北振兴座谈会上,将以培育壮大新动能为重点,激发创新驱动内生动力作为六个方面要求之一,充分体现了习近平总书记对东北振兴的准确把握,充分说明了这项工作在振兴发展中的地位与作用,充分彰显了这项工作的重要性与紧迫性。

激发创新动力形成产业发展新格局,关键是要发展壮大实体经济。不论什么时候,实体经济都是我国经济发展、在国际经济竞争中赢得主动的根基。东北靠实体经济起家,新一轮振兴发展也要靠实体经济,这不仅是东北地区重振雄风的必然选择,更是中共中央赋予的重大使命与责任。要把振兴实体经济作为供给侧结构性改革的主要任务,深入推进"一带五基地"建设,落实好工业产业发展政策,把制造业转型升级作为重要方向,抓住全球制造业转型升级和我国经济转型的大趋势,推动实现互联网、大数据、人工智能与制造业的深度融合,提高原始创新能力,向产业链的中高端迈进,依靠创新把实体经济做实、做强、做优。

激发创新动力形成产业发展新格局,重点是要积极扶持新兴产业加快发展。2019年以来,东北地区经济呈现稳中有进、总体向好的喜人态势。究其原因,一方面是传统产业"老"中生"新",不断实现转型升级,另一方面,各类新技术、新产业、新产品、新商业模式叠加共振,为振兴发展积聚了后劲。在新旧动能转换的关键时期,必须坚持凤凰涅槃、腾笼换鸟,改造"原字号"和"初字号",积极扶持新兴产业加快发展,不断培育壮大新动能，在高端装备制造、新一代信息技术、生物、新材料等重点发展领域，努力建设一批拥有关键核心技术的创新平台，形成小企业"铺天盖地"、大企业"顶天立地"的发展格局。

激发创新动力形成产业发展新格局，根本在于充分发挥科技创新的支撑引领作用。东北地区科研院所、高校众多，是实现全面振兴的重要"家底"。但目前，这一资源优势尚未转化为强大的发展优势，科研投入少、成果转化难等问题仍不同程度存在。要全面深化科技体制改革，提升创新体系效能。以关键共性技术、前沿引领技术、现代工程技术、颠覆性技术创新为突破口，着力增强自主创新能力。深入推进沈大国家自主创新示范区、沈阳全面创新改革试验区等创新高地建设，拓展创新发展空间。通过不断加强科技供给能力建设，服务经济社会发展主战场。

激发创新动力形成产业发展新格局，人才是第一资源。吸引人才、聚集人才，环境是第一因素，环境好，则人才聚、事业兴；环境不好，则人才散、事业衰。要突出人才与产业的匹配度、与地方经济社会发展的衔接性，不断完善体制机制，以更宽的视野、更高的境界、更大的气魄，打造"寻觅人才求贤若渴、发现人才如获至宝、举荐人才不拘一格、使用人才各尽其能"的一流环境，让各类人才安心、安身、安业。

一花独放不是春，万紫千红春满园。进入新时代，"工业一柱擎天，结构单一"的"二人转"不应再成为"流行曲"；多点支撑、多业并举、多元发展才是未来老工业基地全面振兴的"主旋律"。要拿出时不我待的干劲、百折不挠的韧劲、敢想敢干的闯劲，牢牢把握创新这个第一动力，加快结构调整和新动能培育，坚定走对走实走好创新发展、转型发展、优质发展的振兴之路。

一是要推动新兴产业与传统优势产业有效结合。坚持新型工业化道路，保持当前优势产业的较高分工水平，并将信息技术与传统工业生产有机结合，以电子信息化和循环绿色化作为工业创新发展的基本理念，努力提升产业国内分工环节的技术含量。东北地区在化工和金属冶炼行业上具有比较优势，但该比较优势对外依赖性较强，要提升优势产业的技术水平，将高新技术产业的部分与传统工业生产相结合,发展新型工业化模式。推进传统优势制造业向产业链高端迈进。东北产业有很好的基础,要运用现代的信息技术改造提升,从过去提供产品向提供服务转变,提高产品附加值,做优做强现有存量。推动传统优势产业提质增效,提高传统装备制造业的竞争力,重点发展电力装备、航空航天装备、轨道交通装备、智能制造装备、农机装备、船舶与海工装备、石化和冶金成套装备等装备制造业,提升关键零件和核心基础工业的研发制造水平。加大战略新兴产业培育,加快发展高档数控机床、工业机器人、燃气轮机、先进发动机、生物医药等东北有发展潜力的新兴产业。大力发展生产性服务业,如培育旅游业、健康养老业等。产业结构调整方面,要立足于自身的比较优势和禀赋优势,利用新技术改造传统制造业、原材料加工业、能源经济及农业等四大优势产业。同时要发展新兴产业,包括智能制造、海工装备、新材料、航空、生物医药、海洋经济、康养业、冰雪经济等。

专栏4 东北地区的产业转型升级示范区建设

为贯彻落实习近平总书记关于"老工业基地要加快改变重工业'一柱擎天'的状况,改变传统产业占大头、'原字号'、'初字号'产品占多数的状况""推动经济高质量发展,要把重点放在产业转型升级上,把实体经济做实、做强、做优"的重要指示精神,本着为全国老工业城市和资源型城市转型做示范的目标,2017年以来,国家发展改革委会同有关部门,聚焦基础好、潜力大的城市,支持在全国建设了20个产业转型升级示范区,东北地区包括辽宁中部(沈阳、抚顺、鞍山)、吉林中部(长春、吉林、松原)、黑龙江大庆、大连沿海示范区。

国家有关部门重点支持示范区全面建成支撑产业转型升级的内生动力机制、平台支撑体系,构建特色鲜明的现代产业集群。

一是建立创新驱动的产业转型升级内生动力机制,突出体制机制创新和科技创新,提升从科技到经济和现实生产力的转换能力,增强产业核心竞争力。

二是形成以园区为核心载体的平台支撑体系,支持建设产城融合的产业转型升级示范园区,创新园区市场化管理模式,形成集中布局、集聚发展、用地集约、特色鲜明的产业发展平台。

三是构建特色鲜明竞争力强的现代产业集群,推动向高科技、高质量、高增值、低能耗、低物耗、低排放的先进制造业、战略性新兴产业、现代服务业协同发展转型，全面优化经济结构。

2017年以来，各示范区积极作为，推动在城市更新改造、传统产业改造、产业园区建设、营商环境优化等方面先行先试，探索出了一批经验，推进示范区建设取得了阶段性成效，示范的影响力和带动力不断增强。辽宁中部示范区支持中德（沈阳）高端装备制造产业园推进企业投资项目承诺制审批等改革，实行"零审批入园"，大幅简化项目规划、用地、环评程序，有关经验做法已在辽宁省国家级开发区推广。大连沿海示范区推进"一网、一门、一次"改革，政务服务网办率达到96.54%，企业开办时间压缩至3个工作日以内，企业登记时间压缩至12个小时以内，获评中国国际化营商环境建设标杆城市。2019年，首批示范区R&D投入占GDP比重、省级以上科研平台数量、高新技术企业数量、高新技术产业增加值同比增长27.2%、14.4%、49.0%、13.7%，均高于全国平均水平。

二是要建立健全创新创业体系。构建"政产学研用"一体的创新体系。强化企业创新主体地位和主导作用，加快构建以企业为主体，科研院所、高校、职业学校、科技服务机构等参加的产业与技术创新联盟。组织实施东北高质量发展重大创新工程，深化中国科学院与东北地区"院地合作"，实施东北高质量发展科技引领行动计划。推动东北地区多层次创新创业平台建设，努力将东北地区建设成为重要技术创新与研发基地。积极推进沈阳—大连国家自主创新示范区建设，加快建设沈阳市浑南区双创示范基地，鼓励有条件的地区开展跨省区协同创新合作。围绕装备制造等特色优势产业，鼓励企业自建或与科研院所共建技术研究院、共性技术研发中心、装备性能分析中心等新型创新平台。鼓励发展众创、众包、众扶、众筹等大众创业万众创新支撑平台。鼓励发展黑龙江大米网、辽源袜业网、葫芦岛泳装产业基地、通辽农畜产业区等电子商务公共服务平台，支持汽车电子、生物医药等特色专业孵化器建设。

三是实施精准人才行动计划。人才是推动区域创新、经济社会发展的第一资源，应根据东北地区的具体情况，针对管理、科研、企业发展的问题和需要，深化稳定人才政策、激励人才政策、吸引人才政策和优化人才政策。其一，用好东北地区的各类人才。用好本地人才，区域发展的内生动力、发展活力和竞争力再造才有保障。东北地区拥有全国12.4%和8.4%

的研发机构和研发人员，10.2%和11.2%的高等学校和高级以上职称教师。尤其在部分产业领域人才和人力资源丰富，具有科技创新潜力和后发优势，是东北地区实现高质量发展的人才基础和宝贵财富。东北地区要制定切实可行的政策，激励本地人才的责任意识、创新热情和奉献精神，激发本地人才的活力与潜力。加强人才培养，利用高校与科研院所培养高层次科技创新人才，发展现代职业教育，加快现代职业教育体系建设，加强重点产业急需技能人才培训。支持高校、职业院校加强国际交流与合作，引进国外优质教育资源开展合作办学。其二，用好国家的各类人才政策，尤其是产业人才政策，聚焦产业创新型人才培养与引进，打造有实力的装备制造企业研发团队和新兴产业开发团队，为产业发展提供有力的人才支撑。加大国家"千人计划""万人计划"等重大人才计划对东北地区的倾斜力度，将重大项目引进、重大创新平台建设与创新团队引进相结合。推动建立人才管理改革试验区，面向全球吸引人才。进一步发挥博士后工作站的作用，鼓励企业设立博士后工作站。其三，培育一批创新型企业家。充分发挥企业家在创新决策中的重要作用，建立常态化的政府与企业间创新交流咨询制度。选择一批创新能力强、发展潜力大的企业领导，重点跟踪、定期开展培训并送至知名跨国公司、国外高水平大学和境外培训机构进行培训。引导企业家参与国际合作与竞争，提高经营管理水平和国际视野。引导和推动持有科技成果的高校院所和科技人员领办、创办科技企业。整合发展高校毕业生创新创业基金，引导大学毕业生在东北地区就业创业。加强培训服务，支持高校毕业生、下岗人员、退役军人、返乡农民工等群体创业。鼓励利用现有乡镇工业园区、闲置厂房校舍和科研培训设施等为农民创新创业提供孵化服务。

四是完善创新创业支持政策。强化财政支持，发挥财政科技投入的引导激励作用，深化地方科技计划管理改革，建立目标明确和绩效导向的科技资金管理制度。鼓励企业加大研发投入强度，引导社会资本和金融资本支持创新创业。发展创业投资和区域性股权市场，鼓励金融机构与创业投资、股权投资机构加强合作。强化知识产权保护和转化，促进科技成果转移转化，全面下放科技成果处置权、使用权和收益权，加大股权激励力度，提高科技人员成果转化收益分享比例。

三、科学统筹精准施策，构建协调发展新格局

习近平总书记在深入推进东北振兴座谈会上明确提出，要科学统筹精准施策，构建协调发展新格局。要培育发展现代化都市圈，加强重点区域和重点领域合作，形成东北地区协同开放合力。要以东北地区与东部地区对口合作为依托，深入推进东北振兴与京津冀协同发展、长江经济带发展、粤港澳大湾区建设等国家重大战略的对接和交流合作，使南北互动起来。这一要求深刻体现了习近平总书记一以贯之的战略思维和辩证思维，打开了改革创新的思路，提升了谋划全局的境界。要把东北地区振兴发展放在党和国家战略全局中去谋划、去推进，把区域协调发展作为振兴工作重点，加快构建多极发力、多点支撑的区域发展新格局。

协调发展，是新发展理念中的重要组成部分，是中共十九大报告中明确提出的战略安排。将区域、城乡、陆海等纳入国家战略层面统筹规划、整体部署，推动区域互动、城乡联动、陆海统筹，这对于优化空间结构、建设现代化经济体系具有重大意义。

近年来，在中共中央的统一部署下，东北地区在区域协调发展方面成效显著。辽宁沿海经济带、沈阳经济区、长吉图开发开放先导区、哈大齐工业走廊，着力解决区域发展不平衡、不充分的矛盾；主动参与服务"一带一路"建设，为东北地区扩大开放提供载体和平台；积极主动推进辽宁与江苏、吉林与浙江、黑龙江与广东、沈阳与北京、大连与上海、天津与长春、哈尔滨与深圳对口合作，在互动交流中实现互惠共赢。这些举措，为东北老工业基地振兴发展增添了新的动力。

尽管已经取得一些成绩，但与习近平总书记和中共中央对于区域协调发展的要求相比还存在一定差距。要用习近平总书记的重要讲话精神武装头脑，坚持问题导向、目标导向相统一，抓落实、转理念，着力打好协调发展组合拳。

面向省内，要培育发展现代化都市圈。发挥沈、大、哈、长对东北地

区经济发展的带动作用，在自身发展的同时，带动周边其他城市和区域的发展，打造要素有序自由流动、主体功能约束有效、基本公共服务均等、资源环境可承载的区域发展新格局，实现各区域的协调发展。

支持东北地区各城市发挥比较优势，飞扬所长，各尽其能，实行分类考核。大连、沈阳、长春、哈尔滨等城市，主要支持增强中心城市辐射带动力，重点考核经济转型发展和科技创新等方面指标。东北地区资源型地区、老工业城市等主要支持民生保障、生态修复、产业转型和可持续发展，统筹考核民生事业、生态环保和经济发展等方面指标。东北地区重点生态功能区、农产品主产区主要支持进一步增强生态服务功能和农产品供给能力，优化调整相关考核指标。

立足东北，要形成东北地区协同开放合力，加强各省份在重点区域和重点领域的合作。以深入融入"一带一路"建设为契机，探索共建"东北亚经济走廊"，引领东北地区实现高水平开放、高质量发展。

放眼全国，要深入推进与国家重大战略的对接和交流合作。当前，东北地区与京津冀、长江经济带和粤港澳地区的合作仍然不够紧密，有非常大的交流合作空间。应进一步巩固扩大与东部地区对口合作的成果，并以此为依托，主动对接京津冀协同发展、长江经济带发展、粤港澳大湾区建设三大国家重大战略，主动参与南北互动，重点在体制机制创新、产业合作、人才交流和平台载体建设等方面有所突破，借助国家重大战略带来的发展新动力，推动振兴发展。

要特别重视环渤海地区经济合作和东北地区与东部地区对口合作，以此为依托加强与京津冀、长江经济带、粤港澳大湾区等区域合作对接。

一是加强与京津冀地区的合作，共同打造环渤海经济圈。与东北地区紧邻的京津冀地区是我国北方重要的经济中心，对东北经济发展的辐射和带动作用巨大。加强与京津冀地区的合作对接，是实现东北地区产业转型升级和高质量发展的重要途径。东北地区与京津冀地区的合作对接要以资源要素的空间统筹规划为主线，以构建长效体制机制为抓手，以区域基础设施互联互通、要素市场自由流动和大气污染联防联控为优先领域，以产业结构优化升级和创新驱动发展作为合作重点，实现良性互动、共赢发展。构建东北与京津冀融合互动的体制机制。成立协调发展委员会,共同建立各种专业领域的对接平台。积极搭建政府、企业与咨询机构协作工作的平台。共建东北与京津冀融合发展的试点示范区,推进东戴河中关村合作园区的建设。对接的主要领域包括以下几个方面:

辽宁省现已建成以沈阳汽车及零部件为龙头的高端装备产业集群,同时建有涵盖汽车、农产品深加工、精细化工、船舶、新能源、钢铁等众多工业产业集群。对于以农副食品加工业、装备制造业为代表的传统优势行业,应对接产业高端资源,实现产业由要素驱动向创新驱动转变;以新能源、信息技术业为代表的新兴产业,重点对接中高端产业资源,使其快速成为经济增长的新支柱;以北方重工、沈飞、沈阳机床为代表的省内重点企业的技术水平已经达到国际先进水平,这些企业在发挥自身优势的同时,应充分吸收转移产业的创新能力,重视原始自主创新,以提高产业的集中度与整体竞争力。

吉林省实施以汽车制造、石油化工、农产品加工为主的支柱产业振兴工程,以医药健康、装备制造、建筑、旅游为主的优势产业发展工程和战略性新兴产业培育工程,相对应的产业集群基本形成,应重点对接以上行业,以提高产业集中度,延伸产业链条。在对接重点产业时,要同时兼顾新能源、数据卫星、电子信息、生物、3D打印等新兴产业,形成支柱产业与新兴产业齐头并进的发展态势。

表4-14 东北地区对接的行业选择

地区	重点对接行业
辽宁	智能装备制造;新材料;信息技术业;仪器仪表制造业;节能环保与新能源产业;农副食品加工业
吉林	现代农业和食品加工业;医药制造业;高端装备制造业;汽车及零部件;卫星数据产业;新材料;化学原料和化学制品制造业
黑龙江	现代农业和食品加工业;装备制造业;木材加工和木、竹、藤、棕、草制品业;家具制造业;以石化、煤化为中心的精细化工
蒙东地区	商贸物流、云计算后台服务、医疗卫生等社会公共服务产业

黑龙江省是我国的农业大省，现已形成以农副食品加工业，石油加工、炼焦和核燃料加工业为支柱产业的产业格局。应依托粮仓优势与林业优势，重点对接食品深加工业与木材加工业，提升产业集中度和规模效益。在对接装备制造业方面，依托齐齐哈尔轨道装备公司、国家航空发动机和燃气轮机"两机"项目，发展新型产品，打造产业集群。积极发展精细化工与矿产深加工等，进一步优化工业结构。

内蒙古东部地区以冶金、能源、农畜产品加工等为主导产业，现代服务业发展迅速，辐射蒙东冀北辽西地区的物流枢纽城市正在形成，云计算产业发展如火如荼，赤峰云计算产业基地已初步建成，将成为蒙东云计算数据中心的核心基地。应重点对接京津冀地区的以上行业，做大做强产业集群。在赤峰等有条件的地区吸引承接商贸物流、云计算后台服务等产业。

在交通一体化方面，按照网络化布局、智能化管理和一体化服务的要求，完善便捷畅通的公路交通网，打通国家高速公路"断头路"，全面消除跨区域国省干线"瓶颈路段"，加快铁道和港口建设，构建环渤海现代化港口群。在能源一体化方面，推进北电南送工程。在信息一体化方面，共同推进扩容中俄、中蒙跨境信息通道建设。

在环境保护合作方面，重点是联防联控环境污染，尤其是雾霾治理的跨区域合作。雾霾污染具有长期性、跨区域性和复杂性等特点，要重塑跨区域合作治理理念，建立跨区域空气质量管理机构，创新跨界治理的运行机制。建立区域统一碳排放交易机制和区域立法协作机制，健全京津冀和东北地区的全区域监督机制。此外，京津冀和东北地区要建立一体化的环境准入和退出机制，实施清洁水行动，大力发展循环经济。

在创新合作方面，重点是鼓励引导东北地区与京津冀地区加强创新要素对接流动。推动企业、高等学校、科研院所跨区域开展产学研合作、共建创新平台基地。加快国家自主创新示范区发展，推进全面改革试验区建设，打造我国自主创新的重要源头和原始创新的主要策源地。同时，需做好原始创新、研发转化、集成发展、推广应用的衔接，构建分工合理的创新发展格局。

在社会民生方面，重点是加强统筹协调和衔接配合，推动建立健全有利于资源要素优化配置、流转顺畅的公共服务体系。推进优质教育资源、医疗卫生资源共建共享。加快推动各类社会保险关系在东北和京津冀地区无障碍转移接续，科学设定并逐步统一各地社会保险缴费基数核定标准。加强东北与京津冀地区的人才交流和劳务合作，促进人力资源的合理配置和无障碍流动。

二是全方位推进与东部地区对口合作。东北与东部地区对口合作是实施新一轮东北地区等老工业基地振兴战略的重要举措，是推进东北振兴与"三大战略"对接融合的有效途径，也是促进跨区域合作、实现东北地区高质量发展的创新举措。根据《东北地区与东部地区部分省市对口合作工作方案》，在综合考虑相关省市资源禀赋、产业基础、发展水平以及合作现状等因素下，东北三省与东部三省、东北四市与东部四市建立了对口合作关系，分别是辽宁省与江苏省、吉林省与浙江省、黑龙江省与广东省，沈阳市与北京市、大连市与上海市、长春市与天津市、哈尔滨市与深圳市。深入推进东北与东部地区对口合作，要重点从以下几个方面展开：

加强人才合作，更新观念理念。选派政府部门、产业园区的优秀干部以及国有企业的管理技术人才开展挂职交流，促进观念互通、作风互鉴、办法互学。依托东部地区的优质培训机构和教育基地，为东北地区干部人才开展培训。推动对口合作省市建立高校毕业生就业信息联动机制，支持东北企业在东部地区举办高校毕业生、技术工人专场招聘洽谈会。东北地区要组织相关人员学习东部地区的转型发展经验，开展两地科研单位、政府机构、先进园区之间的交流活动，促进东北地区发展理念更新。

对接市场需求，推动产业协同合作。1.农业和绿色食品业。鼓励对接省市农产品加工龙头企业合作发展，鼓励东部地区农业生产流通企业在东北设立农副产品加工基地。东部地区对接省市要加大对东北绿色有机农产品的推介力度，定期举办农产品产销对接活动。2.装备制造业。发挥对接省市在先进制造业方面的比较优势，聚焦电力设备、高档数控机床、石化和冶金装备、轨道交通设备等大型装备制造能力，合作建立研发制造基地，推动东北地区制造业的智能化转型升级。3. 新兴产业。重点开展对接省市石墨烯、钛合金、碳纤维等产业研发加工合作，支持两地企业在互联网、大数据、云计算、物流网等领域开展合作。共同推动东北地区对接东部省市的互联网平台，加快"互联网+"发展。4. 医药健康产业。全面梳理对接省市医药健康产业及医疗机构资源，开展多层次合作。吸引东部省市的知名医疗机构在东北地区设立分支、参与医疗资源改制、设立新型医疗机构，推动中医药项目合作。5. 文化旅游产业。加强对接省市旅游部门的交流，深入挖掘、充分利用东北地区的冰雪、森林、草原等生态旅游资源，共同发展旅游、文体、休闲等产业，倡导互为旅游客源地和目的地。鼓励两地旅游企业开展跨区域合作，共同建设旅游风情小镇。6. 促进港口联动发展。借鉴江苏省港口运营等领域的管理经验，加强辽宁省港口物流合作和港口经贸物流园区功能提升。推进辽宁省港口临港产业的发展，促进辽宁沿海港口参与"一带一路"建设。

互鉴政策经验，推进体制机制创新。推进政府管理体制改革，借鉴东部地区的先进经验，进一步深化简政放权、优化服务改革，全面优化投资营商环境。加强对接省市在转变政府职能、分类推进事业单位改革、降低制度性交易成本等方面的经验交流。加强对接省市在深化国有企业改革方面的经验交流，鼓励共建国有资本投资运营公司和国有资产市场化运作平台，创造条件鼓励东部省份有实力的企业通过多种方式参与东北地区国有企业改革、改造、重组和国有企业混合所有制改革试点。推动民营经济发展，加强对接省市民营经济发展经验交流，完善东北地区民营经济发展的政策环境、市场环境、金融环境、法治环境等。

搭建平台载体，探索共赢发展路径。加强重点区县和功能区合作，促进东北地区与东部地区国家级新区、国家自主创新示范区、综合保税区、国家级经济技术开发区等重点开发开放平台之间的交流对接，确定各对接省份内部区县之间的合作关系。支持对接省市工商联、商会、行业协会开展交流合作，通过联合组织招商队伍、联建招商网站等方式，共同开展招商引资活动。对接省市依托展会平台，共同宣传推介名优地产品，在商超互设"名优地产品销售专区",大力推广品牌产品。

好风凭借力,扬帆正当时。东北地区协调发展潜力巨大,要坚定信念,放眼更大的格局,进一步解放思想、抢抓机遇、借势发力,科学统筹,精准施策,努力在全面振兴的征途中展现新气象、新担当、新作为。

四、更好支持生态建设和粮食生产,巩固提升绿色发展优势

习近平总书记高度重视粮食生产和生态文明建设工作,在深入推进东北振兴座谈会上强调指出,东北地区对维护国家国防安全、粮食安全、生态安全、能源安全、产业安全的战略地位十分重要,并就更好支持生态建设和粮食生产、巩固提升绿色发展优势做出重要指示,提出明确要求。要贯彻绿水青山就是金山银山、冰天雪地也是金山银山的理念,落实和深化国有自然资源资产管理、生态环境监管、国家公园、生态补偿等生态文明改革举措,加快统筹山水林田湖草治理,使东北地区天更蓝、山更绿、水更清。要充分利用东北地区的独特资源和优势,推进寒地冰雪经济加快发展。要牢固树立"四个意识",站在战略和全局的高度,不断增强责任感、紧迫感、使命感,认真学习领会,抓好贯彻落实。

粮食稳则天下安。习近平总书记一再强调,中国人的饭碗任何时候都要牢牢端在自己的手上。在黑龙江农垦建三江管理局考察时,习近平总书记双手捧起一碗大米,意味深长地说:"中国粮食!中国饭碗!"字字千钧,别有深意。东北平原是世界三大黑土区之一,是我国粮食生产核心区,自然资源得天独厚,战略地位十分重要。各地区、各部门要以加快推进农业供给侧结构性改革为主线,以增加绿色优质粮食产品供给、促进农民持续增收和保障粮食质量安全为重点,加快实施优质粮食工程,推动粮食产业创新发展、转型升级和提质增效,为构建更高层次、更高质量、更有效率、更可持续的粮食安全保障体系夯实产业基础。

一是要切实加强粮食生产。作为农业大省,东北地区也承担着为全国提供更多高质量农产品的重任。要加快粮食生产结构调整,稳定发展水稻生产,重点支持三江平原、松嫩平原和辽河平原发展优质粳稻,并在其他

水土资源条件较好的地区适当发展水稻种植。建设优质专用玉米产业带，着力提高单产，适当调减非优势区的玉米种植。加强优质大豆生产基地建设，加快新品种、新技术推广，提高蛋白或油脂含量。实施藏粮于地策略，全面划定永久基本农田，大力实施农村土地整治，完善耕地质量等级调查评价与监测制度，推进耕地数量、质量、生态"三位一体"保护。全面推进建设占用耕地耕作层剥离再利用，完善耕地保护补偿机制。强化科技支撑，逐步实现主要粮食作物生产全程机械化，建设现代农业示范区、农业标准化示范区。

二是要加快发展特色农业。东北地区以其特殊的地理环境和气候条件，形成了区域性特征明显的特色农业。纬度高、气候湿冷、光照条件良好是东北地区的主要特点，覆盖着肥沃的黑土地和广袤的针叶林植被，盛产大豆、玉米以及人参、药材、食用菌等特色农产品，具有产量高、经济效益好、产品较为稀缺等特点。具体来看，黑龙江省的特色农作物包括人参、甘草、枸杞、龙胆草、黑木耳、香菇等。吉林省农产品以园参、蔬菜和水果为特色，辽宁省则以水果、蚕茧、园参为特色，内蒙古东部的特色农业则主要为牛羊肉生产。东北地区要大力发展特色农牧业，全力抓好人参鹿茸貂皮"东北三宝"、有机水稻、苹果梨、食用菌、松茸、浆果、细毛羊等特色产业的提质增效，做大做强，巩固品牌地位。

东北地区发展特色农业应有适宜的体制作为支撑。在现有的经济体制下，应充分结合东北地区自身特点，积极发展合作制经济，将家庭联产承包制、商品经济、股份制经济引入合作制经济中，大力发展高水平的集体经济，深化经济体制改革，以科学、现代的经营管理促进特色农业发展。在完善相关制度体系的基础上，更要聚焦微型金融、农业科技创新、农业科技园区建设，努力探索东北地区特色农业品牌建设的新途径。

在东北地区特色农业的发展过程中，要重视农民的主体地位，发挥农民的主体性作用。要加大培训经费投入，设立培训专项经费，加快农民技术教育培训机构的建设，培养有文化、懂技术、会经营的新型农民，提高农民的整体素质。此外，应积极推广使用物联网、云计算、大数据等现代信息技术，发展"互联网+"现代农业，扩大东北地区优质特色农产品的销售范围。

三是要完善休闲农业。休闲农业作为一种新型农业生产经营形态，能够调整和优化农业结构，延长农业产业链，是新常态下农村经济增长的潜力所在。东北地区有发展乡村休闲旅游的有利条件，应充分开发利用农村资源，促进经济结构升级。推动农业与旅游休闲、教育文化、健康养生等深度融合，发展观光农业、体验农业和创意农业。

发展湿地休闲农业，将东北地区的湿地景观和农业景观资源、旅游资源相互整合，打造新型观光农业。当地居民、企业、科学家、政府、非政府组织和志愿者要共同行动，因事因地制宜，推动东北地区湿地休闲农业的发展。以长白山自然风光游、朝鲜族民俗风情游、跨国跨境异国风情游、田园生态游、林海雪原游为重点，发展绿色生态旅游，推动东北地区休闲农业的发展。

此外，发展休闲农业，要强化政府部门的公共服务作用，在资金、技术、管理等方面给予支持和指导。创新休闲农业的运营管理体制机制，更新休闲农业的发展理念和组织模式。塑造品牌，提高质量，加大产品宣传营销力度，加快休闲农业高素质人才队伍建设等，推动东北地区农村经济、社会、生态的全面健康发展。

绿水青山既是自然财富、生态财富，又是社会财富、经济财富。环境就是民生，青山就是美丽，蓝天也是幸福。良好的生态环境是东北地区经济社会发展的宝贵资源，也是振兴东北的巨大优势。近年来，东北地区认真贯彻落实习近平总书记关于生态文明建设重要指示精神，坚持绿色发展理念，生态文明和生态环境保护制度体系加快形成。

东北要加快推进振兴发展，必须转变观念开动脑筋，将生态资源转化为生态资本，使蓝天白云、绿水青山、冰天雪地成为长远发展的本钱，加快调整经济结构、转变发展方式，努力走出一条生态优先、绿色发展的新路。要抓住制约农业提质增效、品牌建设、转型升级的关键问题，提高供给结构适应性和灵活性。把稳定提高粮食产能作为基本底线，因地制宜，调减非优势区玉米和低端农产品；发挥优势，扩大市场紧缺、潜在需求大的农产品生产。要发挥科技的引领作用，延长农业产业链、提升价值链，构建农业与二、三产业交叉融合的现代产业体系。

一是要加强森林、草原、湿地、黑土区保护。推进大小兴安岭和长白山等重点林区保护，控制呼伦贝尔、锡林郭勒、科尔沁等草原的退化沙化趋势，加强三江平原、松辽平原、松嫩平原等重点湿地保护。结合黑土生态环境修复，开展黑土培肥工程。实施盐碱地治理工程，逐步恢复沙地植被。二是要健全生态环境保护的制度体系。建立生态保护补偿机制，加大生态保护红线区、重要生态功能区和生态脆弱区的补偿力度，推动受益方和生态保护与治理地区通过协商方式建立横向生态保护补偿机制。三是要加强环境污染防治。把治理雾霾放在突出位置，逐渐消除重污染天气，确保工业污染达标排放，加强机动车尾气治理。推动污染减排、水污染防治、工业污染防治、农牧区面源污染整治等重点工程。四是要积极发展循环经济，淘汰落后产能，集约利用资源。对产业存量实施循环化改造，增量进行循环化构建。限期强制淘汰落后工艺和设备，遏制高耗能行业过快增长，推广先进技术、工艺和装备应用，提高企业能源利用效率；加强煤炭资源清洁利用，积极发展天然气、风电、太阳能等清洁能源，提高矿产资源的节约集约利用。

五、深度融入共建"一带一路"，建设开放合作高地

习近平总书记在深入推进东北振兴座谈会上对深度融入共建"一带一路"、建设开放合作高地提出一系列要求，思想深刻、内涵丰富，是东北地区提升开放型经济水平的行动指南。要深刻理解、准确把握习近平总书记的重要论述，把对外开放作为振兴发展的重要抓手，全力构建内外联动、陆海互济的全面开放新格局。

开放发展，是新发展理念的重要组成部分；推动形成全面开放新格局，是中共十九大报告中明确提出的战略安排。对外开放，核心是解决发展内外联动问题，目标是提高对外开放质量、发展更高层次的开放型经济，是

联通国内国际的纽带桥梁，是全面深化改革的"动力源"和"试验场"。要充分认识到，开放兴，东北兴，加快落实辽宁自由贸易试验区重点任务，完善重点边境口岸基础设施，发展优势产业群，实现多边合作、多方共赢。

一是要突出东北特色，构建开放格局。东北地区毗邻黄渤海，通衢东北亚，是"一带一路"建设的重要节点，是连接欧亚大陆的重要门户，具有全面开放的独特区位优势。同时，东北地区也是我国重要的老工业基地，工业门类齐全、基础设施完善、人才资源丰富，具有全面开放的雄厚产业优势。要保持定力、坚定信心，以参与服务"一带一路"建设为引领，以辽宁沿海经济带开发开放和沿边地区开发开放为支撑，以大连东北亚国际航运中心为龙头，以积极参与京津冀协同发展、长江经济带发展、粤港澳大湾区建设为依托，着力构建全方位、多层次、宽领域的对外开放格局，实现互利共赢。要着力推进中蒙俄经济走廊建设，共同规划发展三方公路、铁路、航空、港口、口岸等基础设施资源。发展中蒙俄定期国际集装箱运输班列，建设一批交通物流枢纽。积极加强与亚洲基础设施投资银行、金砖国家新开发银行等金融机构的沟通衔接。深化对俄合作，加强航空航天、铁路、电力、现代农业、林业、矿业等领域投资合作，建设中俄科技创新合作平台，推动黑瞎子岛保护开发，支持哈尔滨对俄合作中心城市、牡丹江中俄地区友好合作示范城市建设，推进中俄"绿色通道"合作和特定商品监管结果互认。加强对蒙合作，提升二连浩特等对蒙口岸功能，共同实施乌兰察布—二连浩特—乌兰巴托铁路升级改造。

二是要提升能级水平，打造平台载体。打造高能级的对外开放大平台，显著增强统筹国际国内两个大局、利用国际国内两种资源、开发国际国内两个市场的能力。东北地区要协同推进沿海沿边内陆开放，进一步发挥辽宁沿海经济带和东北沿边地区的开放带动作用，以主要交通干线为轴线，以沿海港口和沿边口岸为支点，做强开放型经济。建设好满洲里、二连浩特、绥芬河—东宁等重点开发开放试验区和珲春国际合作示范区。加强内陆地区口岸和基础设施建设，打造以装备制造、战略性新兴产业、服务外包等为特色的外向型产业基地。优化对外贸易结构，积极发展跨境电子商务、市场采购贸易等新型贸易方式。推进中德（沈阳）高端装备制造产业园建设，继续加强中德（沈阳）企业合作基地建设。建设大连中日韩循环经济示范基地和跨境电商综合试验区。打造边境与跨境经济合作平台，促进二连浩特、满洲里、绥芬河、黑河、珲春、和龙、丹东等边境经济合作区加快发展。

要进一步提高自贸试验区建设质量，形成更多具有辽宁特色的制度创新成果，进一步彰显全面深化改革和扩大开放的试验田作用，并探索创建大连自由贸易港。要加快探索创建辽宁"一带一路"综合试验区和辽宁沿海经济带"16+1"经贸合作示范区，使其成为辽宁全面开放的标志性品牌。要完善重点边境口岸基础设施，逐步形成现代化国际航运中心服务体系和开放口岸。要推进大连金普新区、长春新区、哈尔滨新区以及一批产业园区提质增效升级，不断提高战略性新兴产业和优势产业聚集度，使其成为对外开放的重要载体。

三是要促进产业转型，激发开放动能。应以开放促进产业结构调整，下大力气解决重化工业"一柱擎天"和结构单一问题；加快现代服务业对外开放，进一步扩大金融、科技、教育、文化、旅游等领域开放合作；深化国际产业合作，着力促进国际产能合作，支持境外经贸合作园区建设，带动更多辽宁企业"走出去"；加快推动外贸转型升级基地建设，大力发展外贸新业态新模式，着力培育外贸竞争新优势。

思想之光指引前行之路。要坚定不移地贯彻落实习近平总书记重要讲话精神，张开双臂、拥抱世界，积极构建开放型经济新体制，努力培育形成开放新优势，加快构建全面开放新格局，就一定能以开放带动创新、推动改革、促进发展。

六、更加关注补齐民生领域短板，让人民群众共享东北振兴成果

"民惟邦本，本固邦宁。"习近平总书记在深入推进东北振兴座谈会上明确提出，要更加关注补齐民生领域短板，让人民群众共享东北振兴成果。要确保养老金按时足额发放，确保按时完成脱贫任务，完善社会救助

体系,保障好城乡生活困难人员基本生活。要加大东北地区公共基础设施领域的投资力度,支持东北地区轨道交通、集中供热、网络宽带等城市基础设施建设。

这些重要论述,贯穿着以人民为中心的发展思想,体现了为人民谋幸福的不变初心。要更加深刻认识民生工作的重要性和紧迫性,带着党性、带着责任、带着感情,以更大力度、更实举措做好民生工作,使人民获得感、幸福感、安全感更加充实、更有保障、更可持续。

中共十八大以来,东北地区牢记习近平总书记嘱托,把民生福祉作为一切工作的出发点、落脚点,坚持保基本、兜底线、广覆盖的理念,既积极而为,又量力而行,把有限的资源用在刀刃上,用在最需要的地方,老百姓日子持续"拔节"。然而,保障和改善民生没有终点站,随着人民群众生活水平的日益提高,人民对美好生活的向往更加强烈,百姓的需要呈现多样化多层次多方面的特点,期盼有更好的教育、更稳定的工作、更满意的收入、更可靠的社会保障、更高水平的医疗卫生服务、更舒适的居住条件、更优美的环境、更丰富的精神文化生活。与此同时,东北地区在民生领域仍存在不少短板,2020年实现贫困人口全面脱贫任务艰巨,城乡收入差距依然较大,就业、教育、医疗、养老等公共服务领域供给能力和水平需要进一步提升。可以说,对民生工作,既面临还清历史欠账的压力,也面临"更上层楼"的挑战。

更加关注补齐民生领域短板,需要紧紧抓住人民最关心最直接最现实的利益问题,坚持问题导向、直面难点痛点,注重在整体推进的基础上把握关键环节,一件事情接着一件事情办,一年接着一年干,把好事办好、实事办实,让人民群众更多更公平享受到振兴发展成果。

一是要健全社会保障体系。基本实现人人享有社会保险。社会保险覆盖范围进一步扩大,城镇居民社会养老保险和新型农村社会养老保险实现全覆盖。通过政府贴息、银行贷款垫付等方式,为困难群体缴纳养老保险费。推进机关公务员参加工伤保险和机关事业单位职工参加生育保险。提高社会保障水平。逐步提高企业退休人员基本养老金水平,60岁以上城镇非就业居民和农村居民普遍享受政府提供的基础养老金待遇,并逐步提高待遇水平。提高基本医疗保障水平,全面实施大病医疗保险,职工医保、城镇居民医保和新农合政策范围内住院费用支付比例分别达到80%、70%和75%。继续提高工伤职工伤残津贴、生活护理费和工亡职工供养亲属抚恤金标准。实现失业保险金标准与物价上涨挂钩联动机制,保障失业人员基本生活。完善社会福利和社会救助体系。逐步建立与社会主义市场经济体制相适应的社会福利事业管理体制和运行机制,坚持建设与挖潜相结合、政府投资与广泛动员社会力量投入相结合、建设示范性福利设施与发展社区福利设施相结合的原则,加快养老服务设施、儿童福利服务设施、社会救助设施、残疾人服务设施和殡葬服务设施等社会福利和救助设施建设。确保养老金按时足额发放,确保工资、教育等基本民生支出,完善社会救助体系,保障好城乡生活困难人员基本生活,进一步筑牢保基本、兜底线的民生保障网,让百姓心里有底。要把稳定就业放在更加突出位置,拓展就业空间,加强就业保障,把更多力量放在重点地区和重点人群身上,牢牢守住就业基本盘,确保就业形势保持稳定。要加大公共基础设施领域的投资力度,不断完善轨道交通、集中供热、网络宽带等城市基础设施。

二是要抓好脱贫攻坚。2020年,要确保贫困人口全部实现精准脱贫,这是必须打好的三大攻坚战之一。经过多年努力,脱贫攻坚工作取得了阶段性成果。但目前剩下的都是贫中之贫、困中之困、难中之难,已经到了"啃硬骨头、攻城拔寨"的冲刺期。巩固已有成果,攻克最后"堡垒",各地区、各部门要按照"六个精准""五个一批"要求,坚持"五级书记抓扶贫",讲究方法、精准施策,脚踏实地把扶贫脱贫工作做实、做细、做好。注重扶贫同扶志、扶智相结合,深入开展教育扶贫,使贫困人口增强内生脱贫动力,提高发展能力。坚持从严标准,时间服从质量、进度服从效果,坚决杜绝弄虚作假,始终做到"真扶贫、扶真贫、真脱贫"。

此外,要全面推进棚户区改造,加快推进资源枯竭城市和独立工矿区、老工业城市、国有林区和垦区以及重点镇棚户区改造,基本完成城镇棚户区和危房改造任务。将棚户区改造与城市更新、产业转型升级更好结合起来，切实解决群众住房困难。棚户区改造有关政策和补助资金应适当向东北地区倾斜。推进精准扶贫、精准脱贫。加大财政扶贫投入，吸引社会资金参与扶贫开发。建立健全精准扶贫责任体制，落实地方党政主要领导第一责任人制度。创新扶贫开发方式模式，通过发展特色产业、转移就业、易地扶贫搬迁、生态保护扶贫、教育扶贫、兜底保障脱贫、健康扶贫等措施，实现东北地区全部建档立卡贫困人口脱贫。推进城市更新改造和城乡公共服务均等化，加大城市道路、城市轨道交通等设施建设与更新改造力度，推进城乡规划、建设和基本公共服务一体化，建设美丽宜居乡村，实现共享发展。

三是要努力提高居民收入。实施就业优先战略。大力支持就业容量大的服务业、民营企业和中小企业发展，对吸纳就业量大的产业进行政策和资金扶持。鼓励各级政府和社会组织大力发展社区就业，充分利用社区资源，积极吸收社会资金，做大做强家政服务、商业便民服务、用人单位后勤服务和社区便民服务等。加快培育农村产业之城，推动解决区域农村劳动力的就业问题，逐步形成具有区域特色的就业品牌。全力提升公共就业服务机构功能建设。支持自主创业，以创业带动就业。鼓励支持更多的高校毕业生、失业人员、退伍军人和农村"能人"自主创业。扶持重点人群就业。加强对城镇就业困难人员、农民工的就业帮扶和对退役军人、大专院校毕业生的就业指导服务。扶持"4050"人员就业，确保有就业能力的零就业家庭至少有一人就业。提高工资性收入。健全完善企业工资正常增长机制，逐步提高最低工资标准。加强对用人单位支付劳动报酬情况的监督检查，加大对违反最低工资标准行为的惩处力度，切实维护劳动者合法权益。鼓励引导企业逐步建立企业年金制度，努力实现劳动报酬增长与劳动生产率提高同步。逐步提高机关事业单位人员收入。规范机关公务员津贴补贴管理，逐步提高公务员津贴补贴水平。完善事业单位绩效工资制度，确保义务教育阶段教师平均工资水平不低于当地公务员平均工资水平，逐步提高住房公积金缴存比例。多渠道增加财产性收入。改革农村产权制度促进农民增收。推进农村宅基地使用权、集体建设用地使用权、土地承包经营权确权登记颁证，引导有序进入市场。规范推进农村集体经营性建设用地流转试点工作，在符合规划和用途管制前提下，允许农村集体经营性建设用地出让、转让、租赁、抵押、入股，实行与国有土地同等入市、同权同价，推动建立城乡统一的建设用地市场。完善征地制度，逐步提高征地补偿标准，探索收益共享机制。拓宽民间资本投资渠道。推进投融资体制改革，放宽居民投资领域，降低投资门槛，引进民间资本进入实体经济，鼓励、支持民间资本通过参股、联合、并购、独资等多元化投资方式参与投资建设，引导居民通过债券、股票、基金、保险和不动产进行投资，将资金、技术和管理等要素转化为经营性产权。

四是要优先发展教育事业。提高基础教育水平。加快发展学前教育，促进学前教育普惠化发展。不断优化中小学校布局，抓住棚户区改造契机，着力解决老城区学校布局不合理问题。加快普及高中阶段教育，高中阶段毛入学率达到90%，全面满足初中毕业生接受高中阶段教育的需求。率先从建档立卡的家庭经济困难学生实施普通高中免除学杂费，实现家庭经济困难学生资助的全覆盖。实施重点扶持，努力提升教师队伍整体水平。大力发展现代职业教育。强化职业教育的内涵建设，深化产教融合、校企合作，培养高素质的技能型人才。以示范、重点职业院校和重点专业为引领，优化职业教育的层次结构，做强中等职业教育，做优高等职业教育。办好特色优势专业，压缩供过于求的专业，调整改造办学层次、办学质量与需求不对接的专业，建立面向市场、优胜劣汰的专业设置机制。进一步强化公共实训基地建设，优化师资结构，推进职业教育信息化进程，夯实职业教育基础能力，提高办学水平。坚持政府主导，行业、企业、社会力量积极参与多元化办学，建立产教融合协作机制，深化校企合作办学，激发学校办学活力。优化发展高等教育。实施高等教育提升工程，加强高校能力建设，以学科建设为重点，支持前沿性、前瞻性重点学科建设，形成一批高水平、有特色的学科群，建立具有科研及人才培养强大实力、产业化发展前景广阔的学科体系和研究生教育保障体系，提升高等教育的教育质量和办学水平。促进高校特色发展,提升高校科研创新和社会服务能力。以引进优质教育资源为重点,推进中外合作办学,吸引国内外高水平大学到新区办学,拓展国际交流和合作,提高高等教育的现代化水平。大力推进现代远程高等教育发展。

五是要加快发展医疗卫生事业。健全医疗卫生服务体系。合理布局和配置公共卫生资源,全面建成城市两级医疗服务格局(综合医院和社区卫生服务机构)和农村三级医疗卫生服务网络(县级医院、乡镇卫生院、村卫生室)。加强医疗服务质量管理,发展民营医疗机构。鼓励社会资本举办康复医院和护理院,满足群众个性化康复和护理需求。提高城镇居民医疗保险门诊统筹待遇,扩大医保个人账户使用范围,在定点零售药店购药实现家庭共享。启动县级公立医院改革和区域医疗机构联合体建设试点工作,有序推进村卫生室和非政府办社区卫生服务中心实施国家基本药物制度,城乡居民更多享有公平均等化的公共卫生服务。建立社区卫生服务平台,逐步落实家庭健康服务责任制,为居民提供便捷、经济、优质的基本医疗服务。提高社区卫生服务水平,一方面加强对在职人员基本业务能力、诊疗水平的培训;另一方面,严格人员准入制度,引进符合社区卫生服务要求的医务人员。积极探索社区卫生服务机构与预防保健机构、公立医院分工合作机制,完善双向转诊制度,推动社区卫生服务与城镇职工、居民基本医疗保险制度的衔接。

民生连着民心,民心凝聚民力。民生与发展从来都是一个相辅相成、相互促进的有机整体。要坚持以造福人民为最大政绩,把老百姓的安危冷暖时刻挂在心上,既做大蛋糕,又分好蛋糕,汇聚起加快推进振兴发展的最强正能量。

七、坚持和加强党的全面领导是东北振兴的坚强保证

东北振兴,关键在党,确保习近平总书记提出的六个方面要求不折不扣落到实处、取得实效,必须瞄准方向、保持定力、一以贯之、久久为功,必须坚持和加强党的全面领导。

要加强东北地区党的政治建设，全面净化党内政治生态，营造风清气正、昂扬向上的社会氛围。要始终牢记习近平总书记的要求，把各级党组织建设得更加坚强有力，推动各级党组织和广大党员干部解放思想、锐意进取，深化改革、破解矛盾。振兴东北是中共中央做出的重大决策部署，要进一步提高政治站位，牢固树立"四个意识"，坚定"四个自信"，把"两个维护"落实到行动上、体现在工作中，从关乎国家发展大局的战略高度出发，切实把推进全面振兴放到党和国家事业发展全局中去思考、去定位、去推动，形成对国家重大战略的坚强支撑。

要加快建设一支高素质干部队伍，不断提高领导能力、专业化水平。坚持正确选人用人导向，落实新时期好干部标准，树立干事创业的鲜明导向，通过把担当作为者大胆用起来，让敢于担当蔚然成风，通过把庸碌无为者坚决"调"下去，形成调整一个、教育一片、警示一批的震慑效应。领导干部要带头转变作风、真抓实干，出真招、办实事、求实效，防止和克服形式主义、官僚主义。政治生态同自然生态一样，污染容易，治理不易。要坚持无禁区、全覆盖、零容忍，坚决查处各类腐败案件，始终保持党同人民的血肉联系。适应振兴发展迫切需要，教育引导各级干部大兴调查研究之风，紧密联系实际，深入基层深入一线，虚心向基层学习、向群众学习，努力在化解克服各类现实矛盾和困难中，不断提高解决制约振兴发展突出问题的能力和水平，激发创新创造活力，更好地履职尽责、干事创业。

要转变作风、真抓实干。作风问题本质上是党性问题，是衡量对党忠诚的重要尺子。要站在讲政治的高度，切实转变作风，特别是各级领导干部要带头转，出真招、办实事、求实效，坚决反对和防止"政绩工程""形象工程"。要强化担当、迎难而上，凡事拿出一股认真劲儿，直面问题，找准"病根"、对症下药，举一反三、注重长效。要坚决整治弄虚作假、虚报浮夸等问题，坚决杜绝"数字造假"，始终对党忠诚老实，做老实人、说老实话、办老实事。

要坚持无禁区、全覆盖、零容忍，坚决查处各类腐败案件，始终保持党同人民的血肉联系。习近平总书记深刻指出，政治生态同自然生态一样，污染容易，治理不易。要倍加珍惜来之不易的政治生态总体向好的局面，始终保持惩治腐败高压态势，严厉查处各类违纪违法问题，下力气减少腐败存量、遏制腐败增量。要以抓好中央巡视反馈意见整改为契机，始终坚持把纪律和监督挺在前面，看住重要节点，聚焦"关键少数"，紧盯"隐形""变异"，持续整治"四风"问题，切实解决群众身边的不正之风和腐败问题，不断增强人民群众在正风反腐中的获得感。

深入推进东北振兴，事关我国区域发展总体战略的实现，事关我国新型工业化、信息化、城镇化、农业现代化的协调发展，事关我国周边和东北亚地区的安全稳定。把握东北振兴的重点任务，就要把统筹推进"五位一体"总体布局、协调推进"四个全面"战略布局、把新发展理念贯彻到各个方面。实现东北全面振兴，是历史赋予我们这一代人义不容辞的使命。要坚持以习近平新时代中国特色社会主义思想为指导，贯彻落实中共中央关于东北振兴的一系列决策部署，一以贯之、久久为功，东北地区就一定能重塑环境，重振雄风，实现全面振兴。

第五章

东北振兴战略总论

发达国家促进传统工业地区转型的经验

老工业基地振兴是发达国家工业化进程中遇到的共性问题，也是世界性难题。美国著名经济学家西蒙·库兹涅兹指出，任何高速增长的工业部门发展到成熟期以后，增长速度将逐步减弱，任何产业部门都经历着形成、发展、成熟、衰退的变化过程。老工业基地作为产业部门的空间集合体，随着主导产业部门的衰退，与主导产业部门前、后联系的产业部门也随之衰退，使工业基地整个陷入衰退的困境，这是世界各国在推进工业化过程中必然出现的客观现象。

美国、德国、英国三大老工业基地出现衰退以后，各自政府致力于其改造模式的研究。20世纪90年代中期以后，这些地区的经济突然迅速发展，美国的锈带脱锈，德国的矿山变成了公园，英国的夕阳地带也变成了朝阳地带，形成了所谓的锈带复兴（美国模式）、矿山到公园（德国模式）、调整创生机（英国模式）。尽管经济条件的不同导致他们的改造模式各不一样，但是，我们可以发现其中有一些共性的东西。总的来说，老工业基地调整改造的关键是地区经济振兴而不是单纯企业脱困，因为只有地区经济得到了全面振兴，产业竞争力得到了不断提高，才能创造更多的就业机会，地方才有能力解决日益暴露的各种问题。发达国家的经验具体表现在：1.传统工业的改造与新兴工业的建立并举。他们在改善产业结构过程中，并不是单纯地淘汰传统工业，也不是单纯地致力于发展新兴工业，而是对现有的一些还有比较优势的产业进行改造与改组，实现传统产业的现代化，挖掘原有产业潜力，使其继续发挥优势。2.以地区经济的发展为目的，大力发展交通、教育等基础设施的建设，大力发展第三产业以提高就业，同时加快技术向生产力的转化。他们都充分利用老工业区的雄厚教育潜力，加快技术创新和技术的运用转化。3.制定支持老工业基地振兴的政策。主要是向老工业基地提供低息贷款和政策优惠，用于老工业基地的技术改造和产业结构的升级。改造老工业基地公共设施的资金来源于政府专款，并加强改善老工业基地的投资环境。

综观各国政府的实践经验，各有特色，各有所长，其中有许多规律性的东西值得我们借鉴和参考。"他山之石，可以攻玉"，认真总结一些市场经济国家在这方面的做法，对我们当前和未来一个时期完善我国老工业基地调整改造和转型政策，具有重要参考价值。

第一节　美国支持工业城市转型的经验

美国是联邦制国家，各级政府事权各有侧重，联邦政府职责集中在外交、国防、安全等领域，经济发展的责任主要在地方政府。即便如此，美国联邦依然对工业衰退地区的发展给予了重点扶持。20世纪60年代以来，美国利用市场机制和政府干预，采取了一系列切实可行的战略措施，区际差异得以逐步缩小。支持工业衰退地区开发的政策目标明确，主要包括：

1. 重视立法，依法推进管理。美国政府把援助地区经济发展置于严格的立法、执法和司法过程中。比如1993年，时任总统克林顿签署批准并经国会通过的《联邦受援区和受援社区法案》，就是美国出台的一个系统解决欠发达地区发展问题的法案。联邦政府根据有关法律确定计划，审查援助项目的申请报告，拨付一定比例的资金给州政府，并定期审计资金的执行情况。州政府要制定出如何使用援助资金的法规和会计制度，具体指导和援助计划的实施。落后地区要想获取帮助，必须提出申请，得到批准后，受援助地区有权要求有关部门提供使用援助资金的指导和帮助，同时，必须接受联邦政府按照法律程序的监督和审计，一旦发现违规违法，则随时会被停止援助，当事人还要承担责任。通过严格的法律法规，从而保证援助项目落到实处。

2. 加强配套资金支持。《联邦受援区和受援社区法案》每年拨款25亿美元无偿用于给受援区企业提供税收优惠，具体优惠额度与企业提供就业职位相关。10亿美元用于无偿财政援助，支持受援地区项目建设。联邦政府在全美分三批共确定了38个受援区，其中城市受援区28个，农村10个。申请地区要符合一些条件：一是失业率高于全国平均水平1%以上；二是收入水平低于全国平均工资80%以下；三是遭遇特殊情况（如受灾等）。1994年批准成立首批9个联邦受援区和95个受援社区，其中6个为联邦城市发展署申报的衰退工业城市受援区，主要位于中部和东北部地区，包括底特律、克利夫兰、代顿等传统工业城市。州和地方政府层面对区域发展问题更为关心，它们通过制定贷款、税收和土地优惠政策、对职工再培训、完善交通基础设施、治理城市环境、招商引资等方式推动区域转型和再造。特别是州政府支持设立企业区（Enterprise Zones）和机会区（Opportunity Zones），对于帮助衰退地区快速重建起到了重要作用。企业区和机会区类似开发区性质，其概念与做法来源于英国。政府及其他中介组织为入区企业提供全方位扶持，借此吸引外来投资。机会区的政策更加优惠，入区企业可以享受15年免税政策（免征个人所得税和企业所得税州和地方部分）。选择在某个地区设立机会区的主要标准包括三种情况：区域内就业机会大量流失、经济活动低迷、收入水平低于全州平均水平。

3. 公共部门、私人部门和非营利组织紧密合作，形成合力，将"公私合作伙伴"（Public-Private Partnership, PPP）这一全新理念充分运用于实践，演进出一套有效地推动区域转型发展的治理模式。其中有几个核心要素。一是要有大批的非营利组织积极参与，由半官方机构具体实施。这些机构负责政府资金安排与具体改造项目的实施。比如西南宾州委员会（South Western Pennsylvania Commission）就具体负责匹兹堡市及周边10个郡的联邦和州相关资金、项目的安排。同样，在底特律也设有半官方的底特律经济发展公司（Detroit Economic Growth Corporation, DEGC），该机构领导人员直接由市长任命，承担"棕地"再开发、中心城区发展等6项重要职能。这些企业通过公私合营的方式与政府建立合作伙伴关系，获得政府支持，并参与公共项目的组织实施。

第二节 欧盟支持工业衰退地区发展的经验

一、基本情况

欧盟是世界上经济社会最为发达的地区之一,但欧盟内部区域发展不平衡的问题同样存在。1973年,欧共体委员会向欧洲部长理事会提交了一份关于地区发展的报告,提出对"有问题地区"提供财政援助,并明确"有问题地区"包含贫困地区、传统工业衰退地区(Declining Industrial Areas)、受共同体政策影响的地区和多国边境地区。此报告于1975年3月获得批准,随后欧共体正式设立欧洲发展基金(简称"结构基金"),纳入欧盟财政预算统一管理,专门用于区域政策财政拨款。

1993年《马斯特里赫特条约》签订后,欧盟通过基金安排区域政策财政拨款逐渐成为一种制度。截至2013年,欧盟已先后实施了三个规划期(1994—1999年、2000—2006年、2007—2013年)。在2007—2013年规划期中,欧洲发展基金总额达到3080亿欧元,占欧盟财政预算36%,包括欧洲地区发展基金、欧洲社会基金和欧洲聚合基金三个基金。

欧洲地区发展基金(简称ERDF)作为欧洲发展基金中份额最大的部分,是欧盟区域政策的主要支持工具,主要支持区域包括贫困地区和衰退老工业区。2000—2006年,衰退工业区投资额占基金总额15%。其主要支持区域包括德国的鲁尔区和萨尔区,法国东部和北部洛林、加莱等地区,英国英格兰北部伯明翰、曼彻斯特地区,苏格兰中南部以及比利时东南部地区。例如德国鲁尔老工业区20世纪90年代实施的《鲁尔地区结构改造计划》使用的主要是这一基金,2007—2013年鲁尔区受益资金将达20亿欧元。

二、支持对象选择标准

为明确区域援助政策的受益范围，欧盟统计局根据各地区经济发展水平、产业结构状况、就业率等一系列指标，建立了欧盟地区统计三级单元目录（NUTS）。欧洲地区发展基金以 NUTS-2 作为支持对象（2004年 NUTS-2 为 213 个，基本相当于我国地级市；NUTS-3 为 1091 个，基本相当于我国的县）。在基金第三规划期，规定区域（NUTS-2）人均地区生产总值低于欧盟人均水平 75% 或存在严重失业问题的区域可申请获得支持（根据欧盟地区政策总司定义，严重失业问题指该区域工业部门的失业率在过去三年高于欧盟平均水平，并且工业部门处于退化状态，总就业人数仍呈下降趋势）。

三、主要支持领域

2001 年，欧盟委员会指出，欧盟的区域政策首先是一项团结政策，它是欧盟帮助落后地区经济发展，帮助面临困难的工业地区转型，帮助农业地区多样化发展，以及环境恶化的城市区域再生的主要手段。根据这一原则，欧洲发展基金在每个规划期都设定了阶段性目标和重点支持领域，并辅之以相应的财政资金支持。第一规划期中，欧盟确定了基金七大目标，重点解决贫困地区的发展问题，工业衰退地区的结构失衡、长期失业问题和青年人就业问题，人口稀少地区和跨国边境地区稳定问题；第二规划期中，欧盟确定了三大目标，一是促进人均地区生产总值低于欧盟平均水平 75% 的地区的经济发展和结构转型，二是支持经济结构单一的地区实现结构调整和多样化，三是人力资源开发。第三规划期中，政策支持目标进一步优化，支持经济落后地区建设基础设施，支持衰退工业区进行经济和社会调整，完善教育和培训体制及促进就业。

四、成效

1994—1999 年，欧洲发展基金总额达到 1550 亿欧元，占欧盟财政总预算31%；2000—2006年，基金总额达到2130亿欧元，占欧盟预算30%。2007—2013年，基金总额达到3080亿欧元，占欧盟财政预算36%。据欧盟统计局统计，1996—2006年，接受欧洲地区发展基金援助的NUTS-2地区经济增长率高出欧盟平均水平60%，财政支持政策效果显著。

第三节 德国促进工业城市转型的经验

德国是高度发达的工业化国家，但地区经济发展之间的不平衡也客观存在。在德国长期的历史发展过程中，逐渐形成了鲁尔老工业基地。20世纪50年代末开始，随着石油、天然气和核能等的发展，以煤炭、钢铁等传统产业为主的鲁尔地区和萨尔州经济遭受了巨大冲击，大量人员失业，社会问题骤增。到1997年，鲁尔区的失业率高达14%，远高于全德10.3%和西部各州8.8%的平均水平。随着1990年两德重新统一，德国东、西部之间的发展不平衡问题更为突出。因此，无论是在老联邦州还是在新联邦州都客观上需要国家的地区经济政策。老联邦州地区的主要问题是应对环境变化加剧的地区经济结构转换，如地区局部调整与人工成本高的压力、部分老工业行业与新兴国家及日益增加的全球化竞争的压力、农村发展滞后和人口问题（老龄化和人口减少）的压力等。在新联邦州面临的主要问题是，尽管经历了20年从计划经济体制到社会市场经济体制的转换，但工业重建过程及任务仍然没有结束，在推进企业现代化、创建新的有竞争力的就业岗位和自主增长能力，应对农村地区的人口挑战等方面仍然问题很多。德国政府十分重视老工业基地重振，制定了一系列政策，旨在增强经济落后地区的内在发展动力，改善其经济结构，促进其整体经济的发展。

一、从法律上保证任务实施

1969年,联邦德国政府颁布实施了《改善地区经济结构法》(GRW)。这个法律主要有以下特点:1.将经济落后地区划分为不同等级的扶持区域,企业在此投资可享受政府的优惠政策。2.成立由联邦经济部长担任主席、联邦财政部长和各州经济部长组成的协调委员会,制定包括扶持区域范围、资金分配、监管等内容的落后地区经济促进框架。联邦政府参与制定宏观协调框架,必要时为具体项目提供财政补贴和优惠贷款等扶持措施。州政府为具体承担者,负责制定本地区发展战略、确立未来区位形象,并确定扶持重点、资金用途和资助比例,进行项目审批。3.充分调动地方经济主体和企业的主动性,规定申请补贴的企业自身投资不得低于总投资额的25%,公共财政补贴由联邦政府和所在州各承担一半。4.为保证公平竞争,避免对其他地区造成不利影响,该政策的实施受联邦政府和欧盟的双重监督。联邦德国纳入财政转移支付范围的衰退工业地区识别标准包括:申请有效失业率连续三年超过全国平均水平、主导产业就业岗位急剧减少,人均收入低于全国平均水平。协调委员会的决议必须在联邦政府代表同意和州政府多数票通过的前提下才能获得批准。各州每个月要向联邦经济部汇报资金使用情况,向联邦经济与出口管制局报告项目审批情况。联邦经济部向联邦议院定期通报执行情况。联邦议院根据执行情况审批下一年度的补贴总额。1969年以后,德国政府根据经济发展形势和地区经济发展的新变化,不断对《改善地区经济结构法》进行修改、补充和完善,一直延续至今,成为最重要的地区经济发展政策之一。

二、因地制宜动态确定区域政策援助地区

为确保资金效益的最大化,且能最大限度地支持落后地区发展,德国政府根据各地实际情况和需要,动态地调整需要扶持的区域,合理地分配补贴资金。2006年,德国政府根据欧盟有关要求制定了2007—2013年"改善地区经济结构区域图"。这个"区域图"参考了2002—2005年的平均失

业率（权重50%）、参加法定社会保险人员的年度毛收入（40%）、2004—2011年的就业预测（5%）和基础设施（5%）四项指标，把全国划分为270个就业区，排名靠后的列为A、B、C补贴地区。A类地区包括除柏林以外的大部分前东德地区以及西德的Lueneberg、Luechow—Dannenberg等地区，共有人口1404.5万，占全德总人口17.1%。被选定的企业投资享受最高类别的财政补贴（含欧盟以及德国联邦和州政府的补贴），其中小企业为50%，中型企业为40%，其他企业30%。B类地区包括柏林大部分地区、前西德部分农村地区、老工业基地和巴伐利亚州东部与捷克接壤地区，人口907.5万人，占德国总人口11%，小企业、中型企业和其他企业进行投资时，最高可获得35%、25%和15%的政府补贴。C类地区人口996万，占德国12%。小企业和中型企业的投资补贴上限为20%和10%，其他企业三年内补贴额不超过20万欧元。以上三类地区共有3318万人，占德总人口40.1%。

三、突出重点全力支持鲁尔老工业区转型

1966年，德国联邦政府开始资助鲁尔老工业区煤炭工业、钢铁工业技术改造。20世纪70年代初，德国联邦地区发展委员会将衰退工业地区纳入联邦政府纵向财政转移支付范围。1972—1988年，联邦补充拨款和有条件财政转移支付达890亿德国马克，专项支持鲁尔等老工业基地调整改造。欧洲地区发展基金规范化运作后，2002年德国联邦政府和地方州政府共同建立了产业转型专项基金，由联邦政府承担2/3，州政府承担1/3，用于配合欧盟基金支持老工业基地产业结构调整和人力资本开发项目。主要目标是提高老工业区财政能力、完善公共服务、实现均衡发展，主要支持领域包括企业技术改造补贴，培育发展高新技术产业、第三产业、中小企业和产业集群，安排转岗人员免费培训，资助工矿区环境综合治理，支持城市和工业园区交通、通信基础设施项目建设，支持兴建大学和科技园区等。奔驰、索尼等跨国公司在对德国老工业区的投资中都申请和享受过这种补贴。

第四节 法国支持工业城市转型的经验

二战后,法国工业城市经历了两次转型,大致分为四个时期,不同时期的政策和效果存在明显差异。

1. 1945—1975年工业体系重建与30年经济腾飞。二战后,法国政府重点推动钢铁、煤炭、核能等重工业发展,并大力建设高速铁路、机场和高速公路等公共基础设施。在上述措施的推动下,法国逐步重建了工业体系,煤炭、钢铁、机械、有色、冶金、石化、电力、核能、航空航天、汽车、造船等工业逐步兴起,形成30年的经济腾飞。依托二战前的产业基础,经过该时期的经济发展,最终形成了法国主要的老工业基地和工业城市,包括北部的里尔地区、东北部的阿尔萨斯—洛林地区、中部的巴黎盆地和地中海沿岸的福斯—马赛地区。其中,洛林高原和中央高原东北角为法国的煤炭工业基地,钢铁工业集中在阿尔萨斯和洛林地区,汽车和飞机工业集中在巴黎地区,造船和炼铝工业集中在马赛地区,纺织工业则集中在里昂地区。

2. 1976—1994年第一次工业城市转型。1973年世界石油危机爆发,法国煤炭、钢铁等工业受到严重冲击,部分重工业城市开始出现大量失业人口,迫使法国启动了第一次工业转型,老工业城市的转型全面拉开帷幕。第一次转型重点是淘汰和改造传统落后产业,发展新兴产业。对煤炭行业,从1973年开始实施关闭煤矿政策,首先是资源枯竭和深井作业矿区,而后逐步拓展至所有煤炭矿区,全国煤炭矿区职工由1964年的25万人减少至1997年的9493人,至2004年全部关闭。对钢铁行业,1974年开始政策不再鼓励建设钢铁企业,钢铁工业职工从1974年的15万人减少至1994

年的 5.3 万人。对纺织行业，1974 年开始不再鼓励发展通用纺织行业，纺织部门职工由 1974 年的 71.8 万人减少至 1990 年的 28.6 万人。目前家用纺织业基本消失，仅保留了高技术纺织、智能纺织与奢侈品纺织业。与此同时，法国积极发展电子信息和电子计算机等新兴产业，改革汽车等工业行业的生产模式，鼓励采用机器人和自动化技术提高企业生产效率。

3. 1995—2008 年第二次工业转型。1993 年欧洲联盟成立，迫使法国全面开放国内市场，由于德国等国工业企业的冲击，法国工业经济 1993—1997 年年均增长速度下降至 3% 左右，1997 年全国失业人口增长到 250 万人左右，这迫使法国开启了第二次工业转型，重点是进一步调整结构，聚焦发展有竞争力的工业领域。

大力发展具有国际竞争力的航空制造、新能源工业和环保产业。依托空客等大型企业，支持航空航天、高铁等产业发展成为具有全球竞争力的支柱产业。大力发展核电工业，支持核电企业开拓国际市场。积极发展环保产业，在国家宪法中规定"谨慎原则"，重视绿色就业，出台标准，打造品牌，发展绿色有机食品。高度重视旅游业等服务业的发展。将主题公园作为推动法国服务业发展的重要途径，建设迪士尼等大型主题公园，服务全球游客需求。针对旅游市场鼓励奢侈品的制造和销售，积极发展品牌箱包、高档成衣等奢侈品制造业。但是，除以上领域，这一时期法国其他工业领域快速萎缩，总体是一个"去工业化"的过程，根据法国工业协会的统计，1971 年法国工业产值占国内生产总值 33.6%，到 2014 年仅占 14.2%，下降了近 20 个百分点。世界经济论坛的国家竞争力报告显示，法国的工业竞争力排名至 2008 年已远远落在美、日、德等制造业大国之后。

4. 2008—2020 年第三次工业转型。受国际金融危机冲击，面对"去工业化"带来的工业增加值和就业比重的持续下降，2008 年，法国启动实施第三次工业转型，旨在通过创新重塑工业实力，使法国重回全球制造业第一梯队。2013 年 9 月，法国政府公布了"工业化新法国"计划。2015 年 5 月，法国经济部仿效德国，对"工业化新法国"计划进行大幅调整，形成"工业化新法国 II"，明确了"一个核心、九大支点"发展战略格局。"一个核心",主要内容是实现工业生产向数字化、智能化转型。"九大支点",包括新资源开发、城市可持续发展、新能源汽车、网络和信息技术、新型医药等。法国政府拟通过大力实施该计划,以"进攻性"做法挽回工业落后的局面,并实现再工业化。

在三次工业转型尤其是前两次工业转型过程中,法国对工业城市转型发展做了很多探索,也取得很大成效。特别是在第一次工业转型过程中,洛林地区、里昂地区的改造被视作老工业城市转型的成功案例。法国推进老工业城市转型的主要举措是:

1.将关闭淘汰落后产能与发展新兴产业紧密结合。法国在老工业城市转型中,采用了替换式的转型发展模式,即对以煤炭、钢铁和纺织等为主导产业的工业城市,关闭不具备成本优势的企业,支持建设新的产业园区,尤其是高新技术产业园区,打造城市转型发展的新动力。例如,洛林地区历史上是以煤炭、钢铁为支柱产业的重要工业基地,1968年生铁和钢产量分别达1176万吨和1280万吨,占法国生铁和钢产量的71%和63%,产业结构一度比较单一,随着钢铁工业的关闭破产,失业人口大量增加。实施转型政策以来,法国政府在洛林地区建设了60多个新的产业园区,其中重点建设了南锡和梅斯两个高新技术园区,重点发展信息、自动化、生物技术、材料、交通等国家鼓励的产业。为支持新兴产业发展,法国引导发展态势良好的国营企业到产业园区新建企业,同时将部分国家行政事业单位搬迁到老工业城市,带动该区域的发展,例如,法国国立行政学院搬迁到斯特拉斯堡,阿尔斯通公司在洛林地区建设了新的生产基地。2004年,洛林地区的高新技术企业占比达16.6%,高于法国15.5%的全国平均水平。此外,法国各级政府重视原有工业设施的改造再利用与新功能开发,推动老工业区空间功能的多样化。例如将城市中心工业区的部分厂房进行改造后分割,分租给小企业作为办公区。对部分厂房进行改造重建,保留作为原企业的研发机构或公益性部门的办公用地。对部分具有纪念意义的厂房改造建设成博物馆,开展工业旅游。

2.将国土空间管制和工业转型升级紧密衔接。通过国土空间规划与管制,为工业城市转型创造动力是法国促进工业城市转型发展的重要途径。1984—2008年,法国国土空间规划与地区发展署(Minister of State for Regional Reform)以大区为单元,对落后老工业城市实施复兴计划,1984年在全国确定了15个工业转型试点地区,明确了这些地区产业转型的主要任务和配套政策,约定为该地区工业重振提供部分经费,主要补贴公共基础设施建设,并在国家层面引导企业到这些地区发展,例如批复了《洛林和加莱地区1984—1988年复兴发展规划》。同时,推动老工业城市与邻近大都市之间加强产业协作,签署分工合作协议,规避恶性竞争。例如,巴黎北部的工业基地93省与巴黎市之间签署了《创新不竞争协议》,即对外来投资企业,两地区根据产业基础和发展重点,不互相恶性竞争,形成产业分工协作的共同体。

3. 重点建设国际竞争产业园区。在此前发展产业园区的成功经验基础上,法国在第三次工业转型过程中,积极推进新式产业园区——国际竞争产业园区建设,并将此作为工业城市转型的核心平台。国际竞争产业园区的概念与发展始于2004年,法国将传统的六大工业基地(里尔、巴黎、洛林、里昂、波尔多、马赛)进一步细化为若干工业区,在这些区域率先布局国际竞争产业园区,而后逐渐推广到全国。国际竞争产业园区采用把研究机构、教育机构和生产企业根据某一经济方面的需求集中布局的原则,进行统一规划建设。法国为国际竞争产业园区制定了专门的法律,明确了严格的界定与准入条件。该园区一般规划为5—10平方公里,每个园区明确一个重点发展产业(航空航天、汽车、信息技术、生物医药等),聚集同行业几十家甚至几百家企业,国家在园区内布局一个大学(学院或分校)和一所技术职业学院,以及一个科研机构和共性技术研发中心,形成技术职业学院培养工人,科研机构研发技术,大学培养工程师和科研人员,企业从事生产的组织模式。入园企业由法国经济和工业部的评价机构进行审核,重点审核内容包括企业是否具有创新型专利,是否与所在城市发展方向和国土空间规划相吻合,是否为本行业内的优秀信用企业。为建设国际竞争产业园区,法国成立唯一投资基金,专门负责园区建设投资,目前每年国家投入15亿欧元,大区每年投入20亿欧元。政府为入园企业发展提供特殊政策,包括资金资助、技术支持与科技支持,并通过财政拨款或BOT模式建设园区基础设施。

国际竞争产业园区实施动态调整,根据定期评估结果实施合并或关闭。最初设立时有77个,2013年减少至71个,截至2015年9月为67个,包括60个已建成园区和7个在建园区。目前,67个园区贡献了全国近80%的出口总额和近60%的工业产值。

4.形成推进工业城市转型的政策合力。法国在工业城市转型过程中,采取了积极有效的扶持政策,特别是将财税、投融资、就业等政策与衰退产业调整和新产业培育等重点转型任务相配合,保障各类计划实施。第一,完善促进工业转型的投融资政策。1979年,法国专门为传统工业城市转型设立了工业自应性特别基金和矿区工业化基金,对转型困难地区发展新兴产业进行补贴和专门信贷。2004年,法国在国家储蓄信托银行中设立高收益率"储蓄A"产品(类似我国的专项国债),专门用于支持城市转型中的住房、公共基础设施和新兴产业项目贷款,国家投资银行(BPI)也成立了大巴黎公司(类似我国的城投公司)等融资平台,作为第三次工业转型的战略投资者。2013年,法国成立国家投资银行(BPI),由国家财政和法国信贷公司(CDC)共同出资,集中用于支持创新、战略性产业和中小企业。第二,加大对企业创新的财税支持力度。1955年,法国政府出台了在工业化重点地区实施财政补贴的政策,对符合区域发展计划而创建的工业企业进行补贴。目前,法国工业转型地区符合政策导向的投资,均可享受欧盟或法国政府的各种补贴。例如在洛林地区,政府对企业的技术转让、科技创新、中小企业技术推广等进行财政补贴。积极实行重点行业研发抵税,在第三次工业转型中,在信息技术领域积极推行研发抵税政策,最高可达投资总量的50%。第三,在转型期施行特殊的就业和社会保障政策。20世纪60年代末期,法国制定实施部分工业行业提前退休计划方案,煤炭、钢铁等传统产业的转型企业职工,凡年龄达到55岁的均可办理提前退休,由国家就业基金提供退休金,与正常退休的差额由企业和政府共同承担。1970—1980年,洛林地区煤矿享受该政策提前退休的煤矿业职工有3919人，占同时期退休工人的37.3%。为加快产业结构调整，1980年起，法国政府要求煤矿业全部停止招收新的工人，至1993年，绝大部分煤炭业职工实现自然退休。在鼓励提前退休的同时，政府着力加强职工职业培训，提高职工转岗就业能力。法国劳工部设立了全国通用的个人培训时数账号（C.P.F），保障每人每年享受至少20个小时的职业培训，目前，法国C.P.F账号已有300万人登记。员工培训费用由国家、行业协会和转型企业共同承担，其中国家出资60%，大区出资10%，培训期间可领取基本工资的70%，培训结束后可返回原企业工作，也可以离开企业另谋职业。

第五节　日本促进工业城市转型的经验

日本在促进区域协调发展过程中，逐渐形成了一套较为完整的区域规划立法和政策体系，比较有效地逐步缩小地区间经济发展差距。

制定系统法规。日本区域经济政策是以区域发展的法律体系为核心，由一系列的地区开发立法组成，既有国家性大法，又有地方性法律，既有产业振兴法，又有特定地区法。早在1950年，日本就制定了《国土综合开发法》，作为地区开发的根本法。该法对有关国土和地区开发的审议会制度、全国和各地方以及特定区域的综合开发规划的制定和实施做出了明确规定，并与后来相继制定的《孤岛振兴法》《山村振兴法》《北海道开发法》等关于特定落后地区振兴的法律，《新产业城市建设促进法》《低度开发地区工业开发促进法》等关于对产业的空间布局进行引导的法律，以及《控制首都圈市区内工厂等新建法》《工厂立地法》等限制大都市圈工业布局的法律一起，构成了一个相对完整的地区发展法律体系，使得各地区开发有立法作保障，制度有章可循。在系统立法方面大体经历了四个阶段。

第一阶段，战后复兴期（1945—1955）。主要是制定《国土综合开发法》《北海道开发法》《地方开发促进法》，编制实施全国综合开发计划、地方综合开发计划、都道府县综合开发计划、特定地区综合开发计划等。

第二阶段，高速增长前期（1955—1965）。主要是：1. 出台《首都圈建设法》，制定首都圈基本计划，防止人口及产业过度向首都集中。2. 制定全国综合开发计划，重点是防止大城市过于庞大，缩小地区差距，按基本开发方式将日本全国分为过密区域、建设区域和开发区域。其中，过密区域是对产业等进行管制和引导的区域（京滨、阪神、名古屋、北九州）；建设区域是以引导工业疏散为目的，应当进行基础设施建设的区域（除过密区域以外的关东、东海、近畿、北陆等地区），设定大规模工业开发地区及中等规模开发城市；开发区域是以积极促进开发为目的，应当进行基础设施建设的区域（其他区域），设定大规模地方开发城市、大规模工业开发地区及中等规模地方开发城市。

第三阶段，高速增长后期（1965—1973）。主要是：1965年，出台新全国综合开发计划，以构筑交通通信新网络、产业开发、环保项目为重点，推动大规模开发项目，主要是提出广域生活圈构想，建设核心地方城市，建立连接其与圈内各区域的交通体系。

第四阶段，高速增长的终结（1974—1986）。主要是制定第三次全国综合开发计划，提出"定居圈构想"。根据地区特色，营造充满活力且富足的综合环境，从而打造新的生活圈。

日本和其他主要发达国家一样，在推进工业化进程中，都遇到了传统工业地带（锈带，Rust Belt）的衰退与转型问题。比如，大阪湾附近的旧阪神工业地带是日本主要的工业集中区，在20世纪初该区域工业产值占全日本30%，现在下降到10%左右，从20世纪80年代开始出现大量企业和人口外迁现象。日本学者分析，这些传统工业地带转型困难的主要原因是存在路径依赖，受制于负面因素的持续锁定，包括机能固化、制度固化、空间区域固化、人的固化。要打破制约发展转型的恶性循环，需要综合施策。针对机能固化，应该充分发挥创新引领作用，发展新产业、新业态，促进产业多元化；针对制度固化，应适当放松制度政策管制，允许地方探索创新；针对空间区域固化，应推进老工业区再生、基础设施升级和生态环境建设，打造绿色宜居城区；针对人的固化，要加强人才培养、职业培训，提高学校老师、学生的流动性，积极吸引外部人才，推进知识的信息化并积极推动传播。为支持传统工业地带转型发展，日本中央政府在综合特区选择布局、新兴产业发展、基础设施和创新设施建设、人才培养、企业布局等方面，都给予了大力支持。

创设综合特区是近年来日本实施新成长战略的重大举措，包括国际战略综合特区和提升区域活力综合特区。目前，日本先后认定了7个国际战略综合特区，主要是具有经济成长引领能力和国际竞争优势的大城市及拥有优势资源的区域，分别是：东京都吸引外资的亚洲总部特区，爱知县、岐阜县、名古屋市航空航天产业特区，关西医药创新特区，筑波绿色生活特区，神奈川县、横滨市、川崎市生活创新特区，福冈县、福冈市、北九州市绿色亚洲特区，北海道食品综合特区。国家对这些特区实施特殊政策和支持举措，放松规制限制，国家有关政令和规章制度可按照特事特办的原则进行调整，此外实施税收、财政、金融等一揽子支持措施，主要包括：企业享受相当于投资额15%的税额减免等优惠；灵活应用财政预算额度给予重点支持；中央政府从财政预算中另设综合特区发展机动补充经费；对从特定银行贷款的重点项目给予0.7%的低息贷款，国家实施利息补贴；创设税收抵扣制度，实行特别折旧率或法人所得税抵扣制度。同时，建立事后评估机制，对成立满1年以上的综合特区每年进行评估。在每个国际战略综合特区内部，指定一些园区和区域作为重点区域。如在关西国际战略综合特区内，划定关西国际空港地区、京都学研都市、播磨科学公园都市、神户医疗产业都市、阪神港、北大阪等重点园区作为政策具体支持区域。此外，为了激发地方发展活力，促进地方振兴发展，日本还设立了41个提升地区活力综合特区，明确产业振兴和创业支援等提升地区活力的措施，40多个都道府县和1737个市区町村制定出发展规划（地方版综合战略），中央主管部门审核认定后给予财政支援。

第六节　俄罗斯促进产业结构
单一城市转型的经验

俄罗斯领土东西跨越1万多千米，地区之间发展差异巨大。经济集中在欧洲部分，其中莫斯科和圣彼得堡两市占全俄地区生产总值27%，而617万平方公里远东联邦区（面积占全俄36.4%）仅占全俄地区生产总值4%，现有的1100个大中城市中，310个分布在中央联邦区，198个位于伏尔加河沿岸区，145个坐落在西北联邦区，而南方联邦区、北高加索联邦区和远东联邦区均不足百个，其中远东联邦区和北高加索联邦区则没有一座百万人口以上的城市。特别是苏联时期建设了大量"因厂设市""厂市一体"的城市，这些城市在俄罗斯转轨过程中由于主导企业衰退导致城市发展动能瞬间消失，城市发展陷入困境。近年来，俄罗斯采取了一系列措施，解决产业结构单一的城市的问题。

根据俄罗斯专家研究所的调查报告，产业结构单一市镇的确定标准有两个：一是单一企业或者同一行业的企业创造了全市（全镇）50%的工业产值或者服务业产值；二是同一企业集中了全市（全镇）25%的就业人员。产生了大量产业结构单一的市镇是苏联城市化的典型特征。苏联新城市的建立大致经历四个阶段：建立企业—项目投产—工程竣工—城市形成。可见，在大型工矿企业的基础上发展起来的小城市大多具有产业结构单一的特征，因而被称为产业结构单一市镇。比较典型的产业结构单一市镇集中在采煤、发电、冶金、化工、木材加工、机械制造、食品和轻工业等领域。比如西北工业区形成了以纺织业为主的市镇，伊万诺沃州和临近地区集中了大量纺织业市镇，北方和西北乃至中央区北部形成了大量的木材加工和纸浆制造业市镇，顿巴斯等地区则形成了煤业市镇。产业结构单一市镇在工业发达国家也存在，但从规模上看，俄罗斯的问题要严重得多。根据俄罗斯地区发展部2009年公布的数据，俄罗斯产业单一的城市数量为335个，约占城市总量40%，有1600万人口[1]。产业结构单一城市中，5%（拥有140万人口）危机状况较为严重，需要联邦政府采取措施；15%（540万人口）处于濒临危机的高风险状态，需要联邦主体政府解决；80%需要对其经济和社会发展状况进行定期监控，并制定中长期发展规划。2008年金融危机爆发时，产业结构单一城市的脆弱性显露无遗，特别是专门从事黑色和有色金属冶炼、机械制造的城市。俄罗斯地区发展部从2009年开始制定专门的规划支持这些产业结构单一城市。2010年和2011年，俄联邦经济发展部制定并实施了国家援助试点项目，这些项目使这些城市的劳动市场情况有所缓解，并创造了6万个工作岗位。联邦预算拨款240亿卢布。俄罗斯经济发展部为此设立专门负责机构，协调单一产业城市稳定发展。主要工作一是制定单一产业城市清单，设立城市发展风险评估和发展预测体系，评估国家支持措施效率；二是制定单一城市投资项目清单，确定落实机制和筹措资金；三是会同地方政府及时向政府报告单一城市社会经济状况变坏的可能性，以便采取必要措施[2]。

此外，俄罗斯还积极支持这些结构单一城市充分融入各联邦区中心城市开展产业协作。俄罗斯欧洲中心部分面向欧洲市场；北高加索与外高加索和近东国家相邻，民族政治形势复杂；欧洲部分北部地区是俄罗斯的资源区与主要海运基地之一；乌拉尔与西西伯利亚是俄罗斯经济的资源基础，是与中亚及东南亚国家进行经济协作的技术中坚力量；东西伯利亚与远东，是俄罗斯的资源基地，是主要资源的新兴开发区，是与亚太地区进行合作

---

1. 产业结构单一市镇在俄罗斯属于近些年的新问题，统计数据不完备，各方数据出入较大。2008年俄地区发展部撰的报告《俄罗斯产业单一城市：如何克服危机？》中引用了专家研究所2000年的数据，即单一产业市镇有460个，集中了全俄1/4的人口。而根据社会政策独立研究所的估算，俄罗斯单一产业市镇不少于150个（不包括军工和核工业封闭城市），居住人口占俄罗斯全部人口8%，占城市人口11%。
2. 高际香：《俄罗斯城市化与城市发展》，《俄罗斯东欧中亚研究》2014年第1期。

的前哨。由此，各联邦区的产业布局轮廓基本形成。南部区域产业结构较为齐全的城市和城市集聚区将侧重发展进口替代型加工工业，北部区域分布的产业单一的城镇将主要发展采矿业和原料初加工工业。在乌拉尔地区规划建立两个创新中心：一是叶卡捷琳堡创新综合体；二是以南乌拉尔大学为基础在车里雅宾斯克建立创新中心。实现基础产业的创新发展，特别是交通、重型机械制造、化工、农业、能源机械和仪表、医疗设备、冶金等部门，并建立地区生产集群。此外，打造西伯利亚区域、乌拉尔工业区、亚马尔半岛区、乌拉尔东部坡地区和南乌拉尔农业区五个发展带。依托俄罗斯科学院、俄罗斯医学科学院和俄罗斯农业科学院西伯利亚分院，在伊尔库茨克、克麦罗沃、克拉斯诺亚尔斯克、新西伯利亚、鄂木斯克、托木斯克高等学校基础上建立国立研究型大学，研制世界水平新技术，进行工业应用，实现产学研一体化，使创新成为经济增长的主导因素，逐渐形成新经济部门，对经济和社会传统服务部门进行现代化改造，增强竞争力。

附 录

东北振兴战略总论

附录1 中共十八大以来党中央、国务院召开的东北振兴重要会议情况

一、2015年7月,习近平总书记主持召开部分省区党委主要负责同志座谈会

中共中央总书记、国家主席、中央军委主席习近平2015年7月17日下午在长春召开部分省区党委主要负责同志座谈会,听取对振兴东北地区等老工业基地和"十三五"时期经济社会发展的意见和建议。他强调,无论从东北地区来看,还是从全国发展来看,实现东北老工业基地振兴都具有重要意义。振兴东北老工业基地已到了滚石上山、爬坡过坎的关键阶段,国家要加大支持力度,东北地区要增强内生发展活力和动力,精准发力,扎实工作,加快老工业基地振兴发展。

习近平强调,当前,我国经济形势和运行态势总体是好的。经济发展长期向好的基本面没有变,经济韧性好、潜力足、回旋空间大的基本特质没有变,经济持续增长的良好支撑基础和条件没有变,经济结构调整优化的前进态势没有变。新的增长点正在加快孕育并不断破茧而出,新的增长动力正在加快形成并不断蓄积力量。经济发展前景仍然广阔,对此一定要有信心。

习近平指出,党中央对东北地区发展历来高度重视。东北地区人口、资源、产业、人才、基础设施、区位等支撑能力很强,发展空间和潜力巨大。实施东北地区等老工业基地振兴战略十多年来,中央采取了一系列支持、帮助、推动东北地区发展的专门措施,各级各有关方面做了大量工

作，促使东北老工业基地经济社会发展迈上新台阶。实践证明，党中央做出的实施东北地区等老工业基地振兴战略的重大决策是正确的，东北老工业基地振兴的前景是广阔的。

习近平强调，事物发展总是与各种矛盾相伴相生。目前东北地区发展遇到新的困难和挑战，这其中有全国"三期叠加"等共性方面的原因，也有东北地区产业结构、体制机制等个性方面的原因。有矛盾有风险本身并不可怕，关键要有化解矛盾和排除风险的决心和办法，不能在困难和挑战面前束手无策、无所作为。千难万难，只要重视就不难；大路小路，只有行动才有出路。要深入研究在注重质量和效益前提下保持经济稳定增长的举措和办法，多从内因着眼、着手、着力，找准症结就有的放矢、对症下药。

习近平就推动东北老工业基地振兴提出了着力完善体制机制、着力推进结构调整、着力鼓励创新创业、着力保障和改善民生的要求。

习近平强调，坚决破除体制机制障碍，形成一个同市场完全对接、充满内在活力的体制机制，是推动东北老工业基地振兴的治本之策。要坚持社会主义市场经济改革方向，积极发现和培育市场，进一步简政放权，优化营商环境，从放活市场中找办法、找台阶、找出路。东北地区国有企业比重大、基础好。要深化国有企业改革，完善企业治理模式和经营机制，真正确立企业市场主体地位，增强企业内在活力、市场竞争力、发展引领力。

习近平指出，东北地区工业结构比较单一，传统产品占大头、"原字号""初字号"产品居多，这种状况改变得越快越主动。结构优化要多策并举，"加减乘除"一起做。要把装备制造业做大做强，加快培育战略性新兴产业，大力发展服务业，改造提升传统产业，扩大基础设施建设，积极发展民营经济。要深入实施创新驱动发展战略，把推动发展的着力点更多放在创新上，发挥创新对拉动发展的乘数效应。要减少政府对市场的不合理干预和对市场主体的不合理管制。要加快发展现代化大农业，积极构建现代农业产业体系、生产体系、经营体系，使现代农业成为重要的产业支撑。

习近平强调，抓创新就是抓发展，谋创新就是谋未来。不创新就要落后，创新慢了也要落后。要激发调动全社会的创新激情，持续发力，加快形成以创新为主要引领和支撑的经济体系和发展模式。要积极营造有利于创新的政策环境和制度环境，对看准的、确需支持的，政府可以采取一些合理的、差别化的激励政策。要改善金融服务，疏通金融进入实体经济特别是中小企业、小微企业的管道。

习近平指出，抓民生也是抓发展。要在保障基本公共服务有效供给基础上，积极引导群众对居家服务、养老服务、健康服务、文体服务、休闲服务等方面的社会需求，支持相关服务行业加快发展，培育形成新的经济增长点，使民生改善和经济发展有效对接、相得益彰。要着力保障民生建设资金投入，全力解决好人民群众关心的教育、就业、收入、社保、医疗卫生、食品安全等问题，保障民生链正常运转。民生工作直接同老百姓见面、对账，来不得半点虚假，既要积极而为，又要量力而行，承诺了的就要兑现。

二、2015 年 12 月，习近平总书记主持召开中央政治局会议，审议《关于全面振兴东北地区等老工业基地的若干意见》

中共中央政治局 2015 年 12 月 30 日召开会议，听取中央纪律检查委员会 2015 年工作汇报，研究部署 2016 年党风廉政建设和反腐败工作；审议通过《关于全面振兴东北地区等老工业基地的若干意见》。中共中央总书记习近平主持会议。

会议指出，党中央、国务院对东北地区发展历来高度重视，2003 年做出实施东北地区等老工业基地振兴战略的重大决策。十多年来，东北老工业基地振兴取得明显成效和阶段性成果。实践证明，党中央、国务院关于实施东北地区等老工业基地振兴战略重大决策是正确的，东北老工业基地实现全面振兴的前景是广阔的。当前，我国经济发展进入新常态，东北地区发展面临新的困难和问题，解决这些困难和问题归根结底还要靠全面深化改革。

会议强调，当前和今后一个时期是推进东北老工业基地全面振兴的关键时期，要牢固树立并切实贯彻创新、协调、绿色、开放、共享的发展理念，适应和把握我国经济进入新常态的趋势性特征，以提高经济发展质量和效益为中心，加大供给侧结构性改革力度，保持战略定力，增强发展自信，坚持变中求新、变中求进、变中突破，努力提升东北老工业基地的发展活力、内生动力和整体竞争力。

会议提出，到 2020 年，东北地区要在重要领域和关键环节改革上取得重大成果，转变经济发展方式和结构性改革取得重大进展，经济保持中高速增长，同步实现全面建成小康社会目标。产业迈向中高端水平，自主创新能力大幅提升，重点行业和企业具备较强国际竞争力；新型工业化、信息化、城镇化、农业现代化协调发展新格局基本形成；城乡居民收入增长和经济发展同步；资源枯竭、产业衰退地区转型发展取得显著成效。在此基础上，争取再用 10 年左右时间，东北地区要成为全国重要的经济支撑带，具有国际竞争力的先进装备制造业基地和重大技术装备战略基地，国家新型原材料基地、现代农业生产基地和重要技术创新与研发基地。

会议强调，抓好新一轮东北老工业基地振兴，重点要在 4 个方面着力。一是着力完善体制机制，要坚决破除体制机制障碍，形成一个同市场完全对接、充满内在活力的体制机制。二是着力推进结构调整，下大气力改变传统产品占大头、"原字号""初字号"产品居多的单一产品结构。三是着力鼓励创新创业，把创新作为东北内生发展动力的主要生成点，激发调动全社会创新创业激情。四是着力保障和改善民生，使发展成果更多更公平惠及全体人民，让人民群众有更多获得感。东北地区地方党委和政府要团结带领广大干部群众，打赢全面振兴这场硬仗。全国其他地区要把本地老工业基地振兴工作纳入重要议事日程。各有关部门要加大政策支持和推进落实工作力度。

三、2018 年 9 月，习近平总书记主持召开深入推进东北振兴座谈会

2018 年 9 月 28 日下午，习近平在沈阳主持召开深入推进东北振兴座谈

会。辽宁省委书记陈求发、吉林省委书记巴音朝鲁、黑龙江省委书记张庆伟、内蒙古自治区党委书记李纪恒先后发言,结合各自工作实际,就东北振兴谈认识、讲体会、摆问题、提思路。

听取大家发言后,习近平发表了重要讲话。他强调,东北地区是我国重要的工业和农业基地,维护国家国防安全、粮食安全、生态安全、能源安全、产业安全的战略地位十分重要,关乎国家发展大局。新时代东北振兴,是全面振兴、全方位振兴,要从统筹推进"五位一体"总体布局、协调推进"四个全面"战略布局的角度去把握,瞄准方向、保持定力,扬长避短、发挥优势,一以贯之、久久为功,撸起袖子加油干,重塑环境、重振雄风,形成对国家重大战略的坚强支撑。

习近平就深入推进东北振兴提出6个方面的要求。一是以优化营商环境为基础,全面深化改革。要坚定改革信心,在谋划地区改革发展思路上下功夫,在解决突出矛盾问题上下功夫,在激发基层改革创新活力上下功夫。要重点从有利于深化供给侧结构性改革、有利于加快培育经济增长新动能、有利于激发各类市场主体活力、有利于增强人民群众获得感、有利于调动保护广大干部群众积极性等方面完善改革思路,做实改革举措,释放改革活力,提高改革效能。要多方面采取措施,创造拴心留人的条件,让各类人才安心、安身、安业。二是以培育壮大新动能为重点,激发创新驱动内生动力。要依靠创新把实体经济做实、做强、做优,坚持凤凰涅槃、腾笼换鸟,积极扶持新兴产业加快发展,尽快形成多点支撑、多业并举、多元发展的产业发展格局。三是科学统筹精准施策,构建协调发展新格局。要培育发展现代化都市圈,加强重点区域和重点领域合作,形成东北地区协同开放合力。要以东北地区与东部地区对口合作为依托,深入推进东北振兴与京津冀协同发展、长江经济带发展、粤港澳大湾区建设等国家重大战略的对接和交流合作,使南北互动起来。四是更好支持生态建设和粮食生产,巩固提升绿色发展优势。要贯彻绿水青山就是金山银山、冰天雪地也是金山银山的理念,落实和深化国有自然资源资产管理、生态环境监管、国家公园、生态补偿等生态文明改革举措,加快统筹山水林田湖草治理，使东北地区天更蓝、山更绿、水更清。要充分利用东北地区的独特资源和优势，推进寒地冰雪经济加快发展。五是深度融入共建"一带一路"，建设开放合作高地。要加快落实辽宁自由贸易试验区重点任务，完善重点边境口岸基础设施，发展优势产业群，实现多边合作、多方共赢。六是更加关注补齐民生领域短板，让人民群众共享东北振兴成果。要确保养老金按时足额发放，确保按时完成脱贫任务，完善社会救助体系，保障好城乡生活困难人员基本生活。要加大东北地区公共基础设施领域的投资力度，支持东北地区轨道交通、集中供热、网络宽带等城市基础设施建设。

习近平强调，坚持和加强党的全面领导是东北振兴的坚强保证。要加强东北地区党的政治建设，全面净化党内政治生态，营造风清气正、昂扬向上的社会氛围。要加快建设一支高素质干部队伍，提高领导能力专业化水平。领导干部要带头转变作风、真抓实干，出真招、办实事、求实效，防止和克服形式主义、官僚主义。政治生态同自然生态一样，污染容易，治理不易。要坚持无禁区、全覆盖、零容忍，坚决查处各类腐败案件，始终保持党同人民的血肉联系。

韩正表示，要深入学习领会习近平总书记关于东北振兴的重要思想，从国家发展大局的高度深刻认识东北振兴的重大意义。要把深化改革作为首要任务，切实解决思想观念问题，加快完善体制机制，优化营商环境。要把增强创新能力作为根本途径，加快结构调整和新动能培育，发展壮大实体经济。要把开发开放作为重要抓手，打造我国向北开放的重要窗口和东北亚地区合作的中心枢纽。要把保障和改善民生作为出发点和落脚点，坚决打好脱贫攻坚战，解决好社保、就业等重点民生问题。

四、2014 年 7 月，李克强总理主持召开国务院振兴东北地区等老工业基地工作会议

7 月 31 日，中共中央政治局常委、国务院总理李克强主持召开国务院振兴东北地区等老工业基地工作会议，分析当前东北经济面临的新情况新

问题,研究推进东北发展的相关工作。

李克强说,东北是新中国工业的摇篮,为国家工业化做出了突出贡献。东北地区等老工业基地振兴战略实施十多年来,东北经济迈上新台阶,社会事业蓬勃发展,民生显著改善。但目前也面临新的挑战,去年以来经济增速持续回落,部分行业生产经营困难,一些深层次体制机制和结构性矛盾凸显。习近平总书记等中央领导对东北发展和振兴十分关心。要按照党中央、国务院的决策部署,振奋精神,迎难而上,采取有效措施,促进东北经济稳定增长。

李克强强调,发展是第一要务。东北资源、产业、人才等支撑能力较强,发展空间和潜力巨大。要着力推动科学发展,以深化改革激发活力,以扩大开放增添动力,以创新驱动提升竞争力,以改善民生释放潜力,依靠内生发展推动东北经济在提质增效中向中高端水平迈进。

李克强指出,当前要集中力量抓好几件一举多得的大事,努力破解东北发展难题。要更加注重深化改革、搞好定向调控。一是进一步推进简政放权激发市场活力,为企业经营和创新创业提供公平市场环境,促进小微企业和民营经济加快发展,试点设立民营银行。支持在国企改革方面先行先试,抓紧解决历史遗留问题,推动资源型城市转型。二是加强民生保障,增加公共产品有效供给。完善和做实社会保障体系。加强交通、水利、铁路改造等重大基础设施建设,加快棚户区、城区老工业区、独立工矿区改造。创新投融资方式,吸引社会资金投入。三是紧扣转方式、调结构,做强实体经济。着力提升企业研发和配套能力,延伸产业链,加快发展新兴产业。推动生产性和生活性服务业齐头并进,加快补上短板。

李克强说,推进东北经济发展,要注重发挥东北自身优势。一要做强装备制造业,抓住高铁、核电、特高压等重大项目建设契机,促进技术、产品创新,推动"东北装备"走向世界。二要推动东北走在全国农业现代化前列。推进现代农业综合配套改革试验,在尊重农民意愿基础上发展适度规模经营,支持农产品深加工,加快粮食仓储建设,实施深松整地、黑土地保护工程,改善生态环境。三要面向东北亚加强开放平台建设,推进互联互通，以沿海经济带和沿边口岸带动开放。

李克强要求，各部门要加强指导、做好服务，东北各级干部要敢于担当、奋发有为，努力攻坚克难，推动经济企稳向好，着力提质增效，实现老工业基地在改造中升级。

五、2015年4月，李克强总理主持召开东北三省经济工作座谈会

2015年4月10日，中共中央政治局常委、国务院总理李克强在长春主持召开东北三省经济工作座谈会，分析当前东北经济面临的新情况和突出问题，研究推进东北发展相关工作。

座谈会上，吉林省委书记巴音朝鲁、省长蒋超良和辽宁省省长李希、黑龙江省省长陆昊汇报了本省经济社会发展情况，并就下一步工作谈了打算、提出建议。

李克强说，东北在国家战略全局中举足轻重，是重要的工业基地和保障粮食安全的大粮仓。党中央、国务院对东北发展高度重视。去年，国家专门出台关于近期支持东北振兴若干重大政策举措的意见，这些政策效应正在显现。当前，全国经济运行总体平稳，但下行压力持续加大，东北由于能源原材料产业和重化工业比重大，受国际市场变化和国内需求不足影响更为明显，加上体制机制改革滞后和一些内在因素，经济下行压力更大。必须全面准确判断和把握经济走势，采取有效措施，破解发展难题。

李克强指出，发展是解决中国所有问题的关键。必须有效顶住下行压力，否则就业、收入等民生问题会受到较大影响，经济提质增效升级也难以实现。各地区各部门必须增强紧迫感、责任感，把稳增长保就业提效益作为紧要之务，推出更多利当前、惠长远的措施，以促改革调结构促进经济稳定运行。对东北来说，实现新一轮振兴还要靠改革增动力、开放拓空间。要下大力气把简政放权、放管结合向纵深推进。在东北地区推广中关村自主创新有关政策。发扬东北人敢闯敢创的精神，打造大众创业、万众创新沃土。要积极推进国企国资改革，支持总部设在东北的中央企业先行试点，大力发展中小微企业和民营经济，开展民营经济发展改革试点。要

做好开放这篇大文章，利用好沿海经济带，完善边境口岸等开放合作平台，创新合作模式，提升开放水平。

李克强指出，促进东北经济平稳运行，当前要突出抓好几件大事。一是尽快启动一批可以增强发展后劲的重大基础设施项目。加大对交通、水利、城市地下管网等公共产品和服务项目的投入，一些条件成熟、群众急需的"十三五"规划项目可提前开工。政策性金融机构要积极支持。二是着力扩大消费。发挥东北特有优势，加快发展旅游、养老、健康等产业和电子商务等新兴业态，培育消费新热点。三是加快棚户区改造等重大民生工程。采煤沉陷区棚改要在本届政府任期内全部完成，真正把"忧心房"改造为群众的"暖心房"。四是发挥东北骨干企业多的优势，推进装备制造业走出去和开展国际产能合作，研究设立东北振兴产业投资基金，促进东北装备在走向世界中实现转型升级，带动更多配套和就业。

李克强说，东北发展基础好、潜力大、爆发力强。国家将在基础设施建设、农业发展、装备走出去等方面加大支持力度。东北各级干部要按照"四个全面"战略布局，始终把振兴的使命扛在肩上，把干事创业谋发展、抓落实惠民生作为最大责任，提振精神、坚定信心，信心不仅来自于鼓舞士气，更来自于真抓实干，要主动作为，攻坚克难，确保实现全年经济社会发展目标任务。

六、2016年10月，李克强总理主持召开国务院振兴东北地区等老工业基地推进会议

2016年10月18日，中共中央政治局常委、国务院总理李克强主持召开国务院振兴东北地区等老工业基地推进会议，部署进一步推动东北振兴工作。

会议审议通过《关于深入推进实施新一轮东北振兴战略部署加快推动东北地区经济企稳向好若干重要举措的意见》和《东北振兴"十三五"规划》。李克强说，党中央、国务院高度重视东北等老工业基地振兴工作，习近平总书记就东北振兴多次做出重要指示。各相关方面必须充分认识，

推动东北经济脱困向好，实现新一轮振兴，事关全国经济发展和转型升级大局，事关区域协调发展全局，事关广大群众福祉。要坚决贯彻党中央、国务院部署，始终坚持党的基本路线，坚持发展第一要务，落实新发展理念，紧紧抓住制约东北发展的突出问题，继续依靠改革创新，坚定信心破困前行，再创东北地区新的辉煌。

李克强指出，振兴东北要以更有力的举措抓好稳增长和保民生。要稳投资稳消费，围绕补短板、增后劲、惠民生，抓紧推进已纳入"十三五"规划和东北振兴三年滚动实施方案的项目建设，尤其要激发社会投资活力。积极发展服务业，培育养老、旅游、文化等新消费增长点，尽快扭转经济增速下行态势。要保就业保民生，政策和财政资金向促进就业和保障养老金支付倾斜，兜牢民生底线，维护社会和谐稳定。要抓重点企业抓特殊困难地区，有序退出过剩产能，支持资源枯竭产业衰退地区转型，精准施策促进升级发展。

李克强说，要通过不断深化改革添动力。东北地区要全面对标国内先进地区，加快转变政府职能，更大力度推进简政放权、放管结合、优化服务改革，开展优化投资营商环境专项行动，推动"法治东北、信用东北"建设，实行企业投资项目管理负面清单制度，试点市场准入负面清单制度，保护各种所有制经济产权。坚持"两个毫不动摇"，推动国企深化改革，加快转型升级，出台深化东北地区国有企业改革专项工作方案，支持部分中央企业开展混合所有制改革试点，促进民营经济发展，增强民营企业发展信心，选择一批收益可预期的优质项目实施政府和社会资本合作模式，增强东北经济活力。

李克强指出，要立足创新驱动和开放合作促发展。抢抓新旧动能转换机遇，着力营造有利于大众创业万众创新的社会氛围，设立新动能培育专项资金，大力发展基于"互联网+"的新产业新业态，在实施"中国制造2025"中重塑东北装备竞争力，发挥人均耕地多、机械化水平高的优势，加快发展现代农业。进一步加强对森林、草原、湿地、黑土区的保护，修复自然生态。做强东北开放型经济，打造面向东北亚的重点开放平台。加快推广上海自贸区等的可复制经验。积极开拓重大装备的国际市场，使东北成为国际产能合作的生力军。

李克强说，实现新一轮东北振兴，要主动作为、真抓实干。各部门要对接东北发展需求，加大支持力度，中央财政要支持东北地区提高运转保障能力。选择东南沿海部分省份与东北地区建立对口合作机制。引导中央企业加大与地方合作力度。东北各省区要强化振兴的主体责任，转变观念、振奋精神、扎实苦干，创造性开展工作，各方共同努力打赢东北振兴攻坚战，开创东北发展新局面。

附录2　中共十八大以来出台的东北振兴重要政策文件

一、中共中央　国务院关于全面振兴东北地区等老工业基地的若干意见

实施东北地区等老工业基地振兴战略，是党中央、国务院在新世纪做出的重大决策。当前和今后一个时期是推进老工业基地全面振兴的关键时期。为适应把握引领经济发展新常态，贯彻落实发展新理念，加快实现东北地区等老工业基地全面振兴，现提出如下意见。本意见主要针对东北地区，全国其他老工业基地参照执行。

（一）重大意义和总体要求

1. 面临形势

党中央、国务院对东北地区发展历来高度重视，2003年做出实施东北地区等老工业基地振兴战略的重大决策，采取一系列支持、帮助、推动振兴发展的专门措施。十多年来，在各方面共同努力下，东北老工业基地振兴取得明显成效和阶段性成果，经济总量迈上新台阶，结构调整扎实推进，国有企业竞争力增强，重大装备研制走在全国前列，粮食综合生产能

力显著提高，社会事业蓬勃发展，民生有了明显改善。实践证明，党中央、国务院关于实施东北地区等老工业基地振兴战略重大决策是正确的，东北老工业基地实现全面振兴的前景是广阔的。当前，国际政治经济形势纷繁复杂，我国经济发展进入新常态，东北地区经济下行压力增大，部分行业和企业生产经营困难，体制机制的深层次问题进一步显现，经济增长新动力不足和旧动力减弱的结构性矛盾突出，发展面临新的困难和挑战，主要是：市场化程度不高，国有企业活力仍然不足，民营经济发展不充分；科技与经济发展融合不够，偏资源型、传统型、重化工型的产业结构和产品结构不适应市场变化，新兴产业发展偏慢；资源枯竭、产业衰退、结构单一地区（城市）转型面临较多困难，社会保障和民生压力较大；思想观念不够解放，基层地方党委和政府对经济发展新常态的适应引领能力有待进一步加强。这些矛盾和问题归根结底是体制机制问题，是产业结构、经济结构问题，解决这些问题归根结底要靠全面深化改革。

2. **重大意义**

东北地区是新中国工业的摇篮和我国重要的工业与农业基地，拥有一批关系国民经济命脉和国家安全的战略性产业，资源、产业、科教、人才、基础设施等支撑能力较强，发展空间和潜力巨大。东北地区区位条件优越，沿边沿海优势明显，是全国经济的重要增长极，在国家发展全局中举足轻重，在全国现代化建设中至关重要。加快东北老工业基地全面振兴，是推进经济结构战略性调整、提高我国产业国际竞争力的战略举措，是促进区域协调发展、打造新经济支撑带的重大任务，是优化调整国有资产布局、更好发挥国有经济主导作用的客观要求，是完善我国对外开放战略布局的重要部署，是维护国家粮食安全、打造北方生态安全屏障的有力保障。要充分认识推进东北老工业基地全面振兴的重要性和紧迫性，坚定不移地把这项宏伟事业推向新阶段。

3. **总体思路**

全面贯彻落实党的十八大和十八届三中、四中、五中全会精神，以邓小平理论、"三个代表"重要思想、科学发展观为指导，深入学习贯彻习近平总书记系列重要讲话精神，坚持"四个全面"战略布局，按照党中央、国务院决策部署，牢固树立并切实贯彻创新、协调、绿色、开放、共享的发展理念，适应和把握我国经济进入新常态的趋势性特征，坚持稳中求进工作总基调，做好与"一带一路"建设、京津冀协同发展、长江经济带发展"三大战略"互动衔接，以提高经济发展质量和效益为中心，保持战略定力，增强发展自信，坚持变中求新、变中求进、变中突破，着力完善体制机制，着力推进结构调整，着力鼓励创新创业，着力保障和改善民生，加大供给侧结构性改革力度，解决突出矛盾和问题，不断提升东北老工业基地的发展活力、内生动力和整体竞争力，努力走出一条质量更高、效益更好、结构更优、优势充分释放的发展新路，推动我国经济向形态更高级、分工更优化、结构更合理的阶段演进，为实现"两个一百年"奋斗目标做出更大贡献。

4. 发展目标

到 2020 年，东北地区在重要领域和关键环节改革上取得重大成果，转变经济发展方式和结构性改革取得重大进展，经济保持中高速增长，与全国同步实现全面建成小康社会目标。产业迈向中高端水平，自主创新和科研成果转化能力大幅提升，重点行业和企业具备较强国际竞争力，经济发展质量和效益明显提高；新型工业化、信息化、城镇化、农业现代化协调发展新格局基本形成；人民生活水平和质量普遍提高，城乡居民收入增长和经济发展同步，基本公共服务水平大幅提升；资源枯竭、产业衰退地区转型发展取得显著成效。在此基础上，争取再用 10 年左右时间，东北地区实现全面振兴，走进全国现代化建设前列，成为全国重要的经济支撑带，具有国际竞争力的先进装备制造业基地和重大技术装备战略基地，国家新型原材料基地、现代农业生产基地和重要技术创新与研发基地。

（二）着力完善体制机制

全面深化改革、扩大开放是振兴东北老工业基地的治本之策，要以知难而进的勇气和战胜困难的信心坚决破除体制机制障碍，加快形成同市场完全对接、充满内在活力的新体制和新机制。

1. 加快转变政府职能

进一步理顺政府和市场关系，着力解决政府直接配置资源、管得过多过细以及职能错位、越位、缺位、不到位等问题。以建设法治政府、创新政府、廉洁政府、服务型政府为目标，进一步推动简政放权、放管结合、优化服务。继续深化行政审批制度改革，大幅减少行政审批事项，凡能取消的一律取消，凡能下放的一律下放，着力简化办事流程，压缩审批时限，提高审批效率，同步强化事中事后监管。深入推进商事制度改革，优化营商环境，进一步放开放活市场，激发市场内在活力。大力推进投融资体制改革，积极推广政府和社会资本合作（PPP）模式。依法履行政府职能，加快建立和完善权力清单、责任清单、负面清单管理模式。健全依法决策机制，强化对权力的约束和监督。完善地方政府绩效评价体系和评估机制。

2. 进一步推进国资国企改革

深化国有企业改革，完善国有企业治理模式和经营机制，真正确立企业市场主体地位，解决好历史遗留问题，切实增强企业内在活力、市场竞争力和发展引领力，使其成为东北老工业基地振兴的重要支撑力量。东北各省区要根据党中央、国务院统一部署，研究制定深化国有企业改革具体实施意见。按照不同国有企业功能类别推进改革，以产业转型升级为引领，改组组建国有资本投资、运营公司，扎实推进国有经济布局战略调整，创新发展一批国有企业，重组整合一批国有企业，促进国有资产保值增值。支持人才资本和技术要素贡献占比较高的转制科研院所、高新技术企业和科技服务型企业通过增资扩股、出资新设等方式开展员工持股试点。加强国有企业党的建设，强化国有资产监督，严格责任追究，防止国有资产流失。支持总部设在东北地区的中央企业先行开展改革试点。研究中央企业与地方协同发展、融合发展的政策，支持共建一批产业园区。加大中央国有资本经营预算对东北地区中央企业的支持力度。加快推进地方国有企业改革，支持探索发展混合所有制经济的具体模式和途径。

3. 大力支持民营经济发展

加快转变发展理念，建立健全体制机制，支持民营经济做大做强，使民营企业成为推动发展、增强活力的重要力量。进一步放宽民间资本进入的行业和领域，促进民营经济公开公平公正参与市场竞争。支持民营企业通过多种形式参与国有企业改制重组。改善金融服务，疏通金融进入中小企业和小微企业的通道，鼓励民间资本依法合规投资入股金融法人机构，支持在东北地区兴办民营银行、消费金融公司等金融机构。壮大一批主业突出、核心竞争力强的民营企业集团和龙头企业，支持建立现代企业制度。推进民营企业公共服务平台建设。

4. 深入推进重点专项领域改革

加大中央支持力度，允许国有企业划出部分股权转让收益、地方政府出让部分国有企业股权，专项解决厂办大集体和分离企业办社会职能等历史遗留问题。中央财政继续对厂办大集体改革实施"奖补结合"政策，允许中央财政奖励和补助资金统筹用于支付改革成本。稳步推进国有林区、林场改革，统筹考虑改革成本，加快构建政事企分开的国有林区管理体制。推进重点国有林区深山远山林业职工搬迁和林场调整，支持重点国有林业局和森工城市开展生态保护与经济转型试点。进一步推进农垦系统改革发展，理顺政企、社企关系，深化农场企业化、垦区集团化、股份多元化改革，推进分离办社会职能改革，提高垦区公共服务水平，支持农垦企业按规定参与国家大宗农产品政策性收储和境外农业综合开发。

5. 主动融入、积极参与"一带一路"建设

协同推进战略互信、经贸合作、人文交流，加强与周边国家基础设施互联互通，努力将东北地区打造成为我国向北开放的重要窗口和东北亚地区合作的中心枢纽。推动丝绸之路经济带建设与欧亚经济联盟、蒙古国草原之路倡议的对接，推进中蒙俄经济走廊建设，加强东北振兴与俄远东开发战略衔接，深化毗邻地区合作。以推进中韩自贸区建设为契机，选择适宜地区建设中韩国际合作示范区，推进共建中日经济和产业合作平台。推动对欧美等国家（地区）相关合作机制和平台建设，高水平推进中德（沈阳）高端装备制造产业园建设。推进沿边重点开发开放试验区建设，推动黑瞎子岛保护与开发开放。提升边境城市规模和综合实力。进一步加大对重点口岸基础设施建设支持力度。在中央预算内投资中安排资金支持东北地区面向东北亚开放合作平台基础设施建设。提高边境经济合作区、跨境经济合作区发展水平。积极扩大与周边国家的边境贸易，创新边贸方式，实现边境贸易与东北腹地优势产业发展的互动，促进东北进出口贸易水平不断提高。支持有实力的企业、优势产业、骨干产品走出去，重点推进国际产能和装备制造合作，培育开放型经济新优势。

6. 对接京津冀等经济区构建区域合作新格局

推动东北地区与京津冀地区融合发展，在创新合作、基础设施联通、产业转移承接、生态环境联合保护治理等重点领域取得突破，加强在科技研发和成果转化、能源保障、统一市场建设等领域务实合作，建立若干产业合作与创新转化平台。支持辽宁西部地区加快发展，打造对接京津冀协同发展战略的先行区。加强与环渤海地区的经济联系，积极推进东北地区与山东半岛经济区互动合作。支持东北地区与长江经济带、港澳台地区加强经贸投资合作。深化东北地区内部合作，完善区域合作与协同发展机制，支持省（区）毗邻地区探索合作新模式，鼓励开展协同创新，规划建设产业合作园区。加快推动东北地区通关一体化。

（三）着力推进结构调整

坚持多策并举，"加减乘除"一起做，全面推进经济结构优化升级，加快构建战略性新兴产业和传统制造业并驾齐驱、现代服务业和传统服务业相互促进、信息化和工业化深度融合的产业发展新格局。

1. 促进装备制造等优势产业提质增效

准确把握经济发展新常态下东北地区产业转型升级的战略定位，控制重化工业规模、练好内功、提高水平、深化改革，提高制造业核心竞争力，再造产业竞争新优势，努力将东北地区打造成为实施"中国制造2025"的先行区。做优做强电力装备、石化和冶金装备、重型矿山和工程机械、先进轨道交通装备、新型农机装备、航空航天装备、海洋工程装备及高技术船舶等先进装备制造业，提升重大技术装备以及核心技术与关键零部件研发制造水平，优先支持东北装备制造业走出去，推进东北装备"装备中国"、走向世界。提升原材料产业精深加工水平，推进钢铁、有色、化工、建材等行业绿色改造升级，积极稳妥化解过剩产能。推进国防科技工业军民融合式发展，开展军民融合创新示范区建设。加快信息化和工业化深度融合，推进制造业智能化改造，促进工业互联网、云计算、大数据在企业研发设计、生产制造、经营管理、销售服务的综合集成应用。加强质量、品牌和标准建设，打造一批具有国际竞争力的产业基地和区域特色产业集群。设立老工业基地产业转型升级示范区和示范园区，促进产业向高端化、集聚化、智能化升级。研究制定支持产业衰退地区振兴发展的政策措施。

2. 积极培育新产业新业态

大力促进产业多元化发展，努力改变许多地区（城市）"一企独大、一业独大"状况，尽快形成多点多业支撑的新格局。制定实施东北地区培育发展新兴产业行动计划，发展壮大高档数控机床、工业机器人及智能装备、燃气轮机、先进发动机、集成电路装备、卫星应用、光电子、生物医药、新材料等一批有基础、有优势、有竞争力的新兴产业。支持沈阳、大连、长春、哈尔滨等地打造国内领先的新兴产业集群。充分发挥特色资源优势，积极支持中等城市做大做强农产品精深加工、现代中药、高性能纤维及高端石墨深加工等特色产业集群。积极支持产业结构单一地区（城市）加快转型，研究制定促进经济转型和产业多元化发展的政策措施，建立新兴产业集聚发展园区，安排中央预算内投资资金支持园区基础设施和公共平台建设。积极推进落实"互联网+"行动。依托本地实体经济积极发展电子商务、供应链物流、互联网金融等新兴业态，支持跨境电子商务发展。

3. 大力发展以生产性服务业为重点的现代服务业

实施老工业基地服务型制造行动计划，引导和支持制造业企业从生产制造型向生产服务型转变。开展生产性服务业发展示范工作，鼓励企业分离和外包非核心业务，向价值链高端延伸。积极发展金融业，鼓励各类金融机构在东北地区设立分支机构,支持地方金融机构发展,加快建立健全多层次的资本市场,拓宽企业直接融资渠道。大力发展现代物流业,提高物流社会化、标准化、信息化、专业化水平。积极发挥冰雪、森林、草原、湖泊、湿地、边境、民俗等自然人文资源和独特气候条件优势,加快发展旅游、养老、健康、文体、休闲等产业,把东北地区建成世界知名生态休闲旅游目的地。

4. 加快发展现代化大农业

率先构建现代农业产业体系、生产体系、经营体系,着力提高农业生产规模化、集约化、专业化、标准化水平和可持续发展能力,使现代农业成为重要的产业支撑。进一步提升国家商品粮生产核心区地位,加快实施高标准农田建设、黑土地保护等重大工程,支持开展定期深松整地、耕地质量保护与提升补贴试点,研究开展黑土地轮种试点。重点支持东北地区加快推进重大水利工程建设,完善大型灌区基础设施。探索划定粮食生产功能区,加快建设国家现代农业示范区。在稳定粮食生产、确保粮食安全的基础上,发展现代畜牧业、园艺业、水产业以及农畜产品加工和流通业,优化农业产业结构和区域布局,提高农业整体效益和竞争力。深入推进对粮食生产关键环节农机具购置实施敞开补贴。加快发展现代种业,推广一批突破性新品种。健全农业社会化服务体系,提高农业机械化、信息化、标准化水平,提高农业生产效率。鼓励发展专业大户、农民合作社、家庭农场、农业企业等新型经营主体,积极培育绿色生态农产品知名品牌,大力发展"互联网+"现代农业。继续实施农产品产地初加工补助,提升就地加工转化水平,培育一批农产品加工产业集群和绿色食品加工产业基地。加强东北地区粮食仓储和物流设施建设,完善粮食物流体系。创新涉农金融产品和服务,加大对新型农业经营主体的金融支持力度。加快推进黑龙江省"两大平原"现代农业综合配套改革试验和吉林省农村金融综合改革试验。坚持规划先行,科学推进新农村建设。

5. 不断提升基础设施水平

实施东北地区低标准铁路扩能改造工程,改善路网结构,提升老旧铁路速度和运力。科学规划建设快速铁路网，尽早建成京沈高铁及其联络线，研究建设东北地区东部和西部快速铁路通道。规划建设东北地区沿边铁路。加快推进国家高速公路和国省干线公路建设。加大对东北高寒地区和交通末端干线公路建设支持力度。研究新建、扩建一批干支线机场，鼓励中外航空公司开辟至东北地区的国际航线，支持哈尔滨建设面向东北亚地区的航空枢纽。研究加快大连东北亚国际航运中心建设的政策。加快黑龙江等河流高等级航道建设，推进国际陆海联运、江海联运。加强油气资源勘探开发利用，推进蒙东、黑龙江东部等地区大型煤炭和火电基地、现代煤化工基地及吉林千万吨级油页岩综合利用基地建设。适当扩大东北地区燃料乙醇生产规模，研究布局新的生产基地。控制新增火电装机，有序发展清洁能源，研究建设电力外送通道，从供需两侧推动解决东北地区"窝电"问题。加快中俄原油管道二线和东线天然气管道建设。要千方百计加快重大项目落地，增加有效合理投资，充分发挥对稳增长的关键作用。

（四）着力鼓励创新创业

抓创新就是抓发展，谋创新就是谋未来。要大力实施创新驱动发展战略，把创新作为培育东北老工业基地内生发展动力的主要生成点，加快形成以创新为主要引领和支撑的经济体系和发展模式。

1. 完善区域创新体系

把鼓励支持创新放在更加突出的位置，激发调动全社会的创新激情，推动科技创新、产业创新、企业创新、市场创新、产品创新、业态创新、管理创新。积极营造有利于创新的政策和制度环境，研究制定合理的、差别化的激励政策，完善区域创新创业条件，全面持续推动大众创业、万众创新。支持东北地区推进创新链整合，加快构建以企业为主体，科研院所、高校、职业院校、科技服务机构等参加的产业技术创新联盟，打通基础研究、应用开发、中试和产业化之间的有效通道。组织实施东北振兴重大创新工程。支持老工业城市创建国家创新型城市和设立国家高新技术产业开发区。支持沈阳市开展全面创新改革试验，加快完善创新政策和人才政策，打破制约科技与经济结合的体制机制障碍。在沈阳—大连等创新资源集聚地区布局国家自主创新示范区。依托城区老工业区或其搬迁改造承接地，建设创新创业发展示范区，开展老工业城市创新发展试点。落实支持自主创新的有关政策，鼓励在促进科技成果转化、股权激励等方面探索试验。制定支持东北老工业基地振兴的知识产权政策。

2. 促进科教机构与区域发展紧密结合

扶持东北地区科研院所和高校、职业院校加快发展，支持布局建设国家重大科技基础设施。深化中国科学院与东北地区"院地合作"，组织实施东北振兴科技引领行动计划。提高高校、职业院校办学水平，支持高校、职业院校建设研发转化平台。引导各类院校办出特色，支持引导一批地方本科高校向应用型高校转变，建设一批高水平应用技术型大学。大力推进现代职业教育改革创新，探索行业、企业参与职业教育的新模式。支持高校、职业院校加强国际交流与合作，引进国外优质教育资源开展合作办学。

3. 加大人才培养和智力引进力度

把引进人才、培养人才、留住人才、用好人才放在优先位置。研究支持东北地区吸引和用好人才的政策措施。完善人才激励机制，鼓励高校、科研院所和国有企业强化对科技、管理人才的激励。支持在中心城市建立人才管理改革试验区，率先探索人才发展体制机制改革，面向全球吸引和集聚人才。围绕产业升级核心技术需求，大力引进海外高层次工程技术人才，国家"千人计划""万人计划"等重大人才计划对东北地区给予重点支持。继续实施老工业基地国外引智和对外交流专项。鼓励高校培养东北振兴紧缺专业人才。鼓励设立高校、职业院校毕业生创新创业基金，引导大学毕业生在本地就业创业。加大高素质技术技能人才培养和引进力度，组织开展老工业基地产业转型技术技能人才双元培育改革试点。

（五）着力保障和改善民生

抓民生也是抓发展，人民生活水平不断提高是判断东北老工业基地振兴成功的重要标准。要坚持把保障和改善民生作为推动东北老工业基地振兴的出发点和落脚点，使发展成果更多更公平惠及全体人民，让人民群众有更多获得感。

1. 切实解决好社保、就业等重点民生问题

加大民生建设资金投入，全力解决好人民群众关心的教育、就业、收入、社保、医疗卫生、食品安全等问题，保障民生链正常运转。要坚决守住民生底线，防止经济发展下行压力传导到民生领域。采取务实举措，做好增收节支，坚决压缩一般性支出，切实保障各项民生重点支出。中央财政对企业职工基本养老保险的投入继续向东北地区倾斜，进一步提高企业退休人员基本养老金水平，妥善解决厂办大集体职工的生活困难和社会保障问题。坚持就业优先，制定具体措施，加强专业培训，重点做好高校毕业生就业和失业人员再就业工作，帮助就业困难人员实现就业，确保零就业家庭实现至少一人就业。稳定城乡居民就业和收入，确保社会和谐稳定。

2. 全面实施棚户区、独立工矿区改造等重大民生工程

中央财政和中央预算内投资继续加大对棚户区改造支持力度，鼓励国家开发银行、中国农业发展银行等加强金融支持，重点推进资源枯竭城市及独立工矿区、老工业城市、国有林区和垦区棚户区改造。继续推进"暖房子"工程。继续安排中央预算内投资，因地制宜加快推进独立工矿区搬迁改造工程，切实改善矿区发展条件和居民生产生活条件。制定采煤沉陷区综合治理政策，在中央预算内投资中安排资金，加快采煤沉陷区居民避险安置及配套基础设施、公共服务设施和接续替代产业平台建设。加强矿区生态和地质环境整治，开展露天矿坑、矸石山、尾矿库等综合治理。

3. 推进城市更新改造和城乡公共服务均等化

针对城市基础设施老旧问题，加大城市道路、城市轨道交通、城市地下综合管廊等设施建设与更新改造力度，改善薄弱环节，优化城市功能，提高城市综合承载和辐射能力。对城市内部二元结构明显的城市，组织开展更新改造试点。积极稳妥推进城区老工业区搬迁改造，对相关企业视情况实施异地迁建、就地改造和依法关停，促进调整产业结构、完善功能布局、修复生态环境和改善民生。以哈（尔滨）长（春）沈（阳）大（连）为主轴，做好空间规划顶层设计，培育形成东北地区城市群，促进大中小城市和小城镇协调发展。积极推进建设大连金普新区、哈尔滨新区、长春新区，努力打造转变政府职能和创新管理体制的先行区。扶持条件好、潜力大的县城、中心镇和重要边境口岸发展成为中小城市。依托自然、历史、文化、民族等优势，加快发展一批特色魅力城镇。支持林区、垦区城镇化建设。加快农村饮水、电网、道路、污水和垃圾处理等基础设施建设，推进城乡规划、建设和基本公共服务一体化，建设美丽宜居乡村。

4. 促进资源型城市可持续发展

资源型城市是保障和改善民生的重点区域。完善资源型城市可持续发展的长效机制，促进资源产业与非资源产业、城区与矿区、经济与社会协调发展。进一步完善对资源枯竭城市财政转移支付制度，支持资源枯竭城市、独立工矿区等加快解决社会民生和生态环境方面的历史遗留问题。鼓励地方设立资源型城市接续替代产业投资基金，支持东北地区资源枯竭城市实施产业转型攻坚行动计划。完善资源枯竭城市转型绩效评价制度，支持创建可持续发展示范市，选择典型资源富集地区创建转型创新试验区。探索建立资源开发与城市可持续发展协调评价制度，加快资源型城市可持续发展立法工作。

5. 打造北方生态屏障和山青水绿的宜居家园

生态环境也是民生。牢固树立绿色发展理念，坚决摒弃损害甚至破坏生态环境的发展模式和做法，努力使东北地区天更蓝、山更绿、水更清，生态环境更美好。推进大小兴安岭和长白山等重点林区保护，坚持以生态建设为主的林业发展战略，全面停止重点国有林区天然林商业采伐。推进呼伦贝尔、锡林郭勒等重点草原保护，继续实施退牧还草工程。推进三江平原、松辽平原等重点湿地保护，全面禁止湿地开垦，在有条件的地区开展退耕还湿。开展林区、草原、湿地、沙地等生态脆弱区生态移民试点。支持兴凯湖、呼伦湖等开展流域生态和环境综合治理工程。加大自然保护区建设力度，加强野生东北虎等珍稀物种保护。完善对重点生态功能区的补偿机制。支持创建国家生态文明试验区。全面推行绿色制造，强化节能减排，推进清洁生产，构建循环链接的产业体系，严格控制高耗能、高排放和产能过剩产业发展。搞好大气、水和土壤污染防治，进一步改善辽河、松花江等重点流域水质。加快实施近岸海域污染防治方案,加强渤海入海河流及排污口的环境治理。加强边境地区跨界水质监测和应急能力建设,推动边境地区开展环境保护国际合作。

(六)切实抓好组织落实

1. 明确主体责任

东北各省区党委和政府是推进东北老工业基地振兴的责任主体,要守土有责、守土尽责,更多从内因着眼、着手、着力,进一步提高认识、求真务实、精心组织、主动作为,团结带领广大干部群众,形成新一轮东北振兴的好势头,打赢全面振兴这场硬仗。要解放思想、振奋精神、攻坚克难、锐意改革,下大力气摆脱计划经济思维束缚,下决心破解体制机制障碍。要强化责任落实,以踏石留印、抓铁有痕的精神,认真细化实际举措并一项一项予以落实,确保党中央、国务院各项部署落到实处,取得实效。要按照好干部标准和"三严三实"的要求,着力加强地方领导班子和干部队伍建设,大力选拔忠诚、干净、担当的优秀干部进入各级领导班子。要切实改进工作作风,把群众利益和民生改善放在突出位置,及时发现新情况,勇于解决新问题。要大力弘扬艰苦奋斗、开拓进取、甘于奉献、勇于担当精神,充分发挥大庆精神、铁人精神、北大荒精神等激励作用,大力宣传振兴成就和先进典型,调动广大人民群众特别是工人群众的积极性,广泛凝聚正能量,努力营造全社会支持参与东北振兴的良好氛围。驻东北地区的中央企业要带头深化改革,积极履行社会责任,支持地方振兴发展。

我国中西部和东部地区也有不少典型的老工业城市和资源枯竭城市,他们与东北老工业基地一样,是当前推进结构性改革的重点和难点地区。要统筹支持全国其他地区老工业基地振兴发展,相关地区党委和政府要把本地区老工业基地振兴工作纳入重要议事日程,落实具体政策,加大支持力度,积极探索各具特色的转型发展道路。

2. 加大政策支持

要研究在注重质量和效益前提下保持经济稳定增长的举措和办法。中央财政要进一步加大对东北地区一般性转移支付和社保、教育、就业、保障性住房等领域财政支持力度。完善粮食主产区利益补偿机制，按粮食商品量等因素对地方给予新增奖励。资源税分配向资源产地基层政府倾斜。进一步加大信贷支持力度，鼓励政策性金融、开发性金融、商业性金融机构探索支持东北振兴的有效模式，研究引导金融机构参与资源枯竭、产业衰退地区和独立工矿区转型的政策。推动产业资本与金融资本融合发展，允许重点装备制造企业发起设立金融租赁和融资租赁公司。要进一步加大中央预算内投资对资源枯竭、产业衰退地区和城区老工业区、独立工矿区、采煤沉陷区、国有林区等困难地区支持力度。制定东北地区产业发展指导目录，设立东北振兴产业投资基金。国家重大生产力布局特别是战略性新兴产业布局重点向东北地区倾斜。实施差别化用地政策，保障重大项目建设用地。支持城区老工业区和独立工矿区开展城镇低效用地再开发和工矿废弃地复垦利用。

3. 强化组织协调

国务院振兴东北地区等老工业基地领导小组要加强领导，研究审议重大政策和重点规划，协调解决重大问题，督促推进重大事项。中央和国家机关有关部门要加强指导，抓紧出台落实本意见的具体措施和实施细则，加大政策支持和推进落实工作力度。国家发展改革委要加强综合协调和调查研究，制定重点任务分工方案，牵头推进重点工作，强化督促检查，及时发现问题并提出整改建议，重大事项向党中央、国务院报告。

全面振兴东北地区等老工业基地是一项伟大而艰巨的任务，事关我国区域发展总体战略的实现，事关我国新型工业化、信息化、城镇化、农业现代化的协调发展，事关我国周边和东北亚地区的安全稳定，意义重大，影响深远。各地区各部门要高举中国特色社会主义伟大旗帜，紧密团结在以习近平同志为总书记的党中央周围，凝神聚力、开拓创新、敢于担当、扎实工作，要像抓"三大战略"一样，持续用力，抓好新一轮东北地区等老工业基地振兴战略的实施，加快实现全面振兴，为全面建成小康社会、不断夺取中国特色社会主义新胜利、实现中华民族伟大复兴的中国梦做出新的更大贡献。

二、国务院关于近期支持东北振兴若干重大政策举措的意见

党中央、国务院决定实施东北地区等老工业基地振兴战略以来,东北地区经济社会发展取得巨大成就。但目前也面临新的挑战,去年以来经济增速持续回落,部分行业生产经营困难,一些深层次体制机制和结构性矛盾凸显。为巩固扩大东北地区振兴发展成果、努力破解发展难题、依靠内生发展推动东北经济提质增效升级,现就近期支持东北振兴提出以下意见。

(一)着力激发市场活力

以简政放权为突破口,促进各类市场主体竞相迸发发展活力。

1. 进一步简政放权

对已下放地方的投资项目审批事项,按照"同级审批"原则,依法将用地预审等相关前置审批事项下放地方负责。将列入石化产业规划布局方案的大连长兴岛石化产业基地等相关项目核准及用地预审等前置审批委托省级政府负责。鼓励辽宁省开展投资领域简政放权改革试点,对属于省级审批的投资项目,在依法合规的前提下,尽量减少前置审批事项。将在中关村国家自主创新示范区开展的境外并购外汇管理试点政策拓展至东北地区重点装备制造企业。

2. 促进非公有制经济大发展

在东北地区开展民营经济发展改革试点,创新扶持模式与政策,壮大一批民营企业集团,开展私营企业建立现代企业制度示范,探索老工业基地加快发展民营经济的有效途径。进一步放宽民间资本进入的行业和领域,抓紧实施鼓励社会资本参与的国家级重大投资示范项目,同时,要在基础设施、基础产业等领域推出一批鼓励社会资本参与的地方重大项目。在东北地区试点民间资本发起设立民营银行等金融机构。鼓励民间资本、外资以及各类新型社会资本,以出资入股等方式参与国有企业改制重组。在城市基础设施建设、环境治理等领域,积极推广政府与社会资本合作机制(PPP)等模式。

（二）进一步深化国有企业改革

进一步深化东北地区国有企业和国有资产管理体制改革，支持东北在国有企业改革方面先行先试，大力发展混合所有制经济，切实增强国有经济发展活力。

1. 深化地方国有企业改革

地方政府要分类推进国有企业改革，拿出本级国有企业部分股权转让收益和国有资本经营收益，专项用于支付必需的改革成本。充分利用各类资本市场，大力推进国有资产资本化、证券化。有序推进混合所有制企业管理层、技术骨干、员工出资参与本企业改制。

2. 大力推进中央国有企业改革

根据党中央、国务院的统一部署，结合东北地区国有资本总量和分布情况，组建跨省的区域性（或省级）国有资本投资公司和运营公司，加快经营不善国有企业重组和退出。条件成熟时，通过股权多元化等方式整合中央企业在东北地区的资源，推动国有资本向关键性、战略性、基础性和先导性行业领域集中，允许拿出部分股权转让收益用于支付必需的改革成本，妥善安置企业职工。研究中央企业和地方协同发展政策，支持中央企业与地方共建产业园区。

3. 妥善解决国有企业改革历史遗留问题

尽快出台分类处理的政策措施，加大支持力度，力争用2—3年时间，妥善解决厂办大集体、分离企业办社会职能、离退休人员社会化管理等历史遗留问题。在东北地区全面推进中央企业分离移交"三供一业"（供水、供电、供热、物业管理）工作，地方国有企业也要积极开展相关工作。

（三）紧紧依靠创新驱动发展

要总结经验、完善政策，深化科技体制改革，健全区域创新体系，推动经济转型升级。

1. 开展产学研用协同创新改革试验

打破制约科技与经济结合的体制机制障碍，打通产学研用之间的有效通道，统筹各方面资金并切实提高分配和使用效率。围绕重大技术装备和高端智能装备、新材料、生物等东北地区具有优势和潜力的产业链，以国家重点工程为依托，以骨干企业为主体，以利益为纽带，整合创新资源组建若干产业技术创新战略联盟，设立引导东北地区创新链整合的中央预算内投资专项，加大资金支持力度，集中实施一批重大创新工程，力争在关键核心技术方面取得突破。在东北地区组织实施一批重大技术装备首台（套）示范项目。

2. 完善区域创新政策

研究将中关村国家自主创新示范区有关试点政策向东北地区推广，鼓励在科技成果处置权、收益权、股权激励等方面探索试验。研究在东北地区设立国家自主创新示范区。研究利用国家外汇储备资金支持企业并购国外科技型企业的具体办法。研究支持东北地区创新驱动发展的措施。

3. 加强创新基础条件建设

研究在吉林省布局综合极端条件试验装置、在黑龙江省布局空间环境地面模拟装置重大科技基础设施，支持东北地区建设一批国家工程（技术）研究中心、国家工程（重点）实验室等研发平台。推动大型企业向社会和中小企业开放研发和检验检测设备，研究给予相应优惠政策。在东北地区率先启动创新企业百强试点工作。支持中科院与东北地区加强"院地合作"，建设产业技术创新平台。继续组织开展东北地区等老工业基地院士专家科技咨询活动。国家"千人计划""万人计划"等重大人才工程要对东北地区给予重点支持，对高端装备制造、国防科技等领域予以倾斜。

（四）全面提升产业竞争力

进一步调整优化生产力布局，加快改造提升传统产业，积极发展战略性新兴产业，大力发展现代服务业，构建产业发展新格局。

1. 做强传统优势产业

积极支持重大技术装备拓展市场，鼓励引导国家重点工程优先采用国产装备，扶持核电、火电、轨道交通、石化冶金、高档机床等优势装备走出去。科学布局一批产业关联度高的重大产业项目，地方和企业要做好恒力炼化一体化、中石油长兴岛炼化一期项目前期工作并力争尽早开工。加快推进中石油辽阳石化结构调整、中国兵器辽宁华锦石化改扩建等项目前期工作。鼓励大型农产品加工企业在东北地区布局生产基地，允许地方现有玉米深加工企业根据供需状况适度增加玉米加工量，中央财政对吉林、黑龙江、内蒙古3省区规模较大、信誉较好的玉米深加工企业，在规定期限内竞购加工国家临时收储玉米，超过一定数量部分给予一次性补贴。

2. 加快培育新兴产业

支持战略性新兴产业加快发展，对东北地区具有发展条件和比较优势的领域，国家优先布局安排。积极推动设立战略性新兴产业创业投资基金。国家集中力量扶持东北地区做大做强智能机器人、燃气轮机、高端海洋工程装备、集成电路装备、高性能纤维及复合材料、石墨新材料、光电子、卫星及应用、生物医药等产业，形成特色新兴产业集群。支持沈阳、哈尔滨航空企业与国际大型航空企业开展总装、发动机、零部件等重大合作项目。推动在沈阳、大连、哈尔滨等地设立军民融合发展示范园区，发展军民两用高技术产业。鼓励吉林开展非粮生物质资源高端化利用。设立国家级承接产业转移示范区，承接国内外产业转移。

3. 推进工业化与信息化融合发展

加快信息化与工业化深度融合，适度超前建设智能化、大容量骨干传输网络，加快沈阳互联网骨干直联点建设，依托哈尔滨区域性国际通信业务出入口局，扩容中俄、中蒙跨境信息通道。支持东北地区开展工业化与信息化融合发展试点，用信息技术改造提升制造业。培育发展新一代信息技术、云计算、物联网等产业。

4. 大力发展现代服务业

加快东北地区生产性服务业发展，在用电、用水、用气等方面与工业企业实行相同价格，在用地方面给予重点支持。加强旅游设施建设，提升旅游业竞争力，打造大东北旅游品牌。扶持东北地区文化创意、影视出版、演艺娱乐等文化产业发展。支持沈阳铁西、长春净月开发区和哈尔滨等国家服务业综合改革试点区域创新服务业发展模式。推进东北地区电子商务试点城市和服务外包示范城市建设。积极支持产品和技术交易平台建设。

（五）增强农业可持续发展能力

要夯实农业发展基础，转变农业发展方式，积极探索现代农业发展之路。

1. 巩固提升商品粮生产核心区地位

大力开展高标准基本农田建设，继续支持吉林西部和黑龙江三江平原东部等地实施土地整治重大工程。今年全国1亿亩深松整地试点重点安排在东北地区。组织实施黑土地保护工程，加大对土壤有机质提升、养分平衡、耕地质量检测以及水土流失治理等的资金支持力度。积极推进东北四省区节水增粮行动项目建设，到2015年建成3800万亩集中连片高效节水灌溉工程。通过大力发展节水农业，带动东北地区节水技术和设备制造业发展。

2. 创新现代农业发展体制

加快推进黑龙江"两大平原"现代农业综合配套改革试验，研究解决涉农资金整合中遇到的新情况新问题。完善粮食主产区利益补偿机制，国家涉农资金进一步加大对东北地区倾斜力度，按粮食商品量等因素对地方给予新增奖励，视中央财力状况，增加中央财政对产粮大县奖励资金。推动粮食主销区建立产销合作基金，鼓励引导主销区到主产区投资建设生产基地。鼓励地方政府结合实际，建立财政贴息等现代农业发展金融扶持机制，引导农村金融机构开展金融创新。

3. 加强粮食仓储和物流设施建设

今年中央预算内投资安排14亿元，支持东北地区新建64亿斤粮食标准化仓储设施和一批散粮物流设施；中央财政安排5亿元，维修改造200亿斤仓容危仓老库。改革创新粮食仓储设施建设投资方式，充分发挥地方和社会建仓积极性，鼓励支持农户特别是种粮大户、家庭农场、农民合作社等新型经营主体储粮。同时，对吉林、黑龙江等仓容紧张地区，抓紧进行跨省移库腾仓。下一步全国新建1000亿斤仓容重点向东北地区倾斜，争取用2—3年基本解决东北地区粮食仓储难问题。畅通"北粮南运"，加强运粮通道及物流基础设施建设，继续推进粮食大型装车点建设，完善粮食物流体系和节点布局。

（六）推动城市转型发展

要完善城市功能，支持城区老工业区和独立工矿区搬迁改造，促进资源型城市转型，建设宜产宜居的现代城市。

1. 全面推进城区老工业区和独立工矿区搬迁改造

从2014年起扩大中央预算内投资相关专项规模，每年安排20亿元专门用于东北地区城区老工业区和独立工矿区搬迁改造。今年年内集中力量支持问题突出、前期工作基础较好的10个城区老工业区和10个独立工矿区实施搬迁改造工程，明后两年力争全面展开。坚持先规划后改造，提前制定搬迁改造实施方案，积极稳妥推进搬迁改造。加大城镇低效用地再开发等土地政策支持力度，研究制定通过开发性金融支持城区老工业区和独立工矿区搬迁改造的措施，支持发行城区老工业区和独立工矿区搬迁改造企业债券。

2. 加快城市基础设施改造

加大中央预算内投资支持力度，大力推进东北地区城市供热、供水等管网设施改造。结合既有建筑节能、供热管网改造以及热电联产机组建设，组织实施东北地区"暖房子"工程。中央预算内投资和财政专项资金支持东北地区污水垃圾处理设施和配套污水管网建设。鼓励利用特许经营、投资补助、政府购买服务等方式，改善城市基础设施的薄弱环节。

3. 促进资源型城市可持续发展

在东北地区启动资源型城市可持续发展试点，健全资源开发补偿机制和利益分配共享机制。以黑龙江省鸡西、双鸭山、鹤岗、七台河四大煤城为重点，研究布局若干现代煤化工及精深加工项目，实施资源型城市产业转型攻坚行动计划。组织实施资源枯竭城市吸纳就业产业重点培育工程，支持建设一批再就业项目，重点培育阜新皮革、辽源袜业、大小兴安岭蓝莓等能充分吸纳就业的产业。加大中央预算内投资资金支持力度，在东北资源型城市建设一批接续替代产业园区和集聚区。对黑龙江省四大煤城等地区原中央下放煤矿继续实施采煤沉陷区治理。

（七）加快推进重大基础设施建设

要规划建设一批重大基础设施工程，破解发展瓶颈制约。

1. 加快综合交通网络建设

铁路方面，加快京沈高铁、哈佳、沈丹、丹大、吉图珲、哈齐、哈牡等快速铁路建设，推进赤峰、通辽与京沈高铁连接线前期工作；贯通东北东部铁路，研究建设黑龙江省沿边铁路；实施滨洲铁路、哈牡铁路等电化扩能提速改造；加快推进渤海跨海通道工程前期工作。公路方面，启动京哈高速公路扩容改造，加快辽宁铁岭至本溪、吉黑高速吉林至荒岗段等国家高速公路"断头路"建设，推进国道203线吉林段、国道201线鹤岗段等普通国省干线公路改扩建，消除瓶颈路段，加大国边防公路和林区森林防火应急道路建设。机场方面，加快哈尔滨机场改扩建工程建设，推进大连新机场、沈阳机场二跑道、长春机场二期扩建、长海机场扩建、延吉机场迁建，以及松原、建三江、五大连池、绥芬河等支线机场前期工作。城市轨道交通方面，重点推进大连、沈阳、长春、哈尔滨及其他符合条件城市轨道交通建设。加大国际运输通道建设力度，打通经俄罗斯的中欧铁路大通道，重点推进中俄同江铁路大桥、中朝丹东鸭绿江界河公路大桥、集安公路大桥等重点项目建设，开展中俄抚远、黑河等跨境铁路项目前期研究，积极推进中蒙铁路通道建设。

2. 构建多元清洁能源体系

加快电力外送通道建设，切实解决东北地区"窝电"问题。尽快开工内蒙古锡盟至山东交流特高压、锡盟至江苏直流特高压、辽宁绥中电厂改接华北电网等输电工程，加快推进黑龙江经吉林、辽宁至华北输电工程前期工作。研究在黑龙江、吉林开展竞价上网电力改革试点，推动在内蒙古通辽开展区域微型电网试点。优化东北地区能源结构，开工建设辽宁红沿河核电二期项目，适时启动辽宁徐大堡核电项目建设。在东北地区加快审批建设一批热电联产集中供热项目。加快地热能开发利用。支持工业燃煤锅炉节能减排改造、余热余压利用示范工程。支持吉林省开展油页岩综合开发利用示范工程。加快实施中俄原油管道复线、中俄东线天然气管道、黑河与俄阿穆尔州炼化及成品油储输项目等一批重大合作项目。

3. 大力发展水利设施

重点推进黑龙江、松花江、嫩江等主要干流、支流综合整治，完善防洪减灾体系。加快推进辽西北供水二期、吉林中部引松供水、哈达山水利枢纽（一期）、引嫩入白、尼尔基引嫩扩建一期、引绰济辽以及黑龙江、松花江、乌苏里江"三江连通"等重大水利工程建设。尽快开工黑龙江阁山、奋斗和吉林松原灌区、辽宁猴山水库等重点工程。在水土资源条件具备的地区发展现代灌溉设施，加快三江平原及尼尔基、大安、绰勒水库下游等灌区建设。

（八）切实保障和改善民生

要推进重点民生工程建设，使振兴成果更多更公平地惠及广大群众。

1. 加快推进棚户区改造

打好棚户区改造攻坚战，2014年东北地区开工改造70万套，力争再用2—3年，在全国率先基本完成现有棚户区改造计划。中央财政继续加大对东北地区棚户区改造支持力度，中央预算内投资进一步向东北地区工矿（含煤矿）、国有林区、国有垦区棚户区改造配套基础设施建设倾斜。更好运用金融手段支持棚户区改造，鼓励开发银行进一步加大对东北地区棚户区改造支持力度，今年安排信贷规模600亿元左右，确保列入改造计划项目建设资金需求。开发银行项目资本金过桥贷款（软贷款回收再贷）对东北地区支持标准按西部地区执行。同等条件下优先支持棚户区改造的企业发行债券融资。扩大东北地区棚户区改造项目"债贷组合"债券发行规模。对棚户区改造工程所需新增建设用地实行应保尽保。

2. 完善社会保障体系

中央财政对企业职工基本养老保险的投入继续向东北地区倾斜，进一步提高企业退休人员基本养老金水平。妥善解决厂办大集体职工的社会保障问题。落实将关闭破产企业退休人员和困难企业职工纳入基本医疗保险的政策。

3. 努力促进就业稳定

加强对就业形势分析研判，及时采取有针对性举措，防止经济下滑造成大规模职工失业。帮助就业困难人员实现就业，确保零就业家庭实现至少一人就业。鼓励高校毕业生到东北地区就业和创业。

（九）加强生态环境保护

要着力推进绿色循环低碳发展，建设天蓝水绿山青的美丽家园和稳固的北方生态安全屏障。

1. 推进重点生态功能区建设

继续实施天然林保护工程，进一步大幅调减林木采伐量，2014年起中央财政每年安排天然林资源保护工程财政资金23.5亿元，支持在黑龙江重点国有林区率先启动全面停止商业性采伐试点。争取尽快将东北其他国有林区纳入停止商业性采伐范围。研究在内蒙古大兴安岭林区开展国有林区综合配套改革试验。加大水土流失综合治理力度。推进三江平原、松辽平原等重点湿地保护，实施流域湿地生态补水工程，在有条件的区域开展退耕还湿和湿地生态移民试点。支持黑龙江兴凯湖、吉林查干湖、辽宁大伙房水源保护区等开展湖泊生态环境保护。实施科尔沁沙地等专项治理工程。支持吉林、黑龙江西部地区等加快盐碱地治理，实施河湖连通工程，建设生态经济区。支持东北地区生态文明先行示范区建设，开展节能减排财政政策综合示范。

2. 推进工业废弃地和老矿区环境治理

开展工业废弃地环境调查、风险评估和治理修复。加强矿区生态和地质环境整治，全面开展老矿区沉陷区、露天矿坑、矸石山、尾矿库等综合治理，控制和消除重大地质灾害和环境安全隐患。推进工矿废弃地复垦利用。按照"政府支持、市场化运作"方式，对工业废弃地和矿区历史遗留问题实施专项治理工程。开展工业废弃地和矿区环境治理国际合作。

（十）全方位扩大开放合作

要实施更加积极主动的开放战略，全面提升开放层次和水平，不断拓展发展领域和空间。

1. 扩大向东北亚区域及发达国家开放合作

加强东北振兴与俄远东开发的衔接，启动中俄远东开发合作机制，推动在能源、矿产资源、制造业等领域实施一批重大合作项目，按照国务院批复方案加快筹备中俄地区合作发展（投资）基金，支持哈尔滨打造对俄合作中心城市。发挥地缘和人文优势，务实推进对韩、蒙、日、朝合作，支持大连设立中日韩循环经济示范基地。扩大面向发达国家合作，建立中德政府间老工业基地振兴交流合作机制，推动中德两国在沈阳共建高端装备制造业园区。提升中新吉林食品区合作层次。

2. 打造一批重大开放合作平台

支持大连金普新区建设成为我国面向东北亚区域开放合作的战略高地，根据需要将省、市经济管理权限下放至新区。研究设立绥芬河（东宁）、延吉（长白）、丹东重点开发开放试验区，支持满洲里、二连浩特重点开发开放试验区和中国图们江区域（珲春）国际合作示范区建设，在具备条件的地区建设综合保税区和跨境经济合作区。加强重点边境城市建设，增强对周边地区的辐射力和吸引力。支持铁岭等地建设保税物流中心，促进东北腹地与沿海产业优势互补、良性互动。

3. 完善对外开放政策

给予东北地区符合条件的企业原油进口及使用资质，赋予黑龙江农垦粮食自营进出口权。增加从周边国家进口石油、粮食等权益产品配额，鼓励在边境地区开展进口资源深加工。完善边境小额贸易专项转移支付资金政策。优先支持东北地区项目申请使用国际金融组织和外国政府优惠贷款。推动哈尔滨、长春机场等对部分国家和地区实行72小时过境免办签证政策。加快建设大连东北亚国际航运中心。

4. 加强区域经济合作

推动东北地区与环渤海、京津冀地区统筹规划，融合发展。完善东北四省区区域合作与协同发展机制，探索部门与地方协同推进合作的有效渠道，健全推进落实措施，深化多领域务实合作。大力推进东北地区内部次区域合作，编制相关发展规划，推动东北地区东部经济带，以及东北三省西部与内蒙古东部一体化发展。

（十一）强化政策保障和组织实施

要结合新形势、新要求，强化政策支持，创造良好政策环境，加大工作力度，确保各项政策措施落实到位。

1. 财政政策

中央财政进一步加大对东北地区一般性和专项转移支付力度。研究加大对资源枯竭城市转移支付力度。研究将东北地区具备条件的省市纳入地方政府债券自发自还试点范围。

2. 金融政策

加大对东北地区支农再贷款和支小再贷款支持力度。鼓励政策性金融、商业性金融探索支持东北振兴的有效模式。优先支持东北地区符合条件企业发行企业债券，允许符合条件的金融机构和企业到境外市场发行人民币债券。统筹研究设立东北振兴产业投资基金。加快中小企业信用担保体系和服务体系建设，继续扶持东北地区担保和再担保机构发展。允许符合条件的重点装备制造企业设立金融租赁公司开展金融租赁业务。

3. 投资政策

在基础设施、生态建设、环境保护、扶贫开发和社会事业等方面安排中央预算内投资时，比照西部地区补助标准执行。中央加大对东北高寒地区和交通末端干线公路建设的项目补助和资本金倾斜。中央安排的东北地区公益性建设项目，取消边境地区和贫困地区县及县以下配套资金。中央预算内投资专门安排资金支持东北地区重大项目和跨省区合作项目前期工作，东北各地也要安排专门资金支持做好重大项目前期工作。

4. 抓好组织实施

发展改革委要认真落实国务院振兴东北地区等老工业基地领导小组部署，统筹做好支持东北振兴各项工作，加强跟踪研判，推进重点工作。国务院各有关部门要加强指导、密切配合，抓紧研究出台实施细则，形成政策合力。对于重点建设项目，发展改革、国土、环保、财政、金融等各有关部门要给予重点支持。东北四省区要充分发挥主体作用，守土有责、守土尽责，采取有力举措，制定具体方案，落实工作责任，确保各项政策措施落到实处。

5. 加强督促检查

各有关部门要按照职责分工，建立动态反馈机制，深入实地开展督查调研，每半年将支持东北振兴工作进展情况送发展改革委，对发现的问题要及时研究提出整改建议。发展改革委要及时协调解决重大事项，督促各有关部门和地区落实各项重大政策举措，每半年要将落实进展情况及相关工作考虑汇总上报国务院，重大问题及时向国务院报告。

支持东北地区全面深化改革、创新体制机制、实现经济社会持续健康发展，是新时期新阶段实施东北地区等老工业基地振兴战略的必然要求，对于稳增长、促改革、调结构、惠民生具有重大意义。各有关方面要切实增强责任意识和忧患意识，坚定信心，迎难而上，奋发有为，真抓实干，为促进东北地区全面振兴、培育中国新的经济支撑带做出更大贡献。

三、国务院关于深入推进实施新一轮东北振兴战略加快推动东北地区经济企稳向好若干重要举措的意见

为深入推进实施党中央、国务院关于全面振兴东北地区等老工业基地的战略部署，按照立足当前、着眼长远、标本兼治、分类施策的原则，现就积极应对东北地区经济下行压力、推动东北地区经济企稳向好提出以下意见。

（一）全面深化改革，激发内在活力

1. 推进行政管理体制改革

东北三省要全面对标国内先进地区，加快转变政府职能，进一步推进简政放权、放管结合、优化服务改革。积极推广"一个窗口受理、一站式办理、一条龙服务"，简化流程，明确时限，提高效率。先行试点企业投资项目承诺制，探索创新以政策性条件引导、企业信用承诺、监管有效约束为核心的管理模式。开展优化投资营商环境专项行动，推进"法治东北""信用东北"建设，实行企业投资项目管理负面清单制度，试点市场

准入负面清单制度，加强各种所有制经济产权保护，完善政府守信践诺机制。（辽宁、吉林、黑龙江省人民政府〔以下称三省人民政府〕负责）对东北地区投资营商环境定期进行督查评估。（国家发展改革委、全国工商联负责）

2. 全面深化国有企业改革

2016年底前出台深化东北地区国有企业改革专项工作方案。推动驻东北地区的中央企业开展国有资本投资运营公司试点，选择部分中央企业开展综合改革试点，支持部分中央企业开展混合所有制改革试点，引导中央企业加大与地方合作力度。（国务院国资委牵头，国家发展改革委、财政部和三省人民政府分工负责）在东北三省各选择10—20家地方国有企业开展首批混合所有制改革试点。组建若干省级国有资本投资运营公司，研究推动若干重大企业联合重组。有序转让部分地方国有企业股权，所得收入用于支付必需的改革成本、弥补社保基金缺口。加快解决历史遗留问题，2017年底前推动厂办大集体改革取得实质性进展，2018年底前基本完成国有企业职工家属区"三供一业"分离移交工作。（三省人民政府组织实施，国务院国资委、财政部、国家发展改革委、人力资源社会保障部指导支持）加快推动东北地区国有林区、国有林场改革，提出分类化解林区林场金融债务的意见。（国家发展改革委、财政部、国家林业局按职责分工负责，东北三省和内蒙古自治区人民政府〔以下称三省一区人民政府〕组织实施）

3. 加快民营经济发展

在东北地区开展民营经济发展改革示范，重点培育有利于民营经济发展的政策环境、市场环境、金融环境、创新环境、法治环境等，增强民营企业发展信心，加快构建"亲""清"新型政商关系。（三省一区人民政府负责，国家发展改革委、工业和信息化部、全国工商联等指导支持）2017年6月底前，在东北地区至少设立一家民营银行。（银监会指导支持）推动"银政企保"合作，建立融资担保体系，重点为民营企业和中小企业贷款融资提供担保。遴选一批收益可预期的优质项目，通过政府和社会资本合作（PPP）等模式吸引社会资本。（三省一区人民政府负责）

(二) 推进创新转型，培育发展动力

1. 加快传统产业转型升级

支持东北地区开展"中国制造 2025"试点，提高智能制造、绿色制造、精益制造和服务型制造能力，鼓励国家重点工程优先采用国产装备，在实施"中国制造 2025"中重塑东北装备竞争力，积极开拓重大装备国际市场，推动国际产能和装备制造合作。建设一批产业转型升级示范区和示范园区。加大先进制造产业投资基金在东北地区投资力度，抓紧设立东北振兴产业投资基金。建立"市场化收购＋补贴"的粮食收储新机制，积极引导多元化市场主体入市收购。支持建立线上销售渠道，扩大东北地区优质特色农产品销售市场，打造东北农产品品牌和地理标志品牌。适当扩大东北地区燃料乙醇生产规模。（国家发展改革委、工业和信息化部、财政部、农业部、国家粮食局、国家能源局按职责分工负责，三省一区人民政府组织实施）

2. 支持资源枯竭、产业衰退地区转型

加快推进黑龙江龙煤集团、吉林省煤业集团、阜新矿业集团等重点煤炭企业深化改革，有序退出过剩产能，在专项奖补资金安排等方面给予重点支持。（三省人民政府负责，国家发展改革委、财政部、工业和信息化部指导支持）以黑龙江省鸡西、鹤岗、双鸭山、七台河四大煤城为重点，实施资源型城市产业转型攻坚行动计划，研究通过发展新产业转岗就业、易地安置转移等方式统筹安排富余人员。（黑龙江省人民政府负责，国家发展改革委、财政部、人力资源社会保障部等部门指导支持）将东北地区国有林区全部纳入国家重点生态功能区，支持开展生态综合补偿和生态移民试点，尽快落实停止天然林商业性采伐相关支持政策。支持林区发展林下经济。结合林场布局优化调整，建设一批特色宜居小镇。全面推进城区老工业区和独立工矿区搬迁改造，支持开展城镇低效用地再开发试点和工矿废弃地治理。中央预算内投资设立采煤沉陷区综合治理专项。（国家发展改革委、财政部、国土资源部、国家林业局按职责分工负责，三省一区人民政府组织实施）

3. 大力培育新动能

实施好东北地区培育和发展新兴产业三年行动计划。加大对东北地区信息产业发展和信息基础设施建设的支持力度,大力发展基于"互联网+"的新产业新业态,支持打造制造业互联网双创平台,引导知名互联网企业深度参与东北地区电子商务发展,支持互联网就业服务机构实施东北地区促进就业创业专项行动。支持东北地区建设国家大数据综合试验区。(三省一区人民政府负责,国家发展改革委、工业和信息化部、商务部等部门指导支持)支持东北地区积极发展服务业,培育养老、旅游、文化等新消费增长点,出台推动东北地区旅游业转型升级发展的工作方案,完善旅游服务设施,新建一批5A级景区和全域旅游示范区。(国家发展改革委、民政部、文化部、国家旅游局按职责分工负责,三省一区人民政府组织实施)中央预算内投资设立东北振兴新动能培育专项。(国家发展改革委负责)

4. 加强创新载体和平台建设

深入推进沈阳全面创新改革试验,加快建设沈阳浑南区双创示范基地,推进哈尔滨、长春等城市双创平台建设。鼓励地方设立新兴产业创业投资基金。中央预算内投资设立东北地区创新链整合专项。(国家发展改革委牵头负责,三省一区人民政府组织实施)加快沈大国家自主创新示范区建设,支持吉林长春、黑龙江哈大齐工业走廊培育创建国家自主创新示范区。(科技部牵头负责,三省人民政府组织实施)支持东北地区开展科创企业投贷联动等金融改革试点。(银监会、科技部、人民银行按职责分工负责,三省一区人民政府组织实施)在布局国家实验室、大科学装置等重大创新基础设施时向东北地区倾斜。支持在东北地区组建国家机器人创新中心。(科技部、国家发展改革委、工业和信息化部、中科院按职责分工负责,三省人民政府组织实施)

5. 加快补齐基础设施短板

抓紧推进已纳入各领域"十三五"专项规划和推进东北地区等老工业基地振兴三年滚动实施方案的铁路、公路、机场、水利、农业、能源等重大基础设施项目建设。加快东北地区高速铁路网建设和既有铁路扩能改造，对东北地区支线机场建设补助标准参照中西部地区执行。研究建设新的特高压电力外送通道。制定东北地区电力体制改革专项工作方案，切实降低企业用电成本。扩大电能替代试点范围，全面实施风电清洁供暖工程，在有条件的地区开展光伏暖民示范工程。在光伏电站年度建设规模中对东北地区予以倾斜。支持吉林省开展可再生能源就近消纳试点。支持多元化投资主体参与抽水蓄能电站建设。提高东北地区农网改造升级工程中央预算内资金补助比例。对东北地区新型城镇化试点、棚户区改造、老旧小区节能宜居综合改造、重点城市"煤改气"和燃煤机组改造等给予倾斜支持。各地建立项目负责和服务推进机制，挂牌督办、包干推进。加快全光纤网络城市建设和无线宽带网络建设。（三省一区人民政府组织实施，国家发展改革委、工业和信息化部、国土资源部、环境保护部、住房城乡建设部、交通运输部、水利部、农业部、国家能源局、中国民航局、中国铁路总公司按职责分工负责）

（三）扩大开放合作，转变观念理念

1. 打造重点开发开放平台

指导辽宁省做好新设自由贸易试验区总体方案起草工作，加快在东北地区推广中国（上海）等自由贸易试验区经验。（商务部牵头）创新完善大连金普新区、哈尔滨新区、长春新区管理体制机制，充分发挥引领带动作用。加快中德（沈阳）高端装备制造产业园、珲春国际合作示范区建设，规划建设中俄、中蒙、中日、中韩产业投资贸易合作平台以及中以、中新合作园区。支持大连东北亚国际航运中心建设，加快东北沿边重点开发开放试验区和边境经济合作区建设。（三省一区人民政府负责，国家发展改革委、商务部等部门指导支持）在符合条件的地区设立综合保税区等海关特殊监管区域。支持中国（大连）跨境电子商务综合试验区建设。研究设立汽车整车进口口岸。（海关总署、商务部牵头负责，三省一区人民政府组织实施）支持东北地区对接京津冀协同发展战略，推进与环渤海地区合作发展。进一步加强东北三省一区合作。（国家发展改革委牵头负责，三省一区人民政府组织实施）

2. 开展对口合作与系统培训

组织辽宁、吉林、黑龙江三省与江苏、浙江、广东三省，沈阳、大连、长春、哈尔滨四市与北京、上海、天津、深圳四市建立对口合作机制，开展互派干部挂职交流和定向培训，通过市场化合作方式积极吸引项目和投资在东北地区落地，支持东北装备制造优势与东部地区需求有效对接，增强东北产业核心竞争力。2017年2月底前将对口合作工作方案报国务院审定后实施。（国家发展改革委、中央组织部指导协调，相关省市人民政府组织实施）依托国家级干部教育培训机构，组织老工业基地振兴发展专题培训，重点加强对省部级领导干部和地市党政主要负责同志、省（区）属国有企业主要领导人员的培训，并在其他相关调训名额分配上给予倾斜支持。指导地方分级加强县处级以上干部培训。组织全国标杆企业、先进园区、服务型政府、创新院所、金融机构等系列"东北行"活动。（中央组织部、国家发展改革委按职能分工负责，三省一区人民政府组织实施）东北三省要组织省内城市、企业的管理和技术人员走出去，学习国内其他老工业城市、资源型城市转型成功经验。（三省人民政府组织实施，国家发展改革委指导协调）

（四）切实加强组织协调，充分调动两个积极性

1. 强化地方主体责任

三省一区人民政府要强化东北振兴的主体责任，转变观念、振奋精神、扎实苦干，创造性开展工作。对《中共中央 国务院关于全面振兴东北地区等老工业基地的若干意见》《国务院关于近期支持东北振兴若干重大政策举措的意见》（国发〔2014〕28号）等政策文件提出的重大政策措施、重点任务和重大工程，要逐项明确责任、提出要求、规定时限，确保各项措施任务落实到位。完善老工业基地振兴工作的领导、协调、推进和督查考核机制，充分发挥各省（区）老工业基地振兴工作领导小组作用，设立办公室，充实地方各级政府老工业基地振兴工作力量。加强重大项目储备，安排专项资金支持重大项目前期工作。组织党员领导干部下基层下企业，帮助重点企业和特殊困难地区，协调解决突出困难和问题。创新招商方

式,着力通过优化营商环境等措施加大引资工作力度。(三省一区人民政府负责)

2. 加大财政金融投资支持力度

中央财政提高对东北地区民生托底和省内困难地区运转保障水平。对东北地区主导产业衰退严重的城市,比照实施资源枯竭城市财力转移支付政策。在加快养老保险制度改革的同时,制定实施过渡性措施,确保当期支付不出现问题。加快推进东北三省地方政府债务置换。(财政部会同人力资源社会保障部、国家发展改革委等部门负责)引导银行业金融机构加大对东北地区信贷支持力度,对有效益、有市场、有竞争力的企业,应满足其合理信贷需求,避免"一刀切"式的抽贷、停贷。对暂时遇到困难的优质大中型骨干企业,要协调相关金融机构积极纾解资金紧张等问题。鼓励各地建立应急转贷、风险补偿等机制。推进不良贷款处置。(银监会、人民银行、国家发展改革委和相关金融机构按职能分工负责,三省一区人民政府组织实施)对符合条件的东北地区企业申请首次公开发行股票并上市给予优先支持。(证监会牵头负责,三省一区人民政府做好组织和服务工作)推进实施市场化、法治化债转股方案并对东北地区企业予以重点考虑。支持企业和金融机构赴境外融资,支持东北地区探索发行企业债新品种,扩大债券融资规模。推出老工业基地调整改造重大工程包。(国家发展改革委、人民银行、财政部、银监会、证监会、国家外汇局按职责分工负责,三省一区人民政府组织实施)

3. 加强政策宣传和舆论引导

有关部门和东北三省要建立东北振兴宣传工作定期沟通协调机制。加大信息发布和政策解读力度,组织各类媒体赴东北开展深度采访报道,营造良好社会氛围,增强发展信心。加强舆情监测,对不实报道等负面信息,要快速反应、及时发声、澄清事实,防止"唱衰东北"声音散播蔓延,赢得公众理解和支持。发挥社会监督作用,畅通群众投诉举报渠道,完善举报受理、处理和反馈机制,及时解决群众反映的困难和问题,妥善回应社会关切。(中央宣传部、中央网信办、国家发展改革委牵头负责,三

省人民政府组织实施）

4. 强化统筹协调和督促检查

国务院振兴东北地区等老工业基地领导小组各成员单位要积极主动开展工作，国家发展改革委要切实承担领导小组办公室工作，加强综合协调和调查研究，牵头推进重点任务落实。研究组建东北振兴专家顾问团。（国家发展改革委牵头）有关部门原则上要在 2016 年底前出台加快推动东北地区经济企稳向好的具体政策措施。各部门组织制定的稳增长、促改革、调结构、惠民生、防风险政策要优先考虑在东北地区试行，组织开展各类改革创新试点原则上要包含东北地区。（国务院振兴东北地区等老工业基地领导小组成员单位按职责分工负责）适时对东北振兴相关政策措施落实情况开展专项督查。（国务院办公厅、国家发展改革委牵头负责）

加快推动东北地区经济企稳向好，对于促进区域协调发展、维护全国经济社会大局稳定，意义十分重大。各有关方面要切实增强责任意识和忧患意识，充分调动中央和地方两个积极性，拿出更有力措施，打一场攻坚战，闯出一条新形势下老工业基地振兴发展新路，努力使东北地区在改革开放中重振雄风。

四、国务院办公厅关于印发东北地区与东部地区部分省市对口合作工作方案的通知

组织东北地区与东部地区部分省市建立对口合作机制，是《国务院关于深入推进实施新一轮东北振兴战略加快推动东北地区经济企稳向好若干重要举措的意见》（国发〔2016〕62号）中的明确要求，是实施新一轮东北地区等老工业基地振兴战略的重要举措，是推进东北振兴与"三大战略"对接融合的有效途径，也是发挥我国制度优势促进跨区域合作的创新举措，对于充分发挥中央和地方两个积极性，形成共同推进东北地区实现全面振兴的合力具有重要意义。为稳步推进东北地区与东部地区部分省市对口合作，制定以下工作方案。

（一）总体要求

1. 指导思想

全面贯彻党的十八大和十八届三中、四中、五中、六中全会精神，深入学习贯彻习近平总书记系列重要讲话精神和治国理政新理念新思想新战略，统筹推进"五位一体"总体布局和协调推进"四个全面"战略布局，牢固树立和贯彻落实新发展理念，按照党中央、国务院关于推进实施新一轮东北地区等老工业基地振兴战略的总体部署，组织东北地区与东部地区部分省市建立对口合作机制，通过市场化合作促进要素合理流动、资源共享、园区共建，开展干部交流培训，支持东北地区进一步转变观念，增强市场意识和竞争意识，激发内生活力和动力，促进东部地区与东北地区在合作中相互借鉴、优势互补、互利共赢、共谋发展。

2. 基本原则

政府引导、市场运作。积极发挥政府在对口合作中的引导带动作用，加强统筹谋划，强化组织协调，优化政策环境，搭建合作平台，促进人员交流。充分发挥市场在资源配置中的决定性作用，促进资本、人才、技术等要素合理流动，通过市场化运作促进产业转移，吸引项目、投资在东北地区落地。

地方主体、国家支持。明确地方政府在对口合作中的主体责任，相关省市政府要将对口合作工作纳入重要议事日程，精心组织、主动作为，积极探索、力求实效。国务院有关部门要强化协调指导，加大政策支持，为对口合作创造有利条件。

互利共赢、突出特色。注重发挥对口合作省市的比较优势，扬长避短、扬长克短、扬长补短，实现南北联动、协同发展。充分考虑资源禀赋、基础条件等因素，因地制宜、分省（市）施策，结合各地实际，拓展合作领域、丰富合作形式、创新合作方式。

重点突破、示范带动。针对东北地区改革发展中面临的突出矛盾和问题，重点推动学习借鉴东部地区市场观念、管理理念、政策环境。鼓励对口合作省市通过多种方式，打造一批合作样板，力争取得早期收获，发挥示范带动效应，推动对口合作工作不断深入。

3. 主要目标

到 2020 年，东北地区与东部地区部分省市对口合作取得重要实质性成果，建立起横向联动、纵向衔接、定期会商、运转高效的工作机制，构建政府、企业、研究机构和其他社会力量广泛参与的多层次、宽范围、广领域的合作体系，形成常态化干部交流和人才培训机制，在东北地区加快复制推广一批东部地区行之有效的改革创新举措，共建一批产业合作园区等重大合作平台，实施一批标志性跨区域合作项目，形成一套相对完整的对口合作政策体系和保障措施。

（二）对口合作关系

在鼓励支持东北地区与东部地区开展全方位合作基础上，综合考虑相关省市资源禀赋、产业基础、发展水平以及合作现状等因素，明确以下对口合作关系：

东北三省与东部三省：辽宁省与江苏省，吉林省与浙江省，黑龙江省与广东省。

东北四市与东部四市：沈阳市与北京市，大连市与上海市，长春市与天津市，哈尔滨市与深圳市。

支持内蒙古自治区主动对接东部省市，探索建立相应合作机制。鼓励中西部老工业城市和资源型城市主动学习东部地区先进经验做法。

（三）重点任务

1. 对标先进经验做法，推进体制机制创新

（1）行政管理体制改革。推动东北地区借鉴东部地区先进经验，进一步深化简政放权、放管结合、优化服务改革，全面优化投资营商环境，加快推进东北地区企业投资项目承诺制、市场准入负面清单制度等试点。支持将东部地区成熟的改革试点经验加快在东北地区复制推广，鼓励东北地区与东部地区合作承担国家改革试点任务。

（2）国有企业改革。推动东北地区学习东部地区深化国有企业改革的成功经验做法，加快国资国企改革。支持东部地区企业通过多种方式参与东北地区国有企业改革、改造和重组，鼓励共建国有资本投资运营公司和国有资产市场化运作平台。引导东部地区有实力的企业参与东北地区国有企业混合所有制改革试点。

（3）民营经济发展。支持东北地区积极借鉴东部地区民营经济发展经验，完善民营经济发展的政策环境、市场环境、金融环境、创新环境、人才环境和法治环境等，加快构建"亲""清"新型政商关系。在东北地区遴选一批收益可预期的优质项目，通过政府和社会资本合作（PPP）等模式吸引东部地区社会资本投资运营。允许具备条件的东部地区民间资本在东北地区依法发起设立中小型银行等金融机构。

（4）对内对外开放。协同推进"一带一路"建设，支持东部地区和东北地区共同推进中蒙俄经济走廊建设，推动共建港口、铁路、公路等重大基础设施，联合开展面向东北亚的开放合作，共同开拓周边市场，共建对外开放平台。鼓励吸引东部地区企业、机构参加中国—东北亚博览会、中俄博览会和中国国际装备制造业博览会等展会，支持东北地区企业、机构参加东部地区展会。推动东北地区与京津冀地区融合发展，加强基础设施联通、产业转移承接、科技研发与成果转化等重点领域合作。支持东北地区与长江经济带、珠三角地区加强经贸投资合作。

（5）发展理念共享。东北地区要定期组织相关城市、园区、企业赴东部地区学习转型发展成功经验。继续组织好系列"东北行"活动，邀请东部地区标杆企业、先进园区、金融机构、科研单位等赴东北地区开展学习交流活动。

2. 开展产业务实合作，加快结构调整步伐

（1）装备制造业等优势产业。支持东北地区电力装备、高档数控机床、石化和冶金装备、重型矿山和工程机械、农业机械装备、先进轨道交通设备、海洋工程装备、船舶制造等装备制造能力与东部地区经济社会发展需求有效对接，推进产用结合、产需对接和产业链上下游整合，推进东北地区优势装备制造业企业及其产品、技术与东部地区优势资源有机结合，支持东北装备"装备中国"、走向世界。鼓励引导东部地区大型装备制造业企业在东北地区设立研发制造基地。推进双方企业、研发机构在钢铁、有色、化工、建材、国防科技工业等领域开展合作。支持东部工业设计企业与东北地区制造企业合作，提升东北制造的设计水平和品牌形象。

（2）新兴产业。促进东北地区机器人与智能装备、生物医药、新材料等新兴产业与东部地区战略性新兴产业对接，形成协同放大效应。支持东部地区新一代信息技术、高端装备、新能源等行业企业对接东北地区培育和发展新兴产业三年行动计划，在东北地区培育形成一批新兴产业集群。充分利用东部地区互联网平台优势，加快东北地区"互联网+"发展。

（3）农业和绿色食品产业。鼓励东北地区与东部地区建立农业和绿色食品长期产销对接关系。支持东部地区农业龙头企业在东北地区建设一批特色农产品加工基地，共同推进水稻、玉米、大豆等重点农产品精深加工。东北地区要加大绿色有机农产品品牌建设和推介力度，开展特色农产品展销活动；东部地区要发挥电子商务、营销网络和商业模式等方面的优势，支持东北地区特色农副产品进入东部地区市场。

（4）生产性服务业。推动东部地区银行、证券、保险、基金公司和证券交易所、期货交易所等金融机构在东北地区依法合规开展业务。鼓励东北地区与东部地区通过市场化方式发展创业投资基金、天使基金、股权投资基金。加强跨区域物流业合作，开辟更多物流通道，改善东北地区航空、港口物流设施，提高物流社会化、标准化、信息化、专业化水平，鼓励引导东部地区大型物流企业参与东北地区港航物流业发展和区域性物流中心、地区分拨中心建设，有效降低东北地区物流成本。

（5）文化、旅游和健康产业。开拓东北地区与东部地区文化交流新渠道，研究互设城市主题日、举办文化推介会等活动。支持对口合作城市、对口合作省份重点城市间加密航线和高铁班次。支持东北地区与东部地区充分挖掘东北地区冰雪、森林、草原等生态旅游资源，共同发展旅游、文体、休闲等产业，通过共同开发景区、共同宣传推介等多种方式打造特色旅游品牌和线路，鼓励和倡导互为旅游客源地和目的地。支持有实力的旅游企业跨区域开发东北地区优势旅游资源，合作建设一批特色旅游小镇。

依托东北地区良好资源优势和产业基础，共同发展养老、医疗等健康产业，支持东北地区与东部地区医疗机构间开展合作。

3. 共促科技成果转化，提升创业创新水平

（1）科技研发与转化。鼓励对口合作省市建立科技创新合作机制，加强产学研用合作，促进跨区域科研合作和成果转化，定期组织开展科技对接交流等活动。鼓励东北地区复制东部地区在科技成果处置权、收益权、股权激励等方面的经验做法，推动科技成果在本地产业化。

（2）高校院所交流合作。积极引导东北地区与东部地区高校和科研院所间开展交流合作，鼓励学科共建和学生联合培养，定期组织师资交流和学生互访，研究开展课程互选、学分互认、资源互通。鼓励东北地区与东部地区高校合作办学，共建大学科技园和创业创新平台。支持东北地区与东部地区开展职业教育合作，培养专业技能人才。

（3）创业创新合作。推进东北地区与东部地区开放共享"双创"资源，支持东部地区向东北地区推广培育"双创"企业、"双创"平台和创客的经验做法，推介优秀的创业投资企业和创业投资管理团队参与东北地区创业投资发展。东北地区要加快推进双创示范基地建设，与东部地区共建一批双创平台，营造良好创业创新氛围。

（4）高端人才交流。加强东北地区与东部地区人力资源服务合作，鼓励对口合作省市搭建人才信息共享交流平台，按照"不求所有，但求所用"的理念，引导东部地区人才积极参与东北地区创业创新。组织东部地区院士、专家等高层次人才对口支持东北地区科技创新和企业发展。

4. 搭建合作平台载体，探索共赢发展新路

（1）功能区对接。加强东北地区与东部地区自由贸易试验区、国家级新区、国家自主创新示范区、全面创新改革试验区域、产业转型升级示范区、综合保税区、国家级经济技术开发区、国家高新技术产业开发区、新型工业化产业示范基地等重点开发开放平台间的交流对接，积极推广东部地区各类功能区建设的成功经验和做法。

（2）合作园区共建。支持在东北地区建设对口合作示范园区，引进东部地区的先进经验、管理团队，创新管理体制和运行机制，吸引优势产业集聚。支持东部地区重点园区在东北地区设立分园区，鼓励东北地区与东部地区合作发展"飞地经济"，探索跨地区利益分享机制。

（3）重点城市合作。鼓励东北地区与东部地区在对口合作框架下，加强重点城市间合作，在推进新型城镇化和城市群协调发展，解决"大城市病"，建设宜居、智慧、低碳城市，以及加强城市规划建设管理等方面学习互鉴，引导东北地区学习东部地区在老工业基地调整改造、资源型城市转型、棚户区改造、产城融合发展和特色小镇建设、城镇行政区划优化设置等方面的先进经验做法。

（4）多层次合作体系建设。研究建立对口合作产业联盟及产教联盟，引导东北地区与东部地区行业协会商会等对接合作，促进理念互融、信息互通、资源互享。支持东部地区通过联合组织招商、联建招商网站、委托招商等方式，协助东北地区开展招商引资。建立东北地区与东部地区专家智库间常态化交流机制，鼓励举办东北地区与东部地区对口合作论坛。支持建设跨区域公共资源交易平台。鼓励和支持相关省市结合实际，在基础设施、生态环境、扶贫开发、劳务协作和社会事业等方面，创造性地开展形式多样的合作交流。

（四）保障措施

1. 完善工作机制

在国务院振兴东北地区等老工业基地领导小组（以下简称领导小组）领导下，国家发展改革委、中央组织部要会同领导小组其他成员单位及相关省市政府，共同推进对口合作相关工作。国家发展改革委要加强领导小组办公室的工作力量，切实承担好对口合作综合衔接和相关日常工作。相关省市政府要建立健全对口合作工作的领导、协调和推进机制，明确机构和人员负责工作推进落实，将对口合作任务落到实处。支持对口合作省市政府主要负责同志定期开展互访或座谈交流，共同研究推动重点工作。地方开展对口合作所需经费纳入同级预算管理。

2. 科学编制实施方案

对口合作省市要按照本方案要求共同编制对口合作阶段性实施方案，根据需要编制重点合作领域专项实施方案，进一步明确和细化对口合作工作目标、范围领域、重点任务、重大项目、建设时序和保障措施。要根据阶段性实施方案和专项实施方案，制定对口合作年度工作计划，开展年度工作总结评估，并及时将年度工作计划和工作总结报送国家发展改革委和中央组织部。

3. 推进干部人才交流培训

对口合作省市要组织开展互派干部挂职交流，促进观念互通、思路互动、作风互鉴、办法互学。依托东部地区相关省市各类干部培训机构，定期安排对东北三省地方政府负责人、企事业单位管理人员、专业技术人员进行培训。中央组织部要加强对相关工作的指导和协调。

4. 加大政策支持力度

有关部门要加强对东北地区与东部地区部分省市对口合作工作的指导，在规划编制、政策实施、项目安排、改革创新先行先试等方面给予倾斜支持，并按照职能分工指导重点领域合作。中央预算内投资设立专项资金支持对口合作重点园区和重大项目建设。银行业金融机构要加大对对口合作重点园区和重大项目的融资支持力度。鼓励社会资本通过市场化方式设立对口合作产业投资基金，支持对口合作重大项目建设。在严格程序、规范运作的前提下，支持在对口合作省市先行试点开展跨地区耕地占补平衡。推进对口合作省市产业、金融、开放等方面政策经验交流和复制推广。

5. 创造良好合作环境

东北三省四市要积极主动做好对口合作各项工作对接，对相关重点项目和重点园区要开辟绿色通道，明确专人负责，积极协调推进。相关省市要在用地、用能、融资等方面给予重点支持。

6. 加强督查评估

国家发展改革委要定期组织开展对口合作工作成效评估。对于积极主动开展工作并取得明显成效的省市，给予通报表扬并加大支持力度，对于合作进展缓慢的省市，要提出整改要求并督促落实整改措施。对口合作省市也要相应建立督查评估机制，确保东北地区与东部地区部分省市对口合作的各项措施任务落实到位。

附录3　2019年东北地区主要经济指标

从地区生产总值看，辽、吉、黑三省地区生产总值分别增长5.5%、3%和4.2%（同期全国为6.1%），增速较2018年有所回落，分别下降0.2、1.5和0.8个百分点。

从工业看，辽、吉、黑三省规模以上工业增加值分别增长6.7%、3.1%和2.8%（同期全国为5.7%）。

从投资看，辽、吉、黑三省固定资产投资（不含农户）分别增长0.5%、-16.3%和6.3%（同期全国为5.4%）。

从财政看，辽、吉、黑三省一般公共预算收入分别增长1.4%、-8.8%和-1.6%（同期全国为3.8%）。

从消费看，辽、吉、黑三省社会消费品零售总额分别增长6.1%、3.4%、6.2%（同期全国为8%），市场消费保持平稳增长。

从进出口看，辽、吉、黑三省进出口总额分别增长-4.0%、-4.4%和6.7%（同期全国为3.4%），增速与去年同期相比，分别回落15.8、13和29.7个百分点。

从居民收入看，辽、吉、黑三省城镇居民人均可支配收入分别增长6.5%、7.1%、6%（同期全国为7.9%），农村居民人均可支配收入分别增长9.9%、8.6%、8.5%（同期全国为9.6%）。

参考文献

[1] 中华人民共和国国民经济和社会发展第一个五年计划[M].北京：人民出版社，1953.

[2] 中华人民共和国国民经济和社会发展第七个五年计划[M].北京：人民出版社，1986.

[3] 中华人民共和国国民经济和社会发展第九个五年计划[M].北京：人民出版社，1996.

[4] 中华人民共和国国民经济和社会发展第十一个五年规划纲要[M].北京：人民出版社，2006.

[5] 中华人民共和国国民经济和社会发展第十二个五年规划纲要[M].北京：人民出版社，2011.

[6] 国家发展和改革委员会地区经济司.促进区域协调发展文件、规划与方案汇编（2003—2009）.2010（2）.

[7] 国家发展和改革委员会振兴司.东北振兴主要统计指标.2013.

[8] 中共中央宣传部.习近平总书记系列重要讲话读本[M].北京：学习出版社，人民出版社，2014.

[9] 中共中央文献研究室.十八大以来重要文献选编（上、下）[M].北京：中央文献出版社，2014.

[10] 国家统计局.中国统计年鉴[M].北京：中国统计出版社.

[11] 国务院发展研究中心.转变经济发展方式的战略重点[M].北京：中国发展出版社，2010.

[12] 国务院发展研究中心课题组.中国区域科学发展研究[M].北京：

中国发展出版社, 2007.

[13] 张平. 中华人民共和国国民经济和社会发展第十二个五年规划纲要辅导读本 [M]. 北京: 人民出版社, 2011.

[14] 国家发展和改革委员会. "十二五"国家级专项规划汇编 [M]. 北京: 人民出版社, 2013.

[15] 汪海波. 新中国工业经济史 (1949.10—1957) [M]. 北京: 经济管理出版社, 1994.

[16] 陆大道. 中国区域发展的理论与实践 [M]. 北京: 科学出版社, 2003.

[17] 张可云. 区域经济政策 [M]. 北京: 商务印书馆, 2005.

[18] 王洛林, 魏后凯. 东北地区经济振兴战略与对策 [M]. 北京: 社会科学文献出版社, 2005.

[19] 金凤君. 东北地区振兴与可持续发展战略研究 [M]. 北京: 商务印书馆, 2006.

[20] 陆大道, 姚士谋. 2006中国区域发展报告——城镇化进程及空间扩张 [M]. 北京: 商务印书馆, 2007.

[21] 程必定, 陈栋生, 肖金成. 区域科学发展论 [M]. 北京: 经济科学出版社, 2009.

[22] 谢伏瞻. 政策研究与决策咨询: 国务院研究室调研成果选 [M]. 北京: 中国言实出版社, 2009.

[23] 张军扩, 侯永志. 中国区域政策与区域发展 [M]. 北京: 中国发展出版社, 2010.

[24] 李善同. "十二五"时期中国经济社会发展的若干关键问题政策研究 [M]. 北京: 科学出版社, 2011.

[25] 魏后凯. 中国区域政策——评价与展望 [M]. 北京: 经济管理出版社, 2011.

[26] 金凤君, 等. 东北地区发展的重大问题研究 [M]. 北京: 商务印书馆, 2012.

[27] 杜鹰. 中国区域经济发展年鉴 (2012) [M]. 北京: 中国财政经济出版社, 2013.

[28] 吴润生，等.我国重要战略机遇期内涵和条件变化研究［M］.北京：中国言实出版社，2014.

[29] 王士君，等.中国东北地区城市地理［M］.北京：科学出版社，2014.

[30] 马克，等.中国东北地区发展报告（2014）［M］.北京：社会科学文献出版社，2014（8）.

[31] 柳卸林，高太山，周江华.中国区域创新能力报告2014［M］.北京：科学出版社，2015.

[32] 陈栋生.经济布局的理论与实践［M］.沈阳：辽宁大学出版社，1989年.

[33] 陈栋生.区域经济学［M］.郑州：河南人民出版社，1993.

[34] 魏后凯.区域经济发展的新格局［M］.昆明：云南人民出版社，1995.

[35] 董志凯，吴江.新中国工业的奠基石:156项建设研究［M］.广州：广东经济出版社，2004.

[36] 李玉潭.中国东北对外开放［M］.长春：吉林大学出版社，2008.

[37] 杨荫凯.东北地区全面振兴的新特点与推进策略［J］.区域经济评论，2016（9）.

[38] 宋晓梧.大力促进我国资源型城市可持续发展［J］.北方经济，2006（18）.

[39] 周建平.精准施策 推动东北地区经济企稳向好［J］.中国投资，2017（2）.

[40] 范恒山.推进新一轮东北振兴要处理好若干重大关系［J］.中国经贸导刊，2016（7）.

[41] 宋晓梧.保障和改善民生是新一轮东北振兴的突出亮点［J］.中国经贸导刊，2016（6）.

[42] 范恒山.坚定信心 迎难而上 奋力推进东北地区实现全面振兴［J］.宏观经济管理，2016（8）.

[43] 郭腾云，陆大道，甘国辉.近20年来我国区域发展政策及其效果的对比研究［J］.地理研究，2002（4）.

[44] 魏后凯.改革开放30年中国区域经济的变迁［J］.经济学动态，

2008（5）.

[45]陈栋生.中国区域经济发展的新格局：改革开放30年回顾与前瞻[J].南京社会科学，2009（3）.

[46]沈体雁，张晓欢，赵作权.东北地区就业密度分布的空间特征：基于两次经济普查数据的空间计量经济分析[J].经济地理，2012（10）.

[47]李绍萍，等.基于SWOT法的东北老工业基地低碳经济发展策略分析[J].辽宁大学学报（哲学社会科学版），2013（5）.

[48]张志元，等.东北地区制造业发展模式的现行特征及转型路径[J].湖北经济学院学报，2013（9）.

[49]孙平军，修春亮，董超.东北地区经济空间极化及其驱动因子的定量研究[J].人文地理，2013.

[50]关扬，等.东北老工业基地地方政府职能转变[J].社会科学家，2013（10）.

[51]杨扬，等.东北老工业基地产业集群竞争态势及对策分析[J].当代经济[J].2013（7）.

[52]王明清，等.东北地区扩大对外开放的地缘障碍因素分析[J].当代经济研究，2014（1）.

[53]赵林，王维，张宇硕，等.东北振兴以来东北地区城市脆弱性时空格局演变[J].经济地理，2014（12）.

[54]闫贵壮.东北老工业基地振兴中的民营经济发展[J].合作经济与科技，2014（12）.

[55]甘静，郭付友，陈才，等.2000年以来东北地区城市化空间分异的时空演变分析[J].地理科学，2015（5）.

[56]王一鸣.新一轮东北振兴的时代背景和总体思路[J].中国经贸导刊，2016（5）.

[57]金碚.关于"高质量发展"的经济学研究[J].中国工业经济，2018（4）.

[58]周建平.在国家发展和改革委员会专题新闻发布会上的发言[A].2016（5）.

[59] 王梦奎.加快改革开放步伐振兴我国老工业基地：在"中国老工业基地改造与振兴政策研讨会"上的发言[A].1992（6）.

[60] 郑志国.中国区域经济政策历史演变与制度变迁[D].重庆工商大学，2006.

后　记

《东北振兴研究丛书》经过三年多的筹划、立项、研究、撰写、编辑，即将呈现于广大读者面前。《东北振兴研究丛书》项目于2017年启动，入选2018年"十三五"国家重点图书出版规划增补项目，入选2020年度国家出版基金资助项目，辽宁省委宣传部、辽宁出版集团高度重视，将其列为重点扶持项目，辽宁人民出版社组建专门出版团队具体负责，并从组织、配套、资金及队伍等多方面给予保障，确保本项目得以顺利完成。

值此丛书付梓之际，我们特别感谢国家发展和改革委员会杨荫凯同志，感谢他的悉心指导和大力支持，以及在编纂实施过程中给予的持续关注和具体指导。

我们也由衷感谢丛书编委会为项目实施注入的信心和力量，对丛书出版所贡献的智慧和经验。我们向丛书诸位著者致敬，他们的责任与担当，他们的心血与付出，将载入东北振兴的史册。我们衷心感谢在丛书组稿过程中统筹协调、倾心付出的许欣、杨睿、刘海军等同志，以及为各分册著述辛勤工作的写作团队各位成员，他们为丛书的顺利出版提供了基础保障。

深入推进东北振兴发展，是中共中央作出的重大战略部署，实现东北地区等老工业基地全面振兴、全方位振兴是一项长期艰巨的历史任务。70多年前,中共中央东北局领导下东北解放区内最大的宣传机构——东北书店是如今辽宁人民出版社的前身,印行了大批有影响力的图书,发行到各解放区,如《毛泽东选集》《论联合政府》《东北农村调查》等。继承优良传统,肩负时代使命,怀揣美好憧憬,如今的辽宁人民出版社为东北振兴出版服务,自然担当义不容辞的责任。丛书紧扣经济社会发展,是对统筹推进"五位一体"总体布局和协调推进"四个全面"战略布局具有重要意义的出版项目。相信会为改革决策提供参考,助力优化国家区域发展格局,为东北全面振兴、全方位振兴,实现东北振兴新突破提供借鉴。

丛书策划、编辑出版过程中的疏漏之处,敬请广大读者批评指正。

编 者

2020年12月